国家社科基金《黄河流域能源富集区

绿色发展机制及政策研究》阶段性成果

平衡—制约—协同：
山西经济与生态的关系变迁
(1949—2022)

温旭新　著

清华大学出版社
北京

内 容 简 介

本书是山西大学绿色发展研究中心承担国家课题《黄河流域能源富集区绿色发展机制及政策研究》(编号：20BJL105)的阶段性成果。本书旨在探讨能源富集区的转型规律，立足新时代高质量发展的新要求，选取内陆地区资源富足、生态环境天然脆弱的山西省作为研究对象，系统回顾并分阶段考察了新中国成立以来山西省经济发展与生态环境之间复杂的互动过程，书中明确了二者关系变迁背后的历史背景、持续时间、表现形式、制衡力量等内容，分析得出在新发展阶段下进一步优化二者关系面临的约束和可能的破解路径。本书的研究思路既立足学术研究前沿，又紧贴中国转型发展的实际，具有宏观性和前沿性、指导性和可读性等特点。本书的研究内容主要适合从事资源型经济转型发展的专家、学者学习与借鉴。

本书封面贴有清华大学出版社防伪标签，无标签者不得销售。
版权所有，侵权必究。举报：010-62782989，beiqinquan@tup.tsinghua.edu.cn。

图书在版编目(CIP)数据

平衡-制约-协同：山西经济与生态的关系变迁：1949-2022 / 温旭新著.
北京：清华大学出版社，2025.5. -- ISBN 978-7-302-68824-2

Ⅰ.F127.25

中国国家版本馆 CIP 数据核字第 2025JS8266 号

责任编辑：陈冬梅
封面设计：李　坤
责任校对：么丽娟
责任印制：刘海龙

出版发行：清华大学出版社
　　　　　网　　址：https://www.tup.com.cn, https://www.wqxuetang.com
　　　　　地　　址：北京清华大学学研大厦 A 座　　邮　编：100084
　　　　　社 总 机：010-83470000　　　　　　　　　邮　购：010-62786544
　　　　　投稿与读者服务：010-62776969, c-service@tup.tsinghua.edu.cn
　　　　　质量反馈：010-62772015, zhiliang@tup.tsinghua.edu.cn
　　　　　课件下载：https://www.tup.com.cn, 010-62791865
印 装 者：河北盛世彩捷印刷有限公司
经　　销：全国新华书店
开　　本：185mm×260mm　　印　张：12　　字　数：286 千字
版　　次：2025 年 6 月第 1 版　　　　　　　　　　　印　次：2025 年 6 月第 1 次印刷
定　　价：98.00 元

产品编号：105562-01

序　言

　　高质量发展是当前乃至未来更长一段时期内中国经济社会发展的主题，关乎我国社会主义现代化国家的全面建设。在新的历史发展阶段，经济将从注重规模与体量增长，转向绿色、低碳、高质量发展；发展逻辑也将由要素规模投入，转向创新要素组合和产业链提质升级，进而全面推动经济与生态关系的和谐统一，即践行"绿水青山就是金山银山"的理念。因此，全面梳理地区经济与生态环境的关系，有助于明确发展优势与短板，精准定位发展方向，进而提升国家区域经济地位，这一研究具有重要意义。

　　山西是典型的能源富集区。自中华人民共和国成立以来，全省经济发展紧密依托矿产资源的高效开发及其衍生产业的拓展与深化，为国家建设和区域发展作出了巨大贡献，但同时也不可避免地累积了沉重的生态历史债务。随着我国生态文明建设的深入推进，"双循环"新发展格局、"双碳"目标、《关于新时代推动中部地区高质量发展的意见》《黄河流域生态保护和高质量发展规划纲要》等一系列国家重大区域战略相继出台，对山西经济与生态关系提出了更高要求。以史为鉴，深入剖析中华人民共和国成立以来各阶段影响生态环境的主要经济活动类型及能源经济的历史背景，进一步探讨生态环境与经济活动的复杂相互作用关系，并从理论层面解析经济与生态关系变迁背后的制衡力量、表现形式及其持续时间，才能立足新发展阶段，对山西经济与生态关系当前面临的困境和进一步突围的路径作出深刻判断。

　　基于以上种种原因，本书展开了对山西经济与生态关系变迁的理论研究。运用文献分析法、多学科交叉分析法、定性与定量相结合分析法、学术研讨分析法等，在挖掘大量史料的基础上，分阶段考察了山西经济发展与生态关系的复杂互动过程，全面揭示了中华人民共和国成立以来，全省在优化经济与生态环境关系变迁过程中所经历的艰难历程、被动局面以及反复出现的挑战，同时指出当前山西经济发展与生态环境关系进一步优化的难点和痛点，并就如何突破困境提出合理化建议，以期为新发展阶段下以山西为代表的能源富集区加快绿色转型提供理论指导。

　　本书由绪论、正文、结论三大板块组成。绪论板块为全书的第一章，主要对研究背景及意义、概念界定与理论框架、文献梳理与评述、研究内容与方法等进行阐述，为正文的展开论述奠定了前期理论基础。

　　正文板块包括第二章至第五章。每章研究主要涵盖经济与生态关系背景分析、不同时期经济发展方式的变化与推动原因、经济活动过程及其对生态环境的影响、经济与生态关系变化的应对及成效。第二章主要考察1949—1977年山西经济与生态的互动关系。该阶段，山西致力于迅速恢复经济，强化生态环境对农业的支撑作用，积极推行植树造林、水土保持及水利设施建设等举措，并响应国家重工业发展策略，规划布局钢铁、国防军工及化工等行业。在此期间，山西经济体量较小，且围绕农业发展构建了生态环境体系。经济活动对生态环境的影响主要体现在水资源开发导致的地下水位降低、局部水污染问题，以及开荒和砍伐引起的水土流失。总体来看，经济与生态处于微妙的平衡状态。第三章主要分析1978—1991年山西经济与生态的互动关系。该时期，受改革开放政策红利影响，全省经济发展迅速，生态环境功能由上一阶段主要"服务"农业，转向全面"支撑"经济社会各领域。在此期间，农业改变了过去以扩大复播面积和增加高产作物玉米、高粱为主要内容的作物种植结构，开始根据生态环境特征调整并优化作物种植结构布局；工业方面，山西被赋予全国能源重化工基地的重任，能源经济的确立和建设，在一定程度上加速了经济发展对生态环境资源的过度开发。尽管全省采取了多项生态环境治理措施，但受以经济建设为中心的发展目标影响，经济与生态环境之间仍存在一定的制约关系。第四章主要讨论1992—2011年山西经济与生态的互动关系。为缓和上一阶段经济与生态环境相互制约的关系，在实施"三基四建"、潜力产品培育、新型能源和工业基地建设等经济发展战略后，全省传统产业迈出集约化、新型化步伐，旱作节水农业建设开始逐步推进，新型产业也呈现初步发展的态势。但受前期能源基地建设和市场变化影响，全省经济增长点仍集中在能源开采行业。此时，山西省深入贯彻落实科学发展观，强化生态环境治理，生态环境质量整体向好，在水资源短缺和水质状况、大气环境质量等方面取得了显著改善，经济与生态关系趋向协同。第五章主要研究2012—2022年山西经济与生态的互动关系。该时期，绿色发展成为衡量经济发展质量的主要标尺，"双碳"目标的提出与深化实施，将生态文明建设推向更高层次。围绕经济与生态关系的高质量发展，山西转变经济发展方式的内涵，加速构建绿色能源供应体系，精心规划并培育对生态环境影响较小的战略性新兴产业。同时，做好水、林、土壤生态环境建设，积极探索经济与生态之间的双向转化机制，推动生态经济模式的深入发展，促使经济与生态关系向高质量发展阶段稳步迈进。

  第六章为结论部分，主要内容为总结、反思与未来展望。具体对中华人民共和国成立以来山西经济与生态关系变迁历程进行全面总结与反思，指出两者关系从1949—1977年相互依赖实现发展，到1978—1991年牺牲生态环境保障能源基地建设，再到1992—2011年践行科学发展观，强化经济与生态的协同关系，最后到2012—2022年探索经济与生态关系高质量发展。一路走来，山西经济与生态的关系呈现艰难性、被动性和反复性。这种关系的背后推动力，既包括国家层面基于时代使命的区域发展分工，例如，全国能源重化工基地的建设推动了资源型经济的发展；也受制于山西自身在市场中的地位。长期以来，山西以能源重化工产业为主，位于经济圈层结构的外围区域，极易受核心区域的经济虹吸效应影响，难以实现人力资本、绿色资本的集聚，同时还受产业体系发展模式陷阱的约束。一般而言，现代工业的演进历程通常会经历从劳动力驱动到资本驱动，再到技术与人力资本驱动的自然转变过程。然而，山西主要以能源重工业为主导，这类工业部门的价值创造主要依赖于煤炭资源所天然具有的"租"的特性，具有较强的市场垄断性，通常无须过多劳动投入即可实现其在经济体系中的价值。这种特殊的价值实现机制导致该地区产业不具备自我演化升级能力。当前，中国全面进入生态文明建设深化期，其他地区因发展基础良好，生态环境历史债务较少，经济绿色发展的程度较高。但生态关系极其脆弱且经济仍需大力发展的山西，在优化二者关系上，仍面临"绿色门槛"的约束效应突出、生态价值创造的动力不足、高质量发展的市场基础相对薄弱等多重现实挑战，需要从以重大生态项目为引领，推动绿色产业集聚；加强能源收益管理，建设生态资源权益交易机制，以扩大绿色市场规模；积极融入贸易分工的新发展格局，培育新产业、新业态；提升区域势能，推动一体化发展等多个方面入手，从而构建适应绿色发展的新格局和动力源泉。

编　者

目 录

第一章 绪论 1

  第一节 研究背景及意义 1
    一、研究背景 1
    二、研究意义 2
  第二节 概念界定与理论框架 2
    一、概念界定 3
    二、理论框架 3
  第三节 文献梳理与评述 7
    一、经济与生态关系综述 7
    二、山西经济与生态关系变迁综述 14
    三、文献评述 18
  第四节 研究内容与方法 20
    一、研究内容 20
    二、研究方法 20

第二章 山西经济与生态步入微平衡发展(1949—1977) 22

  第一节 宏观背景分析 22
    一、国际背景：世界局势动荡和中国重工业化道路选择 22
    二、国内背景：经济发展亟须恢复与自然灾害频发共存 23
    三、省域背景：农业经济规模超过工业，但恶劣生态环境制约生产建设 26
  第二节 重工业优先建设与农业恢复发展 29
    一、恢复时期：工农业生产尽快恢复和发展 29
    二、"一五"时期：工业发展基础奠定与农业继续恢复发展 32
    三、"二五"和经济调整时期：钢铁工业的快速发展与农业的调整 38
    四、1966—1976年和两年徘徊期：国防、机械重工业强化与农业发展 42
  第三节 生态环境微变及表现特征 46
    一、地下水位开始下降 46
    二、局部区域出现水污染 48
    三、水土流失进一步显现 51

第三章 山西经济与生态陷入相制约发展(1978—1991) 56

  第一节 宏观背景分析 56
    一、国际背景：全球环境问题日益突出与环保意识觉醒 56
    二、国内背景：注重经济发展的同时开始关注生态环境保护 58
    三、省域背景：超重型能源经济全面开启与生态资源短缺 59

第二节 资源型经济发展战略的确定与农业的继续发展 60
一、能源重化工基地确立与建设 60
二、农业开始遵从生态环境特点布局发展 67
第三节 生态环境急剧恶化与表现特征 71
一、水环境塌方式恶化 72
二、土壤环境全面破坏 81
三、大气环境污染加快 86
四、林业产品供需紧张 87
第四节 经济与生态关系相制约的代价与应对 89
一、工农业争水矛盾突出和居民生活用水紧张 89
二、生态恶化影响农产品质量和人民身体健康 91
三、环保政策的出台与污染治理的投入 92

第四章 山西经济与生态趋向协同发展(1992—2011) 94
第一节 宏观背景分析 94
一、国际背景：经济与生态可持续发展成为全球共识 94
二、国内背景：科学发展成为经济可持续发展的头等大事 95
三、省域背景：产业结构加速调整探索经济与生态可持续发展 95
第二节 资源型经济结构调整与复归 96
一、经济结构调整的战略构思演变 96
二、传统产业迈出集约化、新型化步伐 98
三、旱作节水农业建设开始探索 101
四、新兴产业发展初见势头 105
五、产业结构调整中传统产业进一步加强 106
第三节 生态环境质量整体曲折中向好 108
一、水资源短缺得到缓解 108
二、水质总体状况趋向好转 119
三、大气环境质量实现反转 123
四、地质灾害仍很严重 127

第五章 山西经济与生态迈向高质量发展(2012—2022) 130
第一节 宏观背景分析 130
一、国际背景：全球绿色低碳转型成为不可逆转的发展趋势 130
二、国内背景：经济全面绿色转型与生态文明建设进入关键时期 131
三、省域背景：积极探索经济效益与生态效益双赢的高质量发展道路 132
第二节 山西经济发展绿色转型 132
一、转变经济发展方式内涵 132
二、多维布局能源绿色供给体系 136
三、加快谋划、培育战略性新兴产业 143

  第三节 生态环境高质量发展与价值转化 148
    一、"水瓶颈"向"水支撑"全面转变 148
    二、林业绿色屏障功能显著提升 151
    三、土壤环境安全保障能力进一步提升 152
    四、"两山"转化路径探索与成效 154

第六章 总结、反思与未来展望 158

  第一节 山西经济与生态关系变迁总结与反思 158
    一、山西经济与生态关系变迁历程总结 158
    二、山西经济与生态关系变迁历程反思 159
  第二节 山西经济与生态关系进一步高质量发展的现实约束 160
    一、"绿色门槛"约束效应突出 160
    二、生态价值的创造动力仍不足 161
    三、高质量发展的市场基础薄弱 163
  第三节 山西经济与生态关系进一步高质量发展政策建议 164
    一、以重大生态项目为牵引推动绿色产业集聚 164
    二、强化能源收益管理和生态资源权益交易机制建设以扩大绿色市场规模 165
    三、积极融入贸易分工新发展格局培育新产业新业态 166
    四、提升区域势能推动一体化发展 166

参考文献 168

第一章　绪　　论

良好的生态环境是人类生存与健康的基础，如何处理好经济发展与生态环境的关系，实现两者的良性互动，是当前众多地区面临的现实课题。山西地处黄河流域中游，境内拥有多个能源富集区和重点生态功能区，其生态环境能否良性发展直接关系到典型资源型地区转型发展和黄河流域中游高质量发展战略的有效实施。本书将对中华人民共和国成立以来山西经济与生态关系变迁进行较为系统的探讨，以期加深对以山西为代表的资源型地区推动绿色发展的艰难性、被动性、反复性的理论认识，同时为山西经济与生态高质量发展提出政策建议。

第一节　研究背景及意义

资源型地区是经济社会稳定运行的"粮油仓"，更是保障国家能源资源安全和构建现代化产业体系的"压舱石"。然而，煤炭与水、土壤常常交织在一起，发展资源型产业势必会对生态环境造成损耗。当前，中国特色社会主义进入新时代，全面梳理资源型地区经济与生态的关系，是落实国家高质量发展的题中应有之义，也是资源型地区实现绿色发展的现实课题，具有重要的理论价值和现实意义。

一、研究背景

高质量发展是当前乃至未来更长一段时间内中国经济社会发展的主题，事关我国社会主义现代化国家的全面建设。高质量发展是我国经济在新发展阶段下向更高层面迈进的一种发展模式，需要长期坚持和创新实践。党的十九届六中全会进一步指出，深入贯彻五大新发展理念，推动我国经济发展过程中质量、效率、动力等变革，加快形成以创新为第一动力、协调为内生特点、绿色为普遍形态、开放为必由之路、共享为根本目的的高质量发展新局面。在新的历史发展阶段下，我国经济发展将从注重规模与体量增长转向绿色、低碳、高质量发展的逻辑也将由要素规模投入转向创新要素组合和产业链完善。因此，梳理地区经济发展与生态环境的关系，对于聚焦发展优势与短板，精准靶向发展方向和定位，提升国家区域经济地位，具有重要的研究意义。

山西是典型的能源富集区，中华人民共和国成立以来，立足国家建设和区域发展，经济发展紧紧围绕矿产资源的开发及相伴生的产业展开、深化，虽取得显著成就，但与东南沿海经济发达地区、中部六省及其他能源富集区相比，其发展仍显滞后。随着我国生态文明建设的深入推进，"双循环"新发展格局、"双碳"目标，中共中央、国务院印发的《关于新时代推动中部地区高质量发展的意见》和《黄河流域生态保护和高质量发展规划纲要》等一系列国家重大区域战略的出台，为新时期山西经济发展带来了巨大机遇，同时也对其提出了绿色、低碳、高质量的发展新要求。大变革必有大使命，2020年5月，习近平总书记在山西考察时指出，山西既要有紧迫感，也要有长远战略谋划，把加强流域生态环境保护与推进能源革命、推行绿色生产生活方式、推动经济转型发展统筹起来，在转型发展上率先蹚出一条新路。面对新形势、新任务、新要求，山西如何肩负国家赋予能源富集区的新使命，实现经济与生态环境高质量发展成为当前面临的重点课题。

综上所述，山西面临转型发展、绿色发展、高质量发展等多个新的发展命题。要想回答以上问题，需立足较长的历史时期，详细梳理山西经济与生态关系变迁的推动力、表现形式、持续时间等内容，认真总结不同时期不同背景下两者关系的变迁历程，这对山西提升区域地位、建设现代化经济体系、同步实现社会主义现代化建设具有重要意义。正如美国著名经济学家、历史学家道格拉斯·C.诺思所说，我们要有敏感的眼光，必须了解过去是怎样走过来的，过渡是怎么进行的，才能明晰并直面未来的制约和桎梏，准确找出突围的路径和方式[1]。以历史发展为镜，明确兴替和得失，才能为山西未来实现更高水平、更高质量的发展提供理论支撑。针对以上问题，本书展开了对中华人民共和国成立以来山西经济与生态变迁关系的理论分析。

二、研究意义

1) 理论意义

经济学家谭崇台指出，不同的历史条件、经济基础和文化传统背景造就了发展中国家差异化的发展道路，这些丰富多样的经验教训均是发展经济学开展理论研究过程中的重要素材源泉[2]。中国各地区经济积淀迥异，其发展过程与生态环境表现出多种多样的互动关系，是理论研究者的理想素材，经济史相关领域尤为突出。本书对典型能源富集区山西经济与生态变迁关系展开深入分析，旨在弥补中华人民共和国成立以来能源富集区在经济发展与生态关系优化过程中的艰难性、被动性、反复性等方面的研究空白。

2) 现实意义

本书详细梳理了山西经济与生态关系变迁的历程事实，在此基础上分析了变迁背后的推动力、表现形式等内容，提出了新发展阶段下山西进一步优化经济与生态关系的现实路径，有利于全面展现以山西为代表的能源富集区在不同发展时期下经济与生态关系的变迁历程，有利于山西把握新机遇，精准认识两者关系变化的关键要义和重点抓手，从而在我国社会主义现代化建设进程中，尽早探索出"绿水青山就是金山银山"的资源型经济转型样板。

第二节 概念界定与理论框架

本书重点分析经济与生态关系变迁，为使论述更加清晰、明了，现将书中所谈到的经济发展、生态环境、关系变迁等概念进行定义，同时对开展研究所使用的经济与生态关系变迁的一般理论、能源富集区经济发展特性与生态环境互动关系、山西经济与生态关系变迁的断代进行说明。

---

[1] [美]道格拉斯·C.诺思. 制度变迁理论纲要[J]. 改革，1995(3)：52-56.
[2] 谭崇台：发展经济学概论[M]. 武汉：武汉大学出版社，2001：334.

一、概念界定

(一)经济发展

经济是指一个国家或地区为了实现发展所采取的一系列活动,如经济发展的内外部环境、经济发展确定的指导思想、经济发展构建的产业结构、经济发展配套建设的政策体系等内容。本书主要考察中华人民共和国成立以来,山西在内外部环境、国家区域发展格局、市场环境等不断变化的情况下如何确定经济发展战略、建设投资产业,以及在经济发展过程中如何兼顾或处理与生态的互动关系。

(二)生态环境

环境是指可以直接或间接影响人类生产、生活和发展的各种因素,包括社会环境和生态环境。其中,社会环境是指围绕人类生产生活所配套的物资、物质条件的总和,包括政治环境、经济环境、文化环境和心理环境等内容。生态环境是指围绕人类生存活动等空间,所有可以直接或间接影响生产生活的一切自然形成的物质、能量的总体,如水、土壤、森林、空气等。本研究主要考察水、土壤、森林、空气等生态环境与经济发展的相互作用关系。

(三)关系变迁

关系是指人与人之间、人与事物之间、事物与事物之间的相互联系,是事物之间相互作用、相互制约、相互影响的一种状态。一般来讲,事物之间的关系不是一成不变的,而是在不同历史时期、不同发展阶段表现出差异化状态。与一般地区相比,能源富集区的经济活动主要围绕矿产资源的开采进行,在经济发展的同时,与之共生的生态环境也深受其影响而表现出迥异变化。那么,不同历史时期能源富集区经济与生态的关系是什么?是始终处于对抗关系?还是存在其他类型关系?哪些力量在推动这种关系的变化?这些力量出现的背景又是什么?关系变化对经济社会的影响是什么?新发展阶段下山西如何实现经济与生态关系的高质量发展?以上问题的科学回答正是本研究选题立意的出发点。

二、理论框架

(一)经济与生态关系变迁的一般理论解释

人类经济活动一开始是和自然生态密切结合的,最早期是"靠天吃饭"的传统产业,主要以刀耕火种、石器锄耕、铁犁牛耕等传统农业为主。随着生产工具的升级和生产方式的不断变革,进入机器大工业时代,人类获取财富的方式从农业开始转向工业,工业与生态环境的互动以其他面貌呈现出来。人类经济活动通过农业社会向工业社会转变及工业化进程的不断推进与生态环境进行互动,在二者相互作用的过程中呈现比较复杂的变迁关系。

(二)能源富集区经济发展特性与生态环境互动关系分析

能源富集区所拥有的矿产资源是工业化建设的重要能源物资,其优先使用权、垄断占有权是经济体高速发展的重要标志，重要的战略地位极易导致大量资本涌入能源富集区。对矿产资源开展深度采掘、搬运等经济活动，塑造了能源富集区不同于一般地区的经济发展模式，造就了该地区经济与生态互动关系的复杂性及优化二者关系的艰难性和被动性，具体如下。

1) 能源产业对劳动力素质要求较低，产业极易固化在初级加工阶段

(1) 能源矿产天然形成，自身垄断"租"特性使资本价值更易实现。创新是一个国家、一个民族发展进步的不竭动力，创新驱动的本质是人才驱动，人才的高度影响甚至决定着国家发展的高度和国家竞争的真正实力。一般地区的经济发展过程往往对创新要素的集聚产生需求，进而推动产业持续升级，而能源产业因自身发展的特殊性表现出对创新要素的天然"排斥"。根据马克思劳动创造价值理论，一般意义上的商品价值形成过程，需经历货币资本购买生产要素、生产资本组织要素发生物理及化学变化形成一个产品、商品资本通过商品功效进行宣传和售卖完成价值实现。此类商品价值实现过程中，各个环节相互联系，互相促进，最终在货币资本→生产资本→商品资本的循环中实现价值"跃迁"，这是一个"从无到有"的价值创造与再制造。资本在货币资本、生产资本、商品资本间的转换周期较长，且商品价值能够顺利"跃迁"的关键在于商品的市场竞争力、功能、性价比等因素，价值实现表现出艰难性、被动性。与一般商品价值形成过程不同，以煤为主的矿产资源是在一定历史时期下经过漫长的成矿作用形成的矿床或矿脉，自身被赋予一种"天然价值"。这种价值带有很强"租"的属性，是工业化过程所需的生产要素，市场垄断性较强，是一种不需要进入生产环节赋能就自带使用价值的特殊商品形态。因此，能源产业主要是将埋藏在地下的"矿产品"通过机械搬运到地上，轻松进入市场环节，以出让使用价值的方式获取价值。矿产资源并不是资本购买大量劳动创造的新产品，因此资本投资风险性较小。

(2) 资本价值实现更多依靠不变资本的增大，经济剩余产生过程天然排斥劳动。一般来讲，资本积累的过程是在资本有机构成不断提高中实现的。为应对资本追求剩余价值的内在冲动和资本相互竞争的外在压力，资本会自发通过改良生产技术，努力提高劳动生产率，增加单位时间内价值产出量实现积累。在此过程中，资本会通过扩大生产规模，配置高端劳动要素提升资本循环的速度、质量，背后表现为不变资本(Constant Capital，C)增大，可变资本(Variable Capital，V)增大，但整体来看，不变资本的增长比重会高于可变资本的增长比重，资本有机构成(C：V)得到不断提高，在此过程中对劳动力进一步产生需求。然而，能源产品自带的天然垄断"租"特性，价值实现更多依靠矿产资源背后"租"带来的垄断利润，这使能源产业经济剩余获得量级与产业内劳动生产率和商品社会必要劳动时间无太大关系。这种垄断利润来自矿产资源的开采搬运量，即取决于采掘搬运设备的投入量(不变资本)。在资本增值的逻辑下，能源部门定会加大煤机采掘设备的比重，减少劳动的投入，进而使能源产业经济剩余最大限度地归资本支配，外在表现为不断增加不变资本生产资料，减少劳动力投入，表面上看资本有机构成逐渐增大，但这种比重的增加并不是出于外在市场竞争压力提高生产率，而是替代劳动以获取更大的经济剩余。在能源产业工业化前期，采掘设备落后，需配备大量劳动力从事煤炭开采工作。但随着先进采掘综合设备的问世，资本通过大量购买设备来提高不变资本的比重。因此，随着资本技术有机构成的不断提高，能源产业中的劳动力在价值创造过程中正逐渐被替代，这一趋势愈加明显。综上所述，与

一般产业不同,开展能源经济活动中,资本可以依靠不变资本独立地创造经济剩余,很少或不需要劳动,表现为经济剩余生产过程中对劳动的排斥性。

可以发现,与一般意义的商品相比,能源产品价值天然形成,无须太多劳动赋能即可进入经济系统获得经济剩余,这种价值实现的特性难以倒逼能源富集区在国家工业化进程中实现跃迁和升级,导致此类地区的产业生产方式长期维持较低水平。

2) 现代工业跳跃、零散、相互独立,小农经济固化发展

(1) 制造业发展呈现跳跃、零散、相互独立的特征。能源部门在从事采掘、搬运经济时会对大型装备机械产生庞大的就近市场需求,此处的装备机械不是汽车、航空等先进制造,而是与煤炭资源开采息息相关的煤机、挖掘、洗选设备制造。为完成资源部门采掘、搬运、洗选工作,资本会从经济剩余中拿出部分资本集中在个别领域,且要使其资本技术有机构成接近国内平均水平的社会劳动生产率(确保产品交换过程中能获得收益)。中间品部门的下游客户是日用品部门,中心地区创新要素集聚,产业技术水平较高,日用品部门较为发达。能源富集区如发展日用品部门,也须将大量资本投入该行业,使其在短时间内达到较高资本有机构成,但地区市场需求有限和薄弱的经济剩余难以吸引资本进入该领域。综上所述,在制造业发展上,能源部门之外,地区制造业没有自我延伸能力,难以建立上下游紧密关系、良性的迂回生产方式,制造业部门之间更多表现为跳跃、零散、相互独立。

(2) 小农经济占比较大,城市商贸功能大于生产功能,资本积累缓慢。农产品价值形成需整合土地、劳动力、机器设备等生产要素,并通过耕种、施肥、浇灌、成品加工等劳动形式赋能才能形成有形产品,是一个从无到有的过程。此过程对不变资本——机器设备的使用价值指向性较高,而能源部门的采掘搬运设备、技术等资产专用性较强,两者"交集"几乎为零,难以建立工业与农业现代化互动的良好机制,进而导致农业部门规模经济效应极低,生产的农产品仅能够供应家庭成员消费,很少或极少部分在市场上销售以调剂余缺,小农经济特征十分明显。此外,资源部门对劳动力高度排斥,阻碍农业系统要素流动,进一步加剧小农经济的发展规模。工业、农业发展长期独立运行,使此类地区呈现资本主导下的现代能源工业和自然或半自然状态下的农业两大经济体系。矿产资源价值源自天然,能源部门只需开采、搬运即可获得经济剩余,难以建立价值链延伸的良好机制,造成大量资源未进行价值赋能而直接流向中心地区。相比之下,农业部门小农经济特征显著,经济发展自给自足,城市以商贸中心、日用超市居多,整个地区以商贸流通为主,生产赋能环节较小,在此类地区很少存在较大的价值创造环节,难以带动乡镇发展,资本积累极其缓慢。

3) 要素禀赋雷同、需求相似,政府间易同质化竞争

能源富集区一方面没有发达制造业的支撑,现代化生产所需原料、设备严重依赖外部地区,经济发展过程中易形成技术的强依赖;另一方面,此类地区常位于经济圈层结构的外围区域,无法依靠市场机制作用自发从外部地区引入足够的资本和技术设备。在此情形下,要发展现代生产部门,不得不依靠政府的主观人为努力,主动向外部地区争取资金和项目。然而在现实中,区域政府资源禀赋雷同、需求相似,政府间争夺有限优质资源竞争激烈,且在项目引进、招商合作方面存在明显的同质化特征。与受价值规律支配的市场竞争不同,能源富集区政府间竞争并不是基于劳动生产率的提高,更多是在土地、税收等方面给予的优惠条件或地方保护性政策,特别是在吸引具有较高知名度和竞争力的龙头企业时,政府迫于竞争压力往往会作出巨大的让步和妥协,诸如前期在基础设施、厂房建设及

配套设施及员工安置等方面进行大量的投入,承诺建设期内或生产经营若干年内不征收土地使用费或低价征用周边土地等。即使企业及时成功入驻,为所在地创造的经济剩余也十分有限。不仅如此,企业出于成本和利润的考虑总会不断寻找条件更为优惠的地区,政府迫于潜在竞争对手的威胁,不得不进一步向企业让利,门槛不断降低,成本持续削减,空间一再退让,导致经济剩余进一步耗散。结果,政府年年招商,企业延绵不断,但为当地居民的就业、内需市场的扩大、产业体系的形成带来的积极影响却很有限,使能源富集区长期难以摆脱经济发展落后的面貌。

4) 能源产业发展对生态扰动性较大,经济剩余背后环境成本较大

与其他生产要素不同,矿产资源位于地层深处,其与土壤、地下水等多个要素组成的生态系统交织在一起。能源富集区广面积、大强度、高深度的开采、搬运能源矿产资源,必然会破坏与之长期交织在同一空间的生态环境,表现出较强的负外部性。一般意义的工业生产制造对区域经济社会发展的作用往往是积极的,如壮大经济总量、催生演化新产业[①]、提高就业率等,即使有负外部性也是极低的。而能源矿产资源则不同,虽然地区能借助资源型产业实现经济总量增长,但增长背后的生态代价巨大。随着表层矿产储量的不断减少,能源开采逐渐由地表转向地下,使煤炭资源开采后形成的采空区面积逐渐扩大,地表土壤因煤矸石的大量堆放严重污染,煤层交织的水系因采煤被破坏形成大型水漏斗,地表裂缝、地面坍塌、水土流失、大气污染、水污染等一系列衍生性生态破坏的问题频繁发生,加之地区产业常围绕能源产业演进、深化,经济与生态关系的互动更加复杂,这种复杂性导致此类地区在优化二者关系上较一般地区更加艰难和被动。

(三)山西经济与生态关系变迁的断代研究

中华人民共和国成立后,我国开辟了工业化和现代化的探索之路。山西的经济活动虽遵循一般发展规律,但受民国时期军工业发展基础、传统农业极度薄弱、能源资源禀赋等条件约束,在经济发展与生态环境互动过程中表现出一些自身特殊之处。中华人民共和国成立至改革开放前期,围绕经济快速恢复与发展,山西省大力开展水利工程、森林植被、土壤环境等生态环境基本建设。在此阶段,经济与生态关系呈现以经济恢复与发展为主导的阶段性互动状态。1978年12月,中共十一届三中全会顺利召开后,全党将工作重点转移到经济建设上来。乘着改革开放的春风,山西经济再一次迎来新的发展机遇,因前一阶段形成的良好工业基础及自身富足的煤炭资源禀赋和连接南北承东启西的区位优势等条件,立足国家经济快速发展下的能源需求,全省承担起建设全国能源重化工基地的时代使命,高强度的能源建设活动在此阶段全面启动与展开,以能源开发为主的经济发展与生态环境关系呈现新的阶段性互动状态。1992年,邓小平南方谈话后,山西省掀起了经济上新台阶的热烈讨论。加之1997年亚洲金融危机的爆发和1999年西部大开发战略的提出,全省以能源开发为主导的单一重型经济结构受到严重冲击,且生态环境也在能源重化工基地粗放式发展模式下受到严重破坏。在此历史背景下,山西开始多轮探索资源型经济转型,经济与生态关系呈现以转型发展为主导的阶段性互动状态。2012年,站在历史和全局的战略高度,中共十八大把生态文明建设与经济建设、政治建设、文化建设和社会建设上升到同等

---

① 张波,刘璐. 煤炭开采收益共享:依据、内涵与制度设计[J]. 经济社会体制比较,2017(2):65-76.

重要的地位，并确立了"五位一体"的总体发展布局。山西积极响应国家号召，开始进入生态文明建设发展时期，经济发展与生态环境关系呈现以生态文明建设为主导的阶段性互动状态。基于以上分析，本研究以中华人民共和国成立为研究起点，将山西经济与生态关系变迁划分为四个时期进行论述，山西经济与生态步入微平衡发展(1949—1977)；山西经济与生态陷入相制约发展(1978—1991)；山西经济与生态趋向协同发展(1992—2011)；山西经济与生态迈向高质量发展(2012—2022)。

第三节　文献梳理与评述

立足新发展阶段，资源型地区绿色转型成为一项复杂的系统工程，在此发展背景下，开展山西经济与生态关系变迁研究必须对相关领域文献进行追溯、梳理和评述，以明确本研究选题立意的出发点、重点、难点及创新点。

一、经济与生态关系综述

(一)经济与生态关系的理论探讨

(1) 经济发展与生态环境是命运共同体。经济发展与生态环境两者相互作用，天然存在不可分割的关系，"经济的再生产过程，不管它的特殊社会性质如何……总是同一个自然的再生产过程交织在一起"[1]。自然生态是一切经济活动得以运行的外部支撑世界[2]，机器大生产第一次将风、水、林、土壤等自然力从属于生产实践过程，成为社会劳动的重要组成要素[3]，与此同时，生态环境也推动和影响人类社会发展状态，优质的自然条件决定社会生产率水平[4]，差异化的自然产品塑造了不同区域的社会分工[5]。石山指出，生态规律决定经济规律，经济问题首先要着眼于生态规律，使经济建设服务生态规律[6]。刘思华对生态与经济关系协调从辩证角度论述，他指出，生态经济平衡不是经济或者生态的单一平衡，而是在经济发展过程中，二者能够形成相互融合、渗透的有机统一体[7]。吕晓等认为，区域生态经济的发展状况，主要取决于区域生态环境综合支撑能力和区域社会经济发展水平，以及两者之间相互协调耦合态势等方面[8]。刘泾、刘振泽指出，自然生态能够支撑经济发展，

---

[1] 中共中央马克思恩格斯列宁斯大林著作编译局. 马克思恩格斯全集：第24卷[M]. 北京：人民出版社，1972：398-399.
[2] 中共中央马克思恩格斯列宁斯大林著作编译局. 马克思恩格斯文集：第1卷[M]. 北京：人民出版社，2009：158.
[3] 中共中央马克思恩格斯列宁斯大林著作编译局. 马克思恩格斯文集：第8卷[M]. 北京：人民出版社，2009：356.
[4] 中共中央马克思恩格斯列宁斯大林著作编译局. 马克思恩格斯全集：第25卷[M]. 北京：人民出版社，1979：922.
[5] [德]马克思. 资本论：第1卷[M]. 北京：人民出版社，2004：587.
[6] 石山. 我国生态经济的现状和存在问题[J]. 水土保持通报，1985(5)：42-48.
[7] 刘思华. 生态马克思主义经济学原理[M]. 北京：人民出版社，2006：358.
[8] 吕晓，刘新平，李振波. 塔里木河流域生态经济系统耦合态势分析[J]. 中国沙漠，2010，30(3)：620-624.

而良性的经济发展又使生态环境得到有效保护。经济发展与生态环境相互依存和制约形成的互动关系决定经济—生态系统的运行和变迁①。立足人类命运共同体建设和发展大局,习近平指出,"人与自然是相互依存、相互联系的整体,对自然界不能只讲索取不讲投入"②,生态环境是经济发展的重要动力源,生态环境得到优化和改善,生产力相应就得到保护和发展③,并用"我们既要绿水青山,也要金山银山。宁要绿水青山,不要金山银山,而且绿水青山就是金山银山"④将二者辩证统一关系生动形象地进行科学论述。

(2) 经济与生态关系能够良性发展。丹尼斯·米都斯(D·L·Meadows)提交的《增长的极限——罗马俱乐部关于人类困境的报告》指出,为了避免地球毁灭,人类必须采取提高土地生产率、减少单位产品能耗和污染排放量等"自我限制增长"方法,才有可能保持一个稳定的、动态平衡的世界⑤。恩格斯在《自然辩证法》中指出,自然界会反作用于经济成果,人类不要过度开发自然生态,也不要为能够征服自然环境而过度陶醉,对于人类每一次取得的"胜利",自然生态会加倍报复⑥。朱利安·林肯·西蒙指出,从任何经济意义上讲,自然资源并不是有限的,太阳是除核能之外所有能源中最后的能源资源,我们的能源供应并不局限于地球现在所拥有的能源数量,能源供应并不局限于地球。且随着科技的不断进步,新的资源会不断出现⑦。Grossman 和 Krueger 认为,经济发展的早期阶段贫困问题呈现多个层面,环境保护和管理政策往往被忽视,这不可避免地降低生物能力并增加碳足迹,从而导致污染水平的增加。在经济发展的后期,有效的管理制度、对环境可持续性的认识及技术和创新的高度扩散,收入水平大幅上升,导致环境恶化程度降低。经济与生态这种由互竞互斥到互适互补的演变过程称为库兹涅茨曲线⑧。赫尔曼·E.戴利认为,经济系统与生态系统之间不断进行物质与能量的交换,随着经济活动的不断加剧,生态系统的区域空间被压缩,潜藏着生态边界占用直至崩溃的危险。为缓解这一危机,需要对扩张的经济系统施加一定的约束和限制⑨。

(3) 经济发展会破坏生态环境。R·卡逊(Rachel Carson)认为,经济生产过程过度使用化学药品和肥料导致生态环境恶化,给人类带来了不可想象的灾难,并提出人类应该与大自然的其他生物和谐共处,共同分享地球⑩。美国经济学家 Boulding 将地球比作一艘有限且封

---

① 刘泾,刘振泽. 我国区域生态经济发展战略模式及体系建构[J]. 发展研究,2011(1):31-36.
② 中共中央宣传部. 习近平总书记系列重要讲话读本[M]. 北京:学习出版社、人民出版社,2014.
③ 习近平. 习近平谈治国理政[M]. 北京:外文出版社,2014.
④ 中共中央宣传部. 习近平总书记系列重要讲话读本[M]. 北京:学习出版社、人民出版社,2014.
⑤ [美]丹尼斯·米都斯,等. 增长的极限——罗马俱乐部关于人类困境的报告[M]. 李宝恒,译. 长春:吉林人民出版社,1997:56.
⑥ 中共中央马克思恩格斯列宁斯大林著作编译局. 马克思恩格斯全集:第 46 卷(上)[M]. 北京:人民出版社,1979:104.
⑦ [美]朱利安·林肯·西蒙. 没有极限的增长[M]. 黄江南,朱嘉明,编译. 成都:四川人民出版社,1985:44-66.
⑧ Grossman GM, A B Krueger. Economic growth and the environment[J]. The quarterly journal of economics,1995,110(2):353-377.
⑨ [美]赫尔曼·E. 戴利. 超越增长:可持续发展的经济学[M]. 诸大建,胡圣,等,译. 上海:上海译文出版社,2006:57-59.
⑩ [美]R·卡逊. 寂静的春天[M]. 吕瑞兰,译. 北京:科学出版社,1979.

闭的微不足道的太空船,并指出,经济的不断发展将使飞船内有限的资源耗尽,未来整个生态系统崩溃将是必然趋势①。许涤新指出,人类的生存发展依附于一定的自然条件和环境体系,在同自然界进行物质交换的时候,在从事物质资料再生产过程中,会不同程度给生态环境带来"副作用"②。Rapport D J et. al. 认为,经济与生态关系在一定程度上是相互矛盾的,生态系统将继续在需求增加的压力下降级。除非人类申请预防和恢复战略,以实现区域生态系统的健康和完整性③。

(二)经济与生态关系变迁的动力源分析

(1) 经济发展阶段影响经济与生态关系。翟凡、李善同通过构建 CGE 模型定量分析中国产业结构变动与污染排放的关系和相关政策影响指出,改革开放以来中国经济规模迅速扩张、结构的深刻调整带来了严重的环境问题,如不加以政策矫正,势必会恶化二者关系④。李芳等通过考察新疆 1995—2009 年产业结构与生态环境之间的关系发现,产业结构的变迁对生态环境胁迫、生态环境禀赋影响较大,产业结构变迁带来的生态环境正反馈效应不断增加,且具有较长的持续性⑤。韩峰、王琢卓认为,不同的经济发展阶段产业结构对生态环境作用方式不同,产业结构对生态环境的影响表现为两个方面。一是产业化的深入使大量耕地被占用,水资源和大气受到工业废水、废气、废渣的污染和破坏。二是产业结构升级、技术进步也使资源利用率不断提高,降低生态环境压力⑥。刘建伟从宏观视角上分析了采集渔猎、农耕游牧、工业革命和生态等不同文明形态下经济发展模式对生态环境的影响指出,不同历史时期人类分别采用的完全可持续、局部不可持续而整体可持续、完全不可持续和可持续的循环经济发展模式是影响生态环境变迁的主要因素⑦。《生态环境约束下西北地区产业结构调整与优化对策》课题组指出,中华人民共和国成立以来快速推进的工业化进程是西北地区生态环境变迁的主要驱动力,人口迅速增加、工农业废水废渣、乡镇企业出现等对生态环境产生了极大的破坏⑧。黄勤、刘波认为,改革开放以来,四川三次产业结构层次低,重型化特征明显,工业发展能源消耗大,引发了突出的环境问题⑨。

---

① [美]Boulding K E. The Economics of the Coming Spaceship Earth[M]. Baltimore:Johns Hopkins University Press,1966.
② 许涤新. 社会生产与人类生活中的生态环境问题[J]. 学习与思考,1984(4):1-8.
③ Rapport D J,Costanza R,Mc Michael A J. Assessing Ecosystem Health[J]. Trends in Ecology,1998,13(10):397~402.
④ 翟凡,李善同. 结构变化与污染排放——前景及政策影响分析[J]. 数量经济技术经济研究,1998(8):8-14.
⑤ 李芳,龚新蜀,张磊. 生态脆弱区产业结构变迁的生态环境效应研究——以新疆为例[J]. 统计与信息论坛,2011,26(12):63-69.
⑥ 韩峰,王琢卓. 产业结构变迁对生态环境质量的影响研究——以湖南省为例[J]. 科技与经济,2010,23(4):12-15.
⑦ 刘建伟. 人类经济发展模式的演进与生态环境的历史变迁[J]. 西北农林科技大学学报(社会科学版),2012,12(4):129-137.
⑧ 《生态环境约束下西北地区产业结构调整与优化对策》课题组. 工业化进程与西北地区生态环境的变迁[J]. 开发研究,2003(2):31-33.
⑨ 黄勤,刘波. 四川产业结构变迁及其生态环境效应研究[J]. 西南民族大学学报(人文社科版),2009,30(6):183-187.

(2) 技术发展、人口带来生态环境问题。朱蓓、肖军指出，技术满足人类需求，推动经济繁荣与社会文明，同时也会带来资源短缺、能源危机、环境污染、生态失衡、生物多样性丧失乃至物种灭绝等生态环境问题[①]。封玲、汪希成认为，人口数量增长引起的资源环境压力是干旱区环境退化的主要人为诱因，不均匀的人口空间分布模式则加剧了这种资源环境压力，而人口素质状况则决定了经济与生态最终的演化方向[②]。林海涛、罗椿咏指出，伴随人口数量的不断增加是耕地的需求，开垦土地进程也相应发生变化，为了向"生态"要粮，水利建设工程、化肥农药使用也相应启动，以上这些又进一步影响生态环境[③]。包智明、曾文强基于云南省Y村的个案研究探讨了生计转型与生态环境变迁的关系，研究发现，改革开放以来民族地区不同生计方式引发了生态环境的多重变化[④]。

(3) 体制、制度安排会影响生态环境。伍新木、于振英从制度安排的角度考察耕地生态环境认为，不同的制度安排对我国耕地的数量和质量变化呈现不同效应，地权的稳定性和其他制度会影响农民的用地行为，从而影响耕地生态环境[⑤]。刘舫等指出，城市化能够使自然资源、物质资本、劳动力、人力资本和基础设施等各类禀赋结构变迁，进而驱动产业结构升级和技术创新等生产结构变迁，不同禀赋结构和生产结构的能耗和污染属性不同使城市化进程中生态环境的特征也表现出差异性[⑥]。

(三)经济与生态关系的实证判定

(1) 国内重点经济带、流域经济与生态关系实证判定。王振波等分析得出，1991—2001年长三角地区生态—经济关系已经出现了集中型初步恶化趋势，2001—2008 年则由集中型初步恶化趋势转向分散型恶化与协调并存状态[⑦]。王琦、汤放华测度了 2000—2013 年长江中游荆江南岸洞庭湖区的耦合度、协调度和综合发展水平。结果表明，研究区域的生态经济社会系统协调发展水平由中度失调(2000—2004 年)、基本协调(2005—2008 年)向中度协调(2009—2013 年)演变，但与高度协调状态的差距仍然很大[⑧]。张荣天、焦华富分析泛长三角地区 1999—2013 年 41 个地级市经济与生态的耦合协调度及其演变规律。结果显示，1999—2013 年经济与生态耦合协调度呈现上升态势，但二者综合评价值仍表现负相关的特征，

[①] 朱蓓,肖军. 技术异化与环境变迁：概念、关系及对策[J]. 科技管理研究,2007(12)：258-260.
[②] 封玲,汪希成. 人口变动对干旱区生态环境的影响及作用机制——以新疆玛纳斯河流域为例[J]. 西北人口,2010,31(2)：102-105.
[③] 林海涛,罗椿咏. 近代以来云南人口变迁及其对生态环境的影响[J]. 广西大学学报(哲学社会科学版),2017,39(6)：83-88.
[④] 包智明,曾文强. 生计转型与生态环境变迁——基于云南省Y村的个案研究[J]. 云南社会科学,2021(2)：158-164+189.
[⑤] 伍新木,于振英. 制度变迁框架下的耕地生态环境变化研究[J]. 中国人口·资源与环境,2007(1)：109-113.
[⑥] 刘舫,郑洁,李红勋. 城市化、结构变迁与生态环境[J]. 河海大学学报(哲学社会科学版),2021,23(5)：37-47+110.
[⑦] 王振波,方创琳,王婧. 1991 年以来长三角快速城市化地区生态经济系统协调度评价及其空间演化模式[J]. 地理学报,2011,66(12)：1657-1668.
[⑧] 王琦,汤放华. 洞庭湖区生态—经济—社会系统耦合协调发展的时空分异[J]. 经济地理,2015,35(12)：161-167+202.

并针对不同地区二者的关系状况提出相应政策建议①。邢霞等以2004—2018年黄河流域64个地级市为例，探究用水效率和经济发展两系统之间的耦合协调关系及作用机理，结果显示，各省份耦合度值均有不同程度的提高，但仍未跨越初级耦合阶段。其中，山西耦合度增幅最大，甘肃耦合度值最小②。任保平、杜宇翔分析了2012年以来6年间黄河流域62个地级市经济、产业与生态三者耦合协同的时空演化，研究发现，流域内经济增长、产业发展与生态环境各系统综合水平总体上呈现平稳态势，但耦合协同严重失调，整体尚未达到三者协同发展状态③。刘琳轲等以省域为研究单元评价2003—2017年黄河流域生态与经济互动关系协调度，结果发现，研究期内流域二者关系由拮抗阶段(2003—2011年)向(2012—2017年)磨合阶段转变，耦合协调度总体呈现下游>中游>上游的空间发展格局④。张建威、黄茂兴发现，2008—2018年黄河流域经济、生态耦合协调水平呈现"拮抗—磨合"的演进态势，其中，上游区域、下游流域的协调水平较高，中游区域则相对滞后⑤。蒋正云等对中部地区农业经济、社会、生态三系统的耦合协调度进行了定量测度，结果显示，研究地区农业现代化经济、社会、生态层面的发展长期失衡，2007—2013年为经济、社会、生态三系统的共同增长阶段，2014—2017年三系统的发展表现为经济、社会持续增长，生态子系统逐渐下滑，农业现代化发展的生态环境压力进一步加大⑥。张仲伍等对1991—2015年黄河流域内8个省份642个县域不同主体功能区的生态经济系统协调程度进行评估，结果表明，流域内生态经济协调发展度偏低，类型以失调—经济滞后型为主。其中，失调区域重点位于流域中上游的能源丰富区和生态限制开发区⑦。杨清可等考察了长江三角洲城市经济协调会内16个核心成员城市土地利用与生态环境的时空演变规律与耦合度变化。研究发现，2000—2015年城镇化进程中用地扩张对生态环境扰动较为剧烈，二者差异化互动关系的耦合度格局将长期存在⑧。孙久文等从城市群角度考察了黄河流域2007—2019年生态与经济耦合协调程度，受资源开采、经济发展模式粗放、资源与生态承载压力大等因素影响，流域内经济与生态关系基本处于拮抗阶段⑨。李福柱、苗青以2006年、2012年和2018年数据为样

---

① 张荣天，焦华富. 泛长江三角洲地区经济发展与生态环境耦合协调关系分析[J]. 长江流域资源与环境，2015，24(5)：719-727.

② 邢霞，修长百，刘玉春. 黄河流域水资源利用效率与经济发展的耦合协调关系研究[J]. 软科学，2020，34(8)：44-50.

③ 任保平，杜宇翔. 黄河流域经济增长—产业发展—生态环境的耦合协同关系[J]. 中国人口·资源与环境，2021，31(2)：119-129.

④ 刘琳轲，梁流涛，高攀，等. 黄河流域生态保护与高质量发展的耦合关系及交互响应[J]. 自然资源学报，2021，36(1)：176-195.

⑤ 张建威，黄茂兴. 黄河流域经济高质量发展与生态环境耦合协调发展研究[J]. 统计与决策，2021，37(16)：142-145.

⑥ 蒋正云，周杰文，赵月. 乡村振兴背景下中部地区农业经济—社会—生态现代化时空耦合协调关系研究[J]. 中国农业资源与区划，2021，42(6)：99-108.

⑦ 张仲伍，畅田颖，高鑫. 黄河流域生态经济协调发展研究[J]. 地域研究与开发，2021，40(3)：25-30+36.

⑧ 杨清可，段学军，王磊，等. 长三角地区城市土地利用与生态环境效应的交互作用机制研究[J]. 地理科学进展，2021，40(2)：220-231.

⑨ 孙久文，崔雅琪，张皓. 黄河流域城市群生态保护与经济发展耦合的时空格局与机制分析[J]. 自然资源学报，2022，37(7)：1673-1690.

本，测算了黄河流域 73 个城市生态与经济耦合发展的空间演变特征，结果表明，流域内城市整体空间联系势能值增长显著，但其空间联系格局呈现非均衡的发展特征。其中，空间联系势能值最大的是山东半岛城市群，其次是中原城市群[①]。杨慧芳、张合林运用熵值法和耦合协调度模型，对 2006—2018 年黄河流域 9 个省份"生态—经济"系统的耦合协调程度进行实证分析，研究发现，总体上二者的耦合协调程度经历了"中度—良好—高度"协调的演变态势。陕西、青海、河南、内蒙古 4 个省份的耦合协调度平均增速最快，甘肃、山西、宁夏、四川、山东 5 个省份的增速均低于黄河流域整体年均增长速度[②]。

(2) 其他重点区域经济与生态关系实证判定。曹诗颂等对秦巴特困连片区的生态资产与经济贫困的耦合协调度进行了分析，研究发现，研究地区大部分县市生态资产与经济贫困存在较高的耦合度，具体表现为生态资产较低的地区，其经济贫困程度越高，二者具有明显的共生关系，他们提出，应将生态环境保护与生态资产的管理纳入地区的大扶贫格局中[③]。邓宗兵等对中国八大综合经济区生态文明水平进行考察，结果显示，沿海发达地区生态文明发展程度明显高于其他考察区，西南、东北、长江中游经济区次之，黄河中游和西北经济区最低[④]。谢磊发现，2001—2011 年中部地区城市化表现为以经济城市化为主导，生态城市化次之，社会城市化最小的特征。片面追求城市化带来的城市规模扩大和环境污染的结果使三者难以建立良性互动关系，不利于中部地区城市化可持续发展[⑤]。李治兵等对 2016 年西北地区 5 个省份的农业生态与经济系统的耦合协调度进行了实证分析，研究发现，甘肃耦合度最高，陕西为中级协调发展，宁夏和新疆为初级协调发展，青海为勉强协调发展[⑥]。

(3) 省际、市县经济与生态关系实证判定。李茜、胡昊等运用 1990—2010 年全国尺度的时序数据，从全国和省域两个尺度分析中国生态文明建设和协调发展的时空演化规律，研究发现，我国环境与经济、社会之间的协调发展能力不断加强，省域之间呈现东部、中部、西部逐级递减的状态[⑦]。魏伟等考察了中国 1980 年、1990 年、2000 年和 2010 年 4 个时段 2 853 个县的国内生产总值(GDP)和生态环境的关系，研究表明，整体上二者协调发展度逐渐好转，但区域空间分布差异较为明显，西部地区在保护生态环境的同时需大力发展经济，而东部、中部地区则需在发展经济的同时注重生态保持与修复[⑧]。段新等对 2002—2016

[①] 李福柱，苗青. 黄河流域城市生态保护与经济高质量发展耦合的空间网络特征[J]. 统计与决策，2022，38(5)：80-84.

[②] 杨慧芳，张合林. 黄河流域生态保护与经济高质量发展耦合协调关系评价[J]. 统计与决策，2022，38(11)：114-119.

[③] 曹诗颂，赵文吉，段福洲. 秦巴特困连片区生态资产与经济贫困的耦合关系[J]. 地理研究，2015，34(7)：1295-1309.

[④] 邓宗兵，何若帆，陈钲，等. 中国八大综合经济区生态文明发展的区域差异及收敛性研究[J]. 数量经济技术经济研究，2020，37(6)：3-25.

[⑤] 谢磊. 中部地区"经济—社会—生态"城市化时空格局测度[D]. 长沙：湖南师范大学，2014.

[⑥] 李治兵，沈涛，肖怡然，等. 西北地区农业生态和经济系统协调发展研究[J]. 中国农业资源与区划，2020，41(12)：237-244.

[⑦] 李茜，胡昊，李名升，等. 中国生态文明综合评价及环境、经济与社会协调发展研究[J]. 资源科学，2015，37(7)：1444-1354.

[⑧] 魏伟，石培基，魏晓旭，等. 中国陆地经济与生态环境协调发展的空间演变[J]. 生态学报，2018，38(8)：2636-2648.

年我国30个省份的科技创新、经济和生态环境的发展水平进行了测算,结果显示,研究期内我国科技创新、经济和生态环境的发展具有较强的相关性,整体上均呈现不断增长的趋势,但区域差异明显,东南沿海省份协调等级较高,而河北、辽宁、吉林、山西等省份的协调等级较低[①]。魏振香、史相国测算了2008年以来10年间全国各省生态与经济高质量发展的互动情况,结果显示,二者发展呈现稳定上升趋势,各省耦合协调度呈现同步发展型、生态超前型、发展超前型三种类别。其中,2018年山西两系统耦合协调度处于最低状态[②]。杨永芳、王秦考察了国内各省经济与生态协调度,结果表明,2018年各地区生态环境与区域经济协调发展度差异较大。北京处于优质协调发展阶段,天津、上海等6个省份处于中度协调发展阶段,河北、内蒙古、山西等14个省份处于初级协调发展阶段[③]。任祁荣、于恩逸考察了甘肃省2007—2017年社会经济发展与生态环境质量之间的耦合协调程度及演变过程,结果显示,甘肃省经济与自然生态互动关系从失调磨合阶段趋向高水平协调阶段稳步发展[④]。苏胜亮考察了宁夏2000—2018年生态环境与社会经济的耦合协调度指数,整体来看,二者关系逐渐向好,但与沿海地区等其他地区相比,经济与生态协调程度仍处于初级协调阶段[⑤]。韩增林等考察了大连市历史时期生态—经济耦合协调关系,研究发现,经济与生态系统生产总值(GEP)主要耦合协调发展类型由中度失调—经济滞后变为中度协调—生态滞后,耦合协调发展持续转好,但GEP发展滞后于经济发展[⑥]。曹跃群等考察了2009年、2012年、2016年重庆市38个区县人均地区生产总值与地均经济社会价值(ESV)直接的互动关系,结果显示,生态系统服务价值水平与经济发展水平在空间上整体呈负相关关系,研究期间负相关关系逐渐减弱,生态保护和经济发展协调性增强[⑦]。

(四)小结

通过文献梳理发现,经济与生态关系大致划分为三个方向,分别为经济与生态关系的理论探讨、经济与生态关系变迁的动力源分析、经济与生态关系的实证判定。在理论探讨部分,部分学者对经济与生态关系持悲观态度,他们认为,经济发展必然会损坏生态环境,二者是一种此消彼长的关系。大多数学者对经济与生态关系持乐观态度,他们认为,虽然

[①] 段新,戴胜利,廖凯诚. 区域科技创新、经济发展与生态环境的协调发展研究——基于省级面板数据的实证分析[J]. 科技管理研究,2020,40(1):89-100.

[②] 魏振香,史相国. 生态可持续与经济高质量发展耦合关系分析——基于省际面板数据实证[J]. 华东经济管理,2021,35(4):11-19.

[③] 杨永芳,王秦. 我国生态环境保护与区域经济高质量发展协调性评价[J]. 工业技术经济,2020,39(11):69-74.

[④] 任祁荣,于恩逸. 甘肃省生态环境与社会经济系统协调发展的耦合分析[J]. 生态学报,2021,41(8):2944-2953.

[⑤] 苏胜亮. 宁夏回族自治区生态环境与经济发展耦合协调研究[J]. 水土保持研究,2021,28(2):367-374.

[⑥] 韩增林,赵玉青,闫晓露,等. 生态系统生产总值与区域经济耦合协调机制及协同发展——以大连市为例[J]. 经济地理,2020,40(10):1-10.

[⑦] 曹跃群,赵世宽,杨玉玲,等. 重庆市生态系统服务价值与区域经济增长的时空动态关系研究[J]. 长江流域资源与环境,2020,29(11):2354-2365.

经济发展伴随着生态环境的开发利用，但经济实现增长的同时，不仅会因技术提升、产业升级、生态文明意识增强等减少对生态环境的破坏，也会对已经破坏的生态环境进行建设、修复等补偿性举措。近年来，以习近平生态文明思想为主基调，创造性地对二者关系进行了回答，并将二者关系划分为"宁要绿水青山，不要金山银山""既要绿水青山，也要金山银山""绿水青山就是金山银山"等科学论断。在动力源分析上，学者认为，产业结构变动、人口增长、经济发展模式、制度设计、城市化和工业化进程是经济与生态关系变迁的主要推动力。在实证判定上，长江经济带和西部大开发作为我国的重大区域发展战略，以上两大区域经济与生态关系的考察受到多数学者的青睐，对该区域的考察既有宏观层面整体视角，也有对微观层面上重点地区的研究。随着2020年黄河流域生态保护和高质量发展，以及新时代中部地区高质量发展上升为国家重大区域战略后，学者们将研究对象逐渐转向黄河流域和中部地区，通过构建计量模型考察以上区域的经济与生态之间的关系。

二、山西经济与生态关系变迁综述

(一)经济对生态环境的影响

(1) 粗放式经济发展方式降低生态环境质量。张金屯、梁嘉骅对过去20年来水土流失、土地沙漠化、森林破坏、工矿区土地破坏等生态环境损失进行评估指出，粗放式发展经济的同时，使生态环境欠账巨大[1]。刘兆征从资源枯竭、生态环境破坏等方面指出了山西发展面临的严峻形势，研究发现，粗放式开采、资源利用水平低、资源为主的产业结构是生态环境恶化的深层次原因[2]。秦文峰、苗长青指出，山西生态环境恶化始于20世纪80年代，虽然生态建设力度也在同步增大，但改革开放以来经济活动范围、强度的进一步扩大，使水、土地、森林、大气等生态环境开始恶化[3]。景普秋等总结了以山西为代表的资源型经济的产业锁定、要素挤出、生产外部性、矿地冲突、财富流失五大区域效应，并提出了相应的转型政策建议[4]。王卫红指出，山西经济增长高度依赖资源，但无序开发造成的资源枯竭和生态环境恶化也阻碍了经济的可持续发展，并从建立经济社会发展的资源环境支撑体系、合理调整产业结构、提高资源综合利用效率等方面给出了山西解困之道[5]。王丽萍、夏文静基于生态足迹理论，对我国中部六省1995—2014年的生态足迹和生态承载力进行测度，研究发现，山西的生态承载力总量最小且基本不变，人均生态赤字最大且仍在不断增长[6]。刘海龙等对山西省2005—2015年生态安全状况进行综合评价并分析其时空演化规律，分析发现，研究时段内区域生态环境改善显著但有放缓趋势，南部、中部生态环境整体安全程度

---

[1] 张金屯，梁嘉骅. 山西生态环境损失分析及对策[J]. 中国软科学，2001(5)：90-95.
[2] 刘兆征. 煤炭资源型地区环境友好型社会建设研究——以山西省为例[J]. 环境保护，2008(14)：46-49.
[3] 秦文峰，苗长青. 山西改革开放史[M]. 太原：山西教育出版社，2009.
[4] 景普秋，孙毅，张丽华. 资源型经济的区域效应与转型政策研究——以山西为例[J]. 兰州商学院学报，2011，27(6)：40-47.
[5] 王卫红. 煤炭大省如何实现转型跨越发展[J]. 环境保护，2011(8)：60-61.
[6] 王丽萍，夏文静. 基于生态足迹理论的中部六省可持续发展评价研究[J]. 环境保护，2018，46(10)：38-43.

优于北部地区①。李德山等对山西 2003—2016 年 11 个地级市的环境效率进行测度，研究发现，环境效率均值呈现中部地区(太原、阳泉、吕梁、晋中)＞北部地区(大同、朔州、忻州)＞南部地区(长治、临汾、运城、晋城)的特征②。

(2) 经济发展破坏水生态环境。魏茹生、王宏英分析了水资源开发利用状况发现，山西大部分地区水资源已过度利用，水资源开发的潜力很小或已无潜力，甚至超采地下水，并从水资源合理配置、开发利用体系优化、可持续利用管理改革等方面提出政策建议③。孟万忠、王尚义分析了山西河流的健康状况指出，水生态环境极其脆弱，并从水资源过度开发、区域功能定位模糊、能源重化工基地建设等方面进行了原因分析④。尚泽峰分析了山西和各地级市 2000—2009 年用水量变化，总结了山西水资源发展的趋势和规律特点，并指出，水资源供需矛盾突出、污染严重、利用效率不高等是山西水资源开发利用过程中存在的主要问题⑤。焦士兴等运用三维水生态足迹模型，分析了中国 31 个省份 2004—2018 年水生态足迹的时空特征，研究发现，山西的三维水生态足迹时序特征是先升后降型⑥。

(3) 优化经济与生态关系的路径。侯博等针对山西碳排放总量、人均碳排放量、碳排放强度"三高"的碳压力特点，从完善碳交易机制、政府引导征收碳税、创建低碳社会等方面提出了一系列促进山西低碳转型、跨越发展的措施⑦。陈新风、赵平利构建了循环经济指标体系评估机制，并对山西"十一五"时期循环经济运行效率进行测度，他们指出，循环经济对节能减排做出了积极贡献，同时把加大资源综合利用力度、规模化纵深化循环经济作为下一步工作的重点⑧。于贵芳、赵国浩分析了煤炭资源利用过程中产生的外部不经济性，并理论剖析了煤炭资源利用效率对生态帕累托的影响，在此基础上提出一些寻求能源利用和生态平衡的建议⑨。宋东风立足山西转型综改示范区建设提出，建设太原资源型区域中心城市需要从做好产业结构调整、建立现代物流体系、城市发展与生态发展结合等方面深入展开⑩。唐孝辉根据 2014 年山西国土资源相关数据指出，采煤沉陷区遍布山西全省，并从土地资源、水文环境、大气环境等方面论述了沉陷区的危害，提出应建立完善的煤炭开采生态补偿机制⑪。方书义以经济、社会和环境综合效益最大化为目标，将煤炭、煤电、煤化

---

① 刘海龙，谢亚林，贾文毓，等. 山西省生态安全综合评价及时空演化[J]. 经济地理，2018，38(5)：161-169.
② 李德山，赵颖文，李琳瑛. 煤炭资源型城市环境效率及其环境生产率变动分析——基于山西省 11 个地级市面板数据[J]. 自然资源学报，2021，36(3)：618-633.
③ 魏茹生，王宏英. 关于水资源可持续开发利用的思考——以山西为例[J]. 经济问题，2008(7)：40-42.
④ 孟万忠，王尚义. 略论河流健康与经济可持续发展——以山西为例[J]. 经济问题，2009(1)：58-61.
⑤ 尚泽峰. 山西省水资源利用分析[D]. 太原：山西师范大学，2012.
⑥ 焦士兴，王安周，陈林芳，等. 中国省域三维水生态足迹及其驱动研究[J]. 世界地理研究，2022，31(5)：988-997.
⑦ 侯博，李伟，卢辰宇. 低碳经济与山西"碳压力"[J]. 中国人口·资源与环境，2012，22(S2)：62-65.
⑧ 陈新风，赵平利. 山西资源型地区循环经济指标体系评估研究[J]. 经济问题，2012(10)：119-122.
⑨ 于贵芳，赵国浩. 煤炭资源利用效率与生态帕累托之间的关系研究——以山西省为例[J]. 工业技术经济，2012，31(4)：55-58.
⑩ 宋东风. 太原市转型时期发展模式研究[J]. 城市发展研究，2012，19(1)：66-70.
⑪ 唐孝辉. 山西采煤沉陷区现状、危害及治理[J]. 生态经济，2016，32(2)：6-9.

工作为独立的用水行业，建立煤炭基地水资源多目标优化配置模型[1]。李玲娥从动力转变、结构优化、环境改善、区域协调等多个方面探讨了山西经济在推进高质量发展过程中的现状，并指出，构建现代经济体系是资源型经济高质量发展的重要途径[2]。

(二)生态对经济发展的影响

(1) 生态环境支撑经济发展。纪馨芳以古代到近代为研究时段，略论山西的生态环境由优良向恶化变迁的历程，并指出，生态变迁对工农业及人类生活的影响[3]。张维邦论述了20世纪80年代以来山西在全国经济地位的下降及生态环境的恶化，从可持续发展角度提出了发展高新技术、旅游、煤炭深加工、生态农业等政策[4]。李泽平总结了中华人民共和国成立以来至2009年山西经济发展过程中水资源开发与利用，并指出，水资源在经济发展过程中的重要作用，同时也针对存在的问题从深化体制改革、合理制定水资源价格、借鉴国内外先进经验等方面给出政策建议[5]。李静萍从水库建设遍及水系干支流、灌区配套工程齐头并进、汾河沿岸机电泵站建立等方面总结了农业学大寨期间山西的水利建设情况[6]。张昭文分析良好的水源关系汾酒集团的经济发展，勘测发现，地下水严重超采、污染日益严重等是水利开发存在的问题，并从划定水源地保护区、建立监测机制、提升用水效率等方面给出政策建议[7]。《山西水利》编辑部从贫困地区饮水保障、生态经济发展等方面论述水利在脱贫攻坚上的任务[8]。

(2) 生态环境破坏影响经济可持续发展。李素清、张金屯从山西生态环境破坏的现状出发，从经济损失、自然灾害加剧、资源供需矛盾激化、脱贫程度加剧、可持续发展能力不足等方面分析了生态环境破坏对可持续发展的严重影响，并基于此提出加大资金投入、控制人口增长、制定生态建设规划等政策建议[9]。白鸿莉从供水能力增长缓慢、工农业用水全面紧张、水源结构不合理、水生态环境恶化等方面梳理山西水资源开发利用过程中存在的问题，并指出，山西水资源可持续发展需做好节约用水、环境保护、水资源潜力挖掘等工作[10]。袁纯清分析了"十二五"时期山西面临的外部形势指出，现有发展模式难以为继，转型发展亟须全面推进，并从工业新型化、农业现代化、市域城镇化、城乡生态化等方面提出了转型发展的举措[11]。杨建慧从缓解水资源矛盾、推进生态文明建设以及提升综合效益三方面探讨汾河治理的必要性和重要性，同时指出，水资源严重短缺、污水处理滞后、水质

---

[1] 方书义. 山西省煤炭基地水资源优化配置与承载力研究[D]. 郑州：郑州大学，2016.
[2] 李玲娥. 现代化经济体系构建与资源型经济高质量发展[J]. 政治经济学评论，2022，13(5)：59-86.
[3] 纪馨芳. 三晋经济论衡[M]. 北京：中国商业出版社，1993.
[4] 张维邦. 对山西经济可持续发展问题的思考[J]. 山西大学学报(哲学社会科学版)，2001(2)：70-75.
[5] 李泽平. 山西经济发展过程中的水资源开发与利用研究(1949—2009)[D]. 太原：山西大学，2011.
[6] 李静萍. 学大寨运动期间山西农田水利建设考论[J]. 当代中国史研究，2017，24(3)：71-82+126-127.
[7] 张昭文. 山西汾酒集团供水水源地现状分析及对策[J]. 陕西水利，2018(5)：238-239.
[8] 《山西水利》编辑部. 扎实做好脱贫攻坚水利扶贫任务[J]. 山西水利，2020(10)：3.
[9] 李素清，张金屯. 山西生态环境破坏对可持续发展的影响及对策研究[J]. 干旱区资源与环境，2005(2)：56-61.
[10] 白鸿莉. 水资源可持续利用：山西经济发展的基础[J]. 经济问题，2003(12)：72-73.
[11] 袁纯清. 以转型发展为主线 再造一个新山西[J]. 求是，2010(19)：9-12.

污染治理短期难见效等是汾河流域太原段修复治理的主要问题①。

(3) 优化生态环境的路径。张维邦从山西承东启西的地理战略地位及黄河流域、海河流域的健康稳定方面论述了新世纪建设生态环境的意义,并从山区、河流、四旁、农田林网、城市绿化等方面提出五大战场的绿化战略布局②。王效梅指出,综改示范区的成立为山西经济的发展注入了新的活力,但在应对环境压力和可持续发展的需求上,生态补偿表现出极强的紧迫性,并针对经济结构严重失衡、环境保护欠均衡发展、资源枯竭与环境日益恶化等方面提出新的生态补偿方案③。袁纯清指出,山西长期以来过度依赖煤炭产能扩张,常常陷入"因煤而兴,因煤而困"的困境,在此情况下,建设美丽山西需依靠发展循环经济、打造四个山西(绿化山西、气化山西、净化山西、健康山西)、发扬右玉精神三个抓手④。刘敏敏基于多元主体视域下分析了山西生态环境治理存在的问题及成因,并从治理理念、治理体系、治理责任、治理利益等方面给出了政策建议⑤。吴伟伟等对 1960—2019 年山西农谷降水变化趋势、突变性、变化周期、旱涝特征等进行了计量分析,并根据山西农业水资源利用现状及存在的问题提出水利优化策略⑥。常建忠聚焦山西全方位推进高质量发展,从防洪保安、节水控水、水生态修复治理、水网架构等方面谋划新发展阶段的水利担当⑦。

(三)经济与生态关系的判断

梁四宝以 1991—2006 年为考察期,分析了山西经济与生态互动关系,研究发现,污染物排放与经济增长量仍处于同时上升状态,环境库兹涅茨曲线特征还不是很显著⑧。丁任重、刘攀从省际层面出发,考察了 1978—2007 年各省的生态占用与承载力,研究发现,改革开放以来山西一直处于生态赤字状态,位居省际排名前列⑨。柯文岚等发现山西 EKC 基本存在,环境综合污染随经济增长不断恶化,并指出,经济发展体量、生态环境投资额、科技创新程度等是影响全省环境库兹涅茨曲线的主要因素⑩。段永惠等分析了山西人口、生态、经济协调度,研究发现,三者关系仍处于整体协调度较差,并存在人力资本存量不足、区域发展不平衡等问题⑪。郭玥考察了 2008—2017 年山西绿色发展水平效率,研究发现,绿

---

① 杨建慧. 山西汾河流域太原段修复治理的思考[J]. 经济问题,2013(12):121-124.
② 张维邦. 地理科学与国土整治及区域发展研究[M]. 北京:中国社会出版社,2009.
③ 王效梅. 山西省综改区建设中的生态补偿模式研究[J]. 经济问题,2013(12):125-128.
④ 袁纯清. 建设美丽山西靠什么[J]. 求是,2013(3):15-16.
⑤ 刘敏敏. 多元主体协同视域下山西生态环境治理研究[D]. 太原:山西财经大学,2021.
⑥ 吴伟伟,冯锦萍,孟佩. 山西农谷降水变化与旱涝特征分析及水利应对策略[J]. 水利建设与管理,2022,42(4):35-42.
⑦ 常建忠. 系统谋划 整体推进 在高质量发展中展现水利担当[J]. 山西水利,2022(1):18.
⑧ 梁四宝. 经济增长与环境质量——基于山西省环境库兹涅茨曲线的实证检验[J]. 经济管理,2008(Z3):50-54.
⑨ 丁任重,刘攀. 中国省际生态占用与承载力分析:1978~2007[J]. 经济学动态,2009(11):54-60.
⑩ 柯文岚,沙景华,闫晶晶. 山西省环境库兹涅茨曲线特征及其影响因素分析[J]. 中国人口·资源与环境,2011,21(S2):389-392.
⑪ 段永惠,景建邦,张乃明. 山西省人口、资源环境与经济协调发展分析[J]. 生态经济,2017,33(4):64-68+79.

色发展效率呈波动上升趋势，转型成效初步显现，呈现北高南低的发展格局[①]。朱炜歆等对山西 1985—2017 年的污染物排放量及人均地区生产总值进行了考察，研究发现，工业废气、SO_2、化学需氧量(COD)等排放量曲线拟合符合倒"U"形特征，废水排放量曲线拟合处于 EKC 左侧，烟粉尘排放量及工业固废排放量曲线拟合呈"N"形，同时指出，山西环境治理取得一定实效，但仍处于高环境成本的经济增长方式[②]。云小鹏考察了黄河流域 9 个省份城镇化与生态环境相互关系，研究发现，山西由无序态发展阶段(2004 年)向低稳态—中稳态并存阶段(2013—2020 年)迈进[③]。杨慧芳、张合林运用熵值法和耦合协调度模型，对 2006—2020 年黄河流域 9 个省份"生态—经济"系统的耦合协调程度进行实证分析，研究发现，该时段流域内山西经济与生态关系整体呈上升态势。2006 年为轻度失调，2007—2012 年为低水平协调，2013—2018 年为高水平协调[④]。王夏瑜将山西 11 个地级市作为研究对象，考察产业绿色转型升级水平，研究发现，2010—2019 年山西省产业结构绿色转型综合水平总体趋势明显上升，但增长速度较慢[⑤]。

(四)小结

经过文献梳理发现，当前学术界已对山西经济与生态关系开展了一定的研究，研究时间多以改革开放为起点，主要聚焦经济与生态关系的影响及关系计量判定，研究结论更多是山西经济活动对生态环境产生了巨大破坏，进入 21 世纪山西与经济的关系进入缓慢协调上升期，以上研究为我们正确认识山西经济与环境关系提供了理论支撑。但当前的研究更多的是宏观上的判断，缺少各个历史时期下经济与生态关系的发展理念、政策及关系变迁等相关事实的内容梳理，难以展现出更长历史时期山西经济与生态关系变迁的内外全貌。经济与生态关系各个时期存在差异性，关系变迁也受经济、政治、文化、特殊的历史使命、区域发展格局变迁等影响。中华人民共和国成立以来，山西经济与生态关系在各个历史时期的类型是什么？是始终一直对抗还是存在其他类型？不同时期下哪些经济活动重点影响生态？这些经济活动如何产生及影响哪些生态环境？影响的方式、程度又是什么？是积极影响还是消极影响？生态在不同历史时期下又是如何影响经济？是支撑经济还是制约经济？生态支撑与制约经济发展的时间段分别是哪些？哪个时间段重点支撑农业？哪个时间段重点支撑工业？二者关系变迁的时间段及背后的推动力又是什么？以上问题的全面解答即是本书选题立意的出发点。

三、文献评述

通过对已有文献进行梳理可以发现，当前研究已对经济与生态关系展开大量分析，主

[①] 郭玥. 资源型地区绿色发展效率评价研究[D]. 太原：山西大学，2020.
[②] 朱炜歆，马小红，王洁玉. 基于 EKC 假说的山西省经济增长与环境特征分析[J]. 环境生态学，2020，2(8)：55-60.
[③] 云小鹏. 黄河流域城镇化与生态环境耦合协调测度及交互关系研究[J]. 经济问题，2022(8)：86-95.
[④] 杨慧芳，张合林. 黄河流域生态保护与经济高质量发展耦合协调关系评价[J]. 统计与决策，2022，38(11)：114-119.
[⑤] 王夏瑜. 山西省产业绿色转型升级水平评价研究[D]. 太原：山西财经大学，2022.

要表现为以下方面。

从研究方法来看，一是对经济与生态关系的理论探讨，经历了二者对立对抗→可以协调发展→相互辩证统一的思想认识历程；二是经济与生态关系变迁的动力源，学者通过对典型地区的考察指出，经济发展模式、产业结构调整、人口规模激增、技术升级、发展理念等是主要的影响因素，且不同历史阶段各要素对推动二者关系的作用也表现出不同的效果；三是经济与生态关系变迁的实证判定，多数学者从实证模型构建、数据结果分析两方面对二者数量关系进行考察。

从研究对象来看，改革开放初期，沿海发达地区受政策倾斜，经济发展速度、规模迅速进入快车道模式，伴随经济快速发展，生态环境问题随之而来。进入20世纪90年代，西部大开发战略的提出，该地区的经济建设力度加大，经济发展与生态环境的对抗关系开始显现。以上这些重大区域战略的提出和实践效果受到学者们的重点关注，研究内容更多集中到上述地区。

从山西经济与生态关系的考察上，20世纪80年代，山西被授予能源重化工基地的重大使命，自此，资源型经济进入大规模、高速度的建设发展时期。学者们关于山西经济与生态关系的考察也多基于此时段展开，既有能源经济建设过程对环境破坏的事实说明，也有环境恶化对经济发展的制约论述，还有对未来经济与生态环境关系的展望。

上述文献从思想探讨、对象选取、方法选定等方面总结了经济与生态的关系，特别是改革开放以来我国实施重大区域战略涉及地区的经济与生态关系的论述，为我们进一步科学认识经济与生态的关系奠定了良好的基础。随着新发展格局构建的全面展开和生态文明建设的深入推进，内陆地区也被赋予新的历史使命。山西作为新时期《黄河流域生态保护和高质量发展规划纲要》和《关于新时代推动中部地区高质量发展的意见》两大国家重大区域战略的高度重叠地区，区域内经济与生态关系高质量发展成为当前迫切需要解决的课题。

经济与生态的关系受多种因素影响，生态基础、经济发展模式、关系变迁表现特征、政策方针等各地区差异性较大。已有研究对象更多聚焦沿海发达地区及西北地区、西南地区，对于新时期以山西为代表的能源富集区经济与生态关系的历史变迁历程及新时期下如何实现经济与生态高质量发展还未进行深入研究。已有研究方法侧重模型实证及结果分析上，但不同时期方针政策、具体经济活动及生态环境的变化特征等要素不易数量化，难以纳入实证模型中，这使实证背后的历史事实梳理方面说服力显得薄弱。研究时期往往以改革开放为起点，中华人民共和国成立后，我国进入稳定的经济发展时期，改革开放前的计划经济时期，各地区积极建设经济，在此过程中，经济与生态之间已开始建立一定的联系，此时间段的历史考察与回顾也是研究经济与生态关系必不可少的一个重要环节。基于以上考虑，本书展开了对山西经济与生态关系的经济史考察，以中华人民共和国成立为研究起点，通过详尽的历史资料梳理并辅以一些计量图形，展现各时期山西经济活动及引发的水、土壤、森林等生态环境变化，同时也会对山西科学应对二者关系变化作出的艰难努力及成效进行论述，以期弥补以山西为代表的能源富集区在经济与生态二者关系变迁上的研究。

第四节　研究内容与方法

面向资源型地区绿色转型肩负的时代使命和面临的新挑战，在总结和拓展已有研究成果的基础上，论述本书的主要研究内容及开展研究过程中使用的方法。

一、研究内容

围绕山西经济与生态的关系变迁，本书主要回答以下三个问题。

问题1：不同历史时期国际、国内、山西自身在经济发展、生态环境方面的方针政策，二者的相对地位，以及如何看待二者的关系？

问题2：不同历史时期经济发展方式的变化及背后的推动原因，哪些具体经济活动在哪个时间段主导生态环境变化，变化的生态环境有哪些？是水环境？土壤环境？还是森林、大气？生态环境变化方式是什么？范围变化是程度加重还是减轻？哪些生态环境是前期开始变化？哪些是后来居上？哪些又是上升后下降？下降的方式及表现特征又是什么？

问题3：总结中华人民共和国成立以来山西经济与生态的关系变迁历程，深入分析二者关系变迁对山西经济发展的影响，并就当前山西所处的发展环境及肩负的使命提出二者关系进一步高质量发展的政策建议。

针对以上三个问题，本研究将山西经济与生态的关系变迁从以下三大部分进行探讨，具体内容安排如下。

第一章绪论(第一部分)：论述研究背景及意义概念界定与理论框架、文献梳理与评述、研究内容与方法等。

第二章～第五章(第二部分)：分阶段考察山西经济与生态的关系变迁历程。根据收集整理的经济、生态两大领域史料，将中华人民共和国成立以来山西经济与生态关系划分为四个变迁阶段，详细论述各阶段经济活动的动因、强度、范围及引发的生态环境变迁，并展示山西各时期应对和处理二者关系的态度、方式及成效。

第六章(第三部分)：山西经济与生态关系变迁的总结、反思与未来展望。根据前面五章的论述，全面总结山西经济与生态关系变迁的规律，并指出，中华人民共和国成立以来山西经济与生态关系变迁背后的驱动因素和以山西为代表的能源富集区在实现经济与生态高质量发展过程中的艰难历程，同时提出相关政策建议，助力其尽快跟上国家生态文明建设步伐，实现绿色发展。

二、研究方法

1) 文献分析法

文献分析法是学术研究中最主要、最基础的一种方法。本书在选题立意、研究现状评述、研究内容论述等多个过程均采用了该方法。山西经济与生态的关系变迁是复杂的历史过程，受国际国内环境、历史时期功能定位与发展理念、发展模式等多种因素影响，只有在查阅、考证、分析大量史料的基础上，才能准确回答不同时期二者关系变化的主要矛盾、次要矛盾及表现形式等内容。

2) 多学科交叉分析法

经济与生态的互动关系隶属人文社科领域，包括经济发展战略制定、水环境演变、气候变化、植物生长区域差异化分布等研究内容，涉及经济学、历史学、环境学、地理学、气象灾害学等多个学科。本书在开展内容论述的过程中，广泛吸收上述学科的分析方法，以全面展现不同历史时期下山西经济与生态环境错综复杂的互动关系及其优化二者关系的艰难性和反复性。

3) 定性与定量相结合分析法

定性与定量相结合分析法是对事物属性、特征等方面进行理论研究的过程中，辅以图表、数据等具体的量化分析，使抽象的理论研究更加具体化、直观化。本书将二者有机统筹，借助大量一手史料，以山西经济与生态互动关系的定性分析论述为主，同时辅以相关走势图、区位变化图、对比图等数理统计方法，以提升本书分析过程的严密性和说服力。

4) 学术研讨分析法

学术研讨分析法是深入开展学术研究过程必须掌握和使用的一种方法。本书在前期史料收集与整理、中期框架确定与行文写作、后期定稿内容优化完善等方面多次与相关专家、学者进行讨论交流，为本书质量的提升奠定了扎实基础。

第二章 山西经济与生态步入微平衡发展(1949—1977)

微平衡是指事物在相互作用过程中保持平衡的状态，但这种平衡并不是强稳态平衡，而是一种微弱、随时可能被打破的平衡。梳理史料发现，此阶段，面对外部动荡的世界局势和自身薄弱的经济基础和恶劣的生态环境，山西大力实施植树造林、水土保持、水利设施建设等生态环境质量提升工程，以促进全省经济恢复与发展，特别是生态环境在农业领域的支撑作用，但也因特定历史时期下生态发展理念的缺乏出现一些破坏生态环境良性循环的经济行为，使山西经济与生态呈现微平衡的互动关系。

第一节 宏观背景分析

中华人民共和国成立初期，国际局势动荡不安，以美国为首的西方国家通过政治孤立、经济封锁、军事威胁等全方位封锁中国经济。对中国而言，受常年战争影响，经济基础整体薄弱。作为典型的农业大国，历史时期未治理好的水患、频发的自然灾害等潜藏着破坏经济发展成果的巨大隐患。山西近代发展良好的工业，也在战争中遭到严重破坏。地处黄土高原丘陵沟壑地带，"十年九旱"的恶劣生态环境严重制约农业快速恢复发展。在此历史背景下，中华人民共和国成立初期的山西，主攻工农业恢复和发展，并通过大力改造生态环境使其重点服务农业经济建设。

一、国际背景：世界局势动荡和中国重工业化道路选择

中华人民共和国成立之初，以美国为首的西方国家拒不承认中华人民共和国的合法性，立即把中华人民共和国列入"巴统"[①]管制的国家，并连同其他西方国家对中华人民共和国采取了政治孤立、经济封锁、军事威胁等"遏制孤立"政策，手段无所不用其极，企图阻碍中华人民共和国开展对外贸易，进而扼杀刚诞生的中华人民共和国。随着国外对我国经济封锁的逐渐深入，大量外资外流及其管理的企业也逐步放弃经营(见表 2-1)，处于瘫痪状态。以工业领域为例，1949—1952 年，外国在华企业资产占比由 99.6%降为 26.1%。除在经济上实行封锁，西方国家还在军事上进行威胁。1950 年 6 月 25 日，美国令其舰队进入我国台湾海峡[②]，试图侵占我国领土台湾。1951 年，印度利用中华人民共和国成立初期我国无暇顾及中印边界之争，肆意向英国殖民者在 1913 年制造的非法"麦克马洪线"不断推进，威胁中国领土主权完整。1964 年 8 月 5 日，美国借"北部湾事件"对越南发动侵略战争，同

---

① 庞松. 中华人民共和国发展史(第1卷)[M]. 青岛：青岛出版社，2009：264.
② 郑建英，陈文桂. 新编中共党史简明辞典[M]. 哈尔滨：哈尔滨出版社，1991：182.

时其军用飞机侵入中国海南岛地区和云南、广西上空，投掷炸弹和发射导弹[①]，战火波及中国边境，对国家安全造成诸多不确定因素。由于被欺负的历史教训及面临的战争威胁，只有尽快建立较为完备的工业体系，才能应对帝国主义的经济封锁和军事威胁。为快速追赶西方国家的工业化进程，结合苏联工业化的成功经验，中国在第一个五年计划开始时确立了优先发展重工业的社会主义工业化道路。1956年9月，党的"八大"审议通过的"二五"发展计划报告中指出，继续推进重工业建设，巩固我国社会主义工业化的发展基础[②]。面对中苏关系恶化及东南沿海地区的外部威胁，"三五"至"四五"期间，我国经济建设思想以备战为中心，并提出集中力量布局大三线建设。整体来看，在世界局势动荡的大背景下，此阶段中国选择了一条重工业化优先发展的道路，山西工业建设正是在此背景下逐步推进布局的。

表2-1 中华人民共和国成立初期外国在华企业资产变化情况

类别	中华人民共和国成立初期/万元	1949年（以中华人民共和国成立初期为100%）	1950年（以中华人民共和国成立初期为100%）	1951年（以中华人民共和国成立初期为100%）	1952年（以中华人民共和国成立初期为100%）
工业	45040.3	99.6	99.4	97	26.1
公用事业	45664.9	99.7	35.3	35.3	15.5
银行保险业	1339.4	100	97.1	95.4	95.4
航运码头仓库业	5985.9	100	93.2	91.7	91.7
进出口业	11368.3	99.9	96.9	24.8	22.4
房地产业	10484.2	100	100	99.1	91.6
其他商业	870.7	99.9	85.5	74.6	66.1
中华人民共和国成立前歇业有遗留财产者	1862.7	90.9	89.7	85.6	83.5

资料来源：武力. 中华人民共和国经济史[M]. 增订版. 上卷. 北京：中国时代经济出版社，2010：119-120.

二、国内背景：经济发展亟须恢复与自然灾害频发共存

中华人民共和国成立初期，党和人民面临严峻的发展形势，主要包括以下两方面。

(1) 经济基础较为薄弱，亟须恢复发展。受帝国主义掠夺和长期战乱影响，中国共产党面对的是一穷二白、千疮百孔的"烂摊子"，经济发展水平低下，国内生产总值不足美国同期GDP的7%。农业虽作为国民经济的主导产业，但仍处于一种完全靠天吃饭、受自然环境"摆布"的状态。水利配套设施十分薄弱，虽有一定面积的灌溉农业，但灌溉工程多

---

① 郑轩. 简明党史知识一本通[M]. 上海：东方出版社，2016：160.
② 忽培元. 历史的跨越：从"一五"到"十三五"[M]. 北京：光明日报出版社，2015：18.

为小型池塘、陂塘、涵闸等工程类型，只有个别较大的灌溉工程和堤防，总灌溉面积仅为2.4亿亩①，约占当时耕地面积的16.3%，人均灌溉面积为0.44亩②。工业基础十分薄弱，重工业几乎为零，轻工业也只是少量的纺织业，正如毛泽东主席所说，"现在我们能造什么？能造桌子椅子，能造茶碗茶壶，能种粮食，还能磨成面粉，还能造纸。但是，一辆汽车，一架飞机，一辆坦克，一辆拖拉机都不能造"③。

(2) 生态环境恶劣严重影响经济发展。历史时期，中国是一个自然灾害频发的国家。以水旱灾害为例，史料记载，公元前206年至1949年的2155年间，共发生水灾1029次，较大的旱灾有1056次，水旱灾害几乎每年发生④。以母亲河黄河为例，自帝尧时代便开始了洪水决溢，且洪水决溢的频率及影响经济的范围、破坏经济发展成果的程度等逐渐增大(见表2-2)。可以发现，历史时期，恶劣生态环境一直困扰我国经济社会发展，尽快治理、改善、优化生态环境成为中华人民共和国成立后经济发展面临的亟须解决的大事。

表2-2 历史时期黄河决溢对经济建设的影响

年　代	河流决溢对经济的影响
帝尧时代	黄河有一个"洪水横流，泛滥于天下"的时期
周定王五年	黄河下游曾发生一次大决徙，这是迄今所知最早的一次黄河大改道
战国魏襄王十年	"河水溢酸枣郛"，这是黄河洪水漫溢为害的最早一次记载
武帝元光三年	黄河水决堤濮阳瓠子堤，水向东南方向流去，直通淮河泗水，流经之处淹没16余个郡县，历时20多年
成帝建始四年	黄河水决馆陶及东郡金堤，流经4郡32县，淹没15万多顷土地，最深处高达三丈，破坏亭、室等4万多所
平帝元始年间	在荥阳以东至原武一带，黄河水向东侵犯，危害汴渠，至公元11年，黄河水在魏郡决堤，泛滥时间高达10年
唐开元十四年	黄河及流域内附属支流皆水流量丰盈，很多居民在舟上度日，死伤1000余人
五代周显德元年	黄河连续多年溃堤，自杨刘至博州，河水弥漫区面积数百里，淹没民田不可胜计
宋太平兴国八年	5月，黄河在滑州韩村决口，河水迅速淹没澶州、濮州、曹州、济州等州民田，大量破坏人居庐舍。"夏及秋，开封、浚仪、酸枣、阳武、封丘、长垣、中牟、尉氏、襄邑、雍丘等县，河水害民田。"
天禧三年	6月，黄河在滑州天台山处溢出，漫溢州城
元至元二十五年	河决汴梁路阳武等县共22所，"漂荡麦禾、房舍。"
至正四年	5月，黄河水受大雨影响暴涨，白茅堤决口。单州、金乡、定陶、郓城、汶上等多地受水患影响
宣德六年	开封府祥符、中牟、尉氏、扶沟、太康、通许、阳武、夏邑8县，7月，黄河决溢，冲决堤岸，淹没官民田5225顷有余

---

① 吴秋菊. 农田水利的治理困境与出路[M]. 武汉：华中科技大学出版社，2017：35.
② 水利部农村水利司. 中华人民共和国农田水利史略(1949—1998)[M]. 北京：中国水利水电出版社，1999：8-9.
③ 毛泽东、中共中央文献研究室. 毛泽东文集 第5卷[M]. 北京：人民出版社，1996：130.
④ 许汝贞，魏鹏. 环境变迁与经济发展关系研究[M]. 济南：山东人民出版社，2013：133.

续表

年　代	河流决溢对经济的影响
成化十四年	5月，黄河水量猛增，河南、山东等多处决堤，平地成川、庄稼淹没、人和牲畜漂流，死伤不计其数
万历四年	黄河水丰县、沛县、曹县决堤，造成丰县、沛县、睢宁、鱼台等河水流经之地田庐漂溺不计其数
三十五年	黄河秋水广泛猛涨，在单县决堤，河水弥漫四野，杨村、陈家楼、徐属州县、萧、砀等所到之处皆深受其害
崇祯四年	6月，"黄淮交涨，海口壅塞，河决建义诸口，下灌兴化、盐城，水深二丈，村落尽漂没。"
清顺治元年	伏秋时节，河水猛涨，曹县、单县、金乡、鱼台等处田庐尽没
康熙元年	5~6月，黄河在曹县石香炉、睢宁孟家湾、开封黄练集等决堤，漫灌中牟、祥符、通许、扶沟等7县，所到之处田地禾苗均被淹没
乾隆二十六年	河南三门峡—花园口段出现特大洪水，洛阳、巩县(今为巩义市)城均漫灌进水，沁阳、修武、武陟、博爱大水灌城，水深五六尺至丈余。这场洪水到达中牟后在杨桥决口夺流，由贾鲁、惠济河分道入淮，使河南、山东、安徽三省的28个州县被淹
道光二十一年	河决祥符三十一堡，灌开封省城，危害河南、安徽两省的23个州县
道光二十三年	黄河水从开封府中牟九堡处决堤，形成正溜、旁溜两股主要水流，分别占黄河水流总量的70%、30%。正溜经河南流入大沙河，向东汇入淮河，最终流归洪泽湖。旁溜经祥符、通许、太康、鹿邑等县，向南汇入淮河，最终流归洪泽湖。水流漫过之处，受灾极为严重
民国15年	1926年8月，流域南岸东明刘庄决口，水势凶猛，高达40余丈，淹没金乡、嘉祥二县
民国22年	1933年8月，河南省武陟县、兰封县等多个县域决口，水势分南北两路流向，河南省、山东省、河北省、江苏省覆盖的30多个县被淹没，受灾面积约6 600平方公里，受伤人数达13 000余人
民国24年	河南花园口洪水峰值流量接近15 000米^3/秒，流域下游山东鄄城董庄坝决口，山东、江苏等省27个县受灾，受灾面积约1.2万平方公里，灾民达341万人

资料来源：黄河志编纂委员会. 黄河志卷七：黄河防洪志[M]. 郑州：河南人民出版社，2017：37-39.

综上所述，中华人民共和国成立初期，国内经济基础薄弱，生产资料严重缺乏，生态环境极其恶劣，国外西方势力层层围堵。面对恶劣的内外部发展形势，尽快恢复和发展农业经济，快速启动工业化发展战略，是中华人民共和国成立初期的重要首选目标。因此，一场轰轰烈烈的全国性经济恢复发展活动就此展开，在注重经济建设的同时，优化和改造生态环境成为当时经济建设着重考虑的重点问题。以林业建设为例，毛泽东主席于1955年发出绿化祖国号召，以1956年为起点，在12年内开展大规模绿化祖国运动，绿化荒山荒地、宅旁、村旁、路旁、水旁等一切可能绿化的地方[①]。在陕西、甘肃、山西、内蒙古、河

---

① 《1956年到1967年全国农业发展纲要(草案)》第二十一条规定。

南五省青年造林大会的报告上，胡耀邦同志进一步指出，公路桥梁、铁路枕木、采煤坑木、造纸用材、机器轴承、飞机螺旋桨等工业建设需大量木材，农业发展需森林调节水旱风沙等自然灾害，经济林、果木林是提高人民收入的重要组成部分①。在水环境建设方面，毛泽东主席发出"一定要把淮河修好""要把黄河的事情办好""一定要根治海河"等号召，党中央集中有限财力开展对黄河、海河、淮河、长江等大江大河大湖的治理，掀起改善生态环境以发展经济的浪潮。

三、省域背景：农业经济规模超过工业，但恶劣生态环境制约生产建设

1949年5月1日，山西全面解放，从此进入发展新阶段。工业方面，首先，虽接管西北实业建设公司、晋兴机械工业公司、晋兴企业股份有限公司三个系统和65个工矿企业②，以及从抗日战争开始，由晋绥等根据地创办并发展起来的50多个较大的工矿企业和400多个民族工业企业的基础③，但其规模和现代化程度相当有限，生产能力十分低下。以太原市为例，虽然以军工生产为主的重工业企业生产还能正常运转，但实际产量只达生产能力的50%。且机器设备老化，损坏严重。煤产量下降，发电量严重不足，轻工业处于半停顿状态，呈萎缩趋势。民族工业企业大批倒闭，机器工业和纺织工业处于半倒闭境地④。其次，工业布局较为集中，主要分布在太原、大同、阳泉、长治等极少数城市，省内其他地区基本没有工矿企业。中华人民共和国成立初期，山西省工业产值只占工农业总产值的12%左右⑤，基本上处于工业落后、农业经济占压倒优势。同时，山西矿产资源富足，探明的矿藏有铁、铜、铝、银、钛、铅、锌、金、银、钴、石膏、耐火黏土、大理石等44种，其中煤炭储量最为丰富，全省70%以上的县都储有煤炭，煤田面积占全省总面积的1/3以上，探明储量占全国已探明储量的1/3。山西的铝矾土、铁、铜在全国占有重要地位⑥，丰富的矿藏资源为工业经济建设提供了极为优越的条件。

农业是国民经济的基础，是轻工业的原料基地，同时也是轻工业和重工业最广大的市场(重工业可为农业现代化水平提升提供机械、肥料、水利建设、电力建设、运输建设、民用燃料、民用建筑材料等服务)。而粮食是基础的基础，可以说，农业增长的速度对整个国民经济、工业的发展速度有着重大影响。然而，农业生产很大程度上受水、土壤等自然条件的制约，这导致农业生产的不稳定性和对生态环境的强依赖性。山西地处黄土高原，山区面积占全省面积的80%，山地高原多，平川区域少，森林覆盖率低(数千年来遭到历代反动统治阶级掠夺性攫取，残酷地破坏森林，乱砍滥伐，毁林开荒，到20世纪50年代初期，森林覆盖率仅为2.3%⑦)，水土流失严重，丰水年、枯水年变化较大(丰水年水量达197.4亿

---

① 把绿化祖国的任务担当起来：陕西、甘肃、山西、内蒙古、河南五省(自治区)青年造林大会文件汇编[M]. 北京：中国青年出版社，1956：3-5.
② 中共中央党史研究室第二研究部, 中共浙江省委党史研究室, 社会主义时期党史专题文集(1949—1978)(第4辑)[M]. 北京：中共党史出版社，2015：25.
③ 黄东升. 山西经济与文化概论[M]. 北京：中国经济出版社，2003：198.
④ 许一友. 太原经济百年史[M]. 太原：山西人民出版社，1994：159.
⑤ 戎爱萍, 张爱英. 城乡生态化建设：当代社会发展的必然趋势[M]. 太原：山西经济出版社，2017：181.
⑥ 赵命柱, 牛银虎. 山西农业问题初探[M]. 太原：山西人民出版社，1985：12.
⑦ 《山西森林》编辑委员会. 山西森林[M]. 北京：中国林业出版社，1992：87.

立方米,枯水年水量仅 63.5 亿立方米,相差 133.9 亿立方米),河患频发(见表 2-3),境内汾河、沁河、滹沱河、桑干河、漳河等较大河流处于山高水低状态,水资源开发利用难度极大,加之中华人民共和国成立前长期受战争破坏,全省水利设施建设工程寥寥无几,灌溉面积仅占总耕地面积的 6%[①],恶劣的自然生态条件难以支撑农业发展,致使全省农业亩产量极低。1949 年,山西的粮食亩产量仅为 88 斤,人均占有粮食 405 斤,农民的人均口粮仅 200 多斤[②]。为快速恢复农业生产,改变生态环境带来的生产束缚,勇敢地改造生态环境以服务于农业生产成为该时期经济发展过程中山西省亟须解决的问题。

表 2-3　1949—1977 年汾河水患

年份	时间	水患特征	经济受灾程度
1950	7 月 19 日	汾河猛涨,水深丈余,最大洪峰流量达 1587 米³/秒	洪水自上兰村起,冲毁阳曲县十四府土地 40 余亩,官、径、沛、德、杨家村、西村等渠的拦水堰、红沙堰、老龙头等水利工程被毁。太原市郊杨家堡、吴家堡等村冲毁土地千余亩,淹没土地 2278 亩,淹没房屋 316 间。文水县原西、固邑玉至祁县建安等村均有一部分土地和村庄被淹
1950	8 月 14 日	黄河泛滥	淹没土地 13 714 亩,大水过后,在下游发现淹死的男女尸体 400 余具
1952	3 月	—	河津县因受洪水威胁被迫搬迁
1953	8 月 26 日	黄河流量达 15 500 米³/秒	河津连伯、太阳、清涧湾约 9 万亩土地被淹,崩塌滩地 4 万亩,导致倒灌汾河 7000 米,万荣荣河老滩地 3.9 万亩被洪水淹没
1954	8 月 27 日至 9 月 3 日	洪水猛涨,汾河上游兰村 9 月 2 日流量达 1800 米³/秒	汾河、文峪河等河道多处决口,泛滥成灾。晋南、榆次、忻州、阳泉、太原等地,被淹田禾 33.3 万亩,冲毁土地 6097 亩,塌房 16 380 间,死伤 82 人、143 头大牲畜、910 只猪羊。多次冲毁南同蒲铁路,致交通中断
1954	9 月 6 日	汾河洪峰流量达 3320 米³/秒	黄河、汾河大片滩地被淹
1955	8 月 8 日	太原西山地区降大雨,风神河山洪暴发	冲入太原水泥厂,淹了发电所,造成全厂停电,中断生产,冲走 300 余吨煤炭。万柏林地区晋西机器厂第 16 宿舍被淹,住户撤离不及,死 81 人,其中小孩 58 人,另伤 50 人,冲塌房屋 176 间,全厂停产一周
1957	5 月下旬至 6 月中旬	洪水、冰雹	有 55 个县遭受洪水、冰雹灾害。据 41 个县、市统计,受灾面积达 79 万亩

---

① 《山西建设经济》编辑委员会. 山西建设经济[M]. 太原:山西经济出版社,1991:261.
② 山西省农村投资发展战略研究组. 山西农村投资发展战略的探索[J]. 农业经济问题,1986(4):29-32.

续表

年份	时间	水患特征	经济受灾程度
1958	7月17日	汾河下游河津百底水文站洪峰流量达2 380米^3/秒	黄汾滩地大部分被淹
1962	7月15日	汾河二坝、三坝洪峰流量达700~1408米^3/秒	二坝、三坝先后砍堰
1963	7月24日	汾河洪水暴涨,二坝洪峰流量达1600米^3/秒以上,堰前水位增至4.8米(超过坝堰水位0.6米)	迫使二坝继1962年7月砍堰后再次砍堰。同年10月下旬,修复工程开工,12月修复
1963	8月29日至11月	黄河主流东倒	将连伯村滩地冲光,到11月,主流逼近村内,全村被洪水包围,520户人家被迫搬迁。西湖潮村115户全部搬迁
1964	8月13日	龙门水文站实测黄河洪峰流量为17 300米^3/秒	河津清涧湾冲毁滩地11 000亩,连伯滩全部被淹,倒灌汾河7.5千米。汾河河津段形成约2万亩的一个积水湖,水深2米
1964	8月29日	黄河出禹门口,主流东倒,当时黄河流量为6 622米^3/秒	将河津连伯滩地全部淹没,至11月,主流逼近连伯村,260户被淹,沙丘高阜被冲150~250米。河水绕过连伯村直抵河津城关,致使连伯村形成一个三面环水的半岛。汾河由中湖潮村汇入黄河。西湖潮全村、连伯、太阳村部分村民被迫迁移他乡
1966	7月17至18日	太原地区东西山多数河流暴发山洪,河槽漫溢,河堤多处决口。其中许坦一带,水深1米,一片汪洋	太榆公路许坦、肉联厂、农科院遭严重水患
1967	8月11日	黄河龙门水文站实测洪峰流量达21 000米^3/秒。该次洪水仍循1964年之流势,绕过连伯村直抵河津县城	淹滩地10万亩,夺汾30千米,倒灌汾河7千米
1967	8月22日	汾河太原城区段洪峰流量1 960米^3/秒	冲毁北涧河口堤坝40米、小店桥头道路40米,交通中断
1969	7月27日	汾河二坝最大洪峰流量达907米^3/秒,汾河三坝洪峰流量达836米^3/秒,三坝坝前水深达4.05米	随即砍堰
1970	8月10日	汾河洪水骤发,流量达2 000米^3/秒	汾河桥被冲断,同蒲铁路南关至霍县段冲毁,铁路运行中断

续表

年份	时间	水患特征	经济受灾程度
1971	7月31日	古交区屯兰川流域骤降暴雨，40分钟降水量达76毫米，山洪暴发。凌晨左右，寨上水文站测得汾河洪峰流量达2 120米³/秒	屯兰川一带冲淹农田1.4万余亩，冲毁堤坝15条，共2 660米，公路1300米，便桥3座，原煤1300吨，焦炭400吨，倒塌房屋107间，死亡3人。屯兰河、原平河、大川河、狮子河4条河同时暴涨

资料来源：①山西省水利厅. 汾河志[M]. 太原：山西人民出版社，2006：425-446. ②中国人民政治协商会议，山西省河津县委员会文史资料研究委员会. 河津文史资料 第5辑[M]. 1989. ③中国人民政治协商会议山西省太原市委员会文史资料委员会. 太原文史资料 第18辑[M].1992.

第二节 重工业优先建设与农业恢复发展

中华人民共和国成立初期，山西经济建设在曲折中前进，先后经历了恢复时期的工农业生产尽快恢复和发展、"一五"时期的工业发展基础奠定与农业继续恢复发展、"二五"和经济调整时期钢铁工业的快速发展与农业的调整、1966—1976年和两年徘徊期的国防、机械重工业强化与农业发展等经济发展建设，本节主要通过事实梳理详细论述经济发展变迁历程，全面展现此阶段(1949—1977)山西经济发展的理念、模式、成效，以及生态环境在各个经济发展时期的功能定位、建设成效。

一、恢复时期：工农业生产尽快恢复和发展

(1) 恢复和发展工农业生产是恢复时期的中心任务。1949年9月1日，山西省人民政府第一次委员会扩大会议决议指出，当前山西基本获得和平建设的环境，目前第一个建设任务是恢复和发展生产，一切工作都要围绕这一中心。在恢复和发展生产上，首先，要恢复和发展工业生产，着重整顿、改造、恢复新接收的国营工业，缩小其军事性，扩大其对农业的支援作用。对私营工业，凡有利于国民经济的，均应切实保护其发展，并须按支援农业供给农民需要的方向加以指导。其次，大力恢复和发展农业生产。当前，农业生产与农村人口比重相当大，城市工业设备购置、原料供应以及工业品的销售，均需农业支援，工业品国外采购也需通过农产品国际贸易换取国际流通货币，必须大力恢复和发展农业，并从发展合作社，增产粮食及发展经济作物，工业支援改良农具、精耕细作、多施肥、选种，加强水利和林业建设(长远着眼)，发展农村副业与手工业，与病虫害及水旱风霜斗争等6个方面作出指示。最后，加强城乡联系，做好相互支援。第二个建设任务是恢复和发展文化、教育、卫生事业，为生产建设服务。第三个建设任务是加强治安工作[①]。

(2) 工业由军事性生产向和平性生产转变。山西工业恢复过程分为以下4个方面：一是钢铁冶炼工业和机器制造工业等重工业大力恢复发展，以期为大规模经济建设奠定物质基

---

① 李茂盛，王保国主编. 山西省史志研究院，山西省档案馆. 当代山西重要文献选编：第 1 册(1949—1952)[M]. 北京：中央文献出版社，2004：19-21.

础；二是推动地方国营工业大力发展与农业相关的工业，以促进农业生产的恢复与发展；三是轻工业的恢复和发展；四是私营工业在国营经济的领导下放手恢复发展。近代山西工业发展基础较好，因此尽快恢复其工业发展对全国的经济振兴有重要战略意义。在此时期，国家给予大力支持，在三年恢复期内(1949—1952年)，国家层面在山西工业建设方面投资额达1.61亿元，相当于中华人民共和国成立前57年的总和[①]。在巨大投资下，煤炭、电力、化工、机械、食品、纺织、造纸等领域94个大中型项目(见表2-4)得到迅速恢复、扩建和改建。工业的基本建设推动了工业的恢复，三年内山西省工业产值由1949年的2.18亿元上升到1952年的5.72亿元。工业产值变化背后是产品产量的增加，与1949年相比，原煤、电力、生铁、钢、水泥、纸张、棉纱及棉布产量分别增长2.72倍、2.49倍、3.86倍、6.54倍、5倍、5倍、2.06倍及2.45倍[②]。工业恢复任务顺利完成标志着山西工业由军事性工业转向生产性工业。

表2-4 恢复时期重点建设的工业项目

年 份	各领域工业项目
1950	煤炭：大同矿务局、西山矿务局 电力：大同电厂、各地小电厂 机械：太原矿山机器厂、农具厂、太原钢铁厂、太原重型机器厂(新建) 食品：小面粉厂、运城面粉厂(新建)、运城榨油厂(新建) 纺织：晋生纺织厂、新绛轧花厂(新建) 造纸：太原造纸厂 其他：太原自来水厂
1951	煤炭：大同矿务局、阳泉矿务局 电力：太原第一热电厂 化工：山西化学厂、太原化工厂(新建)、兴安化学材料厂(新建) 机械：太原钢铁厂、阳泉铁厂、山西机器厂、经纬纺织机械厂(新建)、晋西机器厂(新建) 纺织：晋华纺织厂、新绛纺织厂 造纸：太原印刷厂
1952	煤炭：东山煤矿、富家滩煤矿、荫营煤矿 化工：太原室素厂、平遥火柴厂 机械：太原机车修理厂、山西机床厂 食品：运城盐务局 建材：太原水泥厂

资料来源：中共山西省委调查研究室. 山西省经济资料：第二分册(工业、基建、交通、邮电、手工业部分)[M]. 山西：山西人民出版社，1960：548-549.

(3) 农业生产力得到解放，产量实现初步恢复。恢复时期，山西在全省范围内实行土地改革，彻底推翻封建土地所有制，使70%~75%无地或少地的农民得到耕地和其他生产资料。从封建压迫的桎梏中解放的人们，生产积极性极高。农业的恢复与发展主要从以下三个方面展开。一是新式农具、水车、化肥、农药、良种等大力使用。三年间，山西省推广

---

① 山西省统计局. 我省工业建设飞跃发展[N]. 山西日报，1957-07-29.
② 李旺明，苗长青. 当代山西经济史纲[M]. 太原：山西经济出版社，2007：28.

新式步犁,试行机耕,较多使用化肥、农药,恢复期内共使用化肥 7 万余吨、农药 660.5 吨,占耕地总面积的 41.4%,小麦、玉米、高粱、棉花等良种推广取得较大成绩。二是扩大土地面积。从 1949 年的 6 235.44 万市亩增加到 1952 年的 6 934.69 万市亩,净增 699.25 万市亩,使农业人均土地占有量从 1949 年的 5.31 市亩上升到 1952 年的 5.54 市亩[①]。三是恢复农田水利建设。水利建设对山西农业的恢复和发展具有特别重要的意义。1949 年 12 月 28 日,山西省人民政府在太原召开全省首次水利会议,讨论确定了 1950 年工作方针,即"以灌溉为主,不放松防洪。在河渠无法灌溉地区开凿水井、安装水车、挖池蓄水等。平原低洼地区防洪排水"[②]。1951 年 1 月 26 日,山西省第二次水利会议顺利召开,确定了 1951 年水利建设方针,即"以扩大灌溉面积为主,不放松防洪治本,增浇水田 60 万亩,增产粮食 5000 万斤"[③]。为尽快恢复发展农业经济,山西省在财力、物力缺乏的情况下,尽量安排部分用于整治水利工程、修理堤坝、疏通渠道等帮助农民开展生产自救的资金。三年内,重点修复和改建了一批旧水利工程,相继完成桑干河、潇河、滹沱河等大型拦河闸坝和民生渠、万益渠、御河等 15 项中型灌溉工程(见表 2-5);完成防洪工程 1500 多项;完成临时险工 40446 件,减免了城乡 1868 处水害[④];改建了汾河八大冬堰;新凿和修复水井 19.2 万眼,使全省有效灌溉面积增加到 609 万亩,是 1949 年的 1.6 倍[⑤]。1952 年统计资料显示,全省粮食总产量达 768 009 万斤,比 1949 年的 519 141 万斤增长了 47.9%,年均粮食递增率达 13.9%。

表 2-5 恢复时期山西水利重点建设项目

项目名称	建设时间	建设地点	建设内容	经济效益
滹沱河灌溉工程	1950 年动工兴建,1951 年建成投用	崞县界河铺村的滹沱河上	大坝全长为 221.6 米,高为 2 米,宽为 27.8 米。坝两端修忻定渠(左)和广济渠(右)	可灌溉忻县、定襄、崞县等地农田 40 余万亩
潇河灌溉工程	1950 年 12 月兴建,1951 年年底完工	榆次源涡镇	工程全长为 347.2 米,高为 3 米,宽为 27.5 米。左岸修有民生渠,右岸修有民丰渠	可灌溉农田 43 万亩
御河灌区	1950 年兴建,1951 年引洪受益	大同市	主要利用洪水灌溉,设计面积 11.47 万亩,长 61.98 万米,担负着大同市南郊区和大同县的 7 个乡(镇)、76 个单位和国营农牧场的灌溉任务	可灌溉农田 10.18 万亩
桑干河灌区	1950 年兴建与改造,1952 年建成	山阴县泥河村	设计干渠总长 5.6 万米	可灌溉农田 20 万亩左右

---

① 山西省地方志办公室. 山西省志:农业统计志(上)[M]. 北京:中华书局,2015:2.
② 山西省水利厅. 汾河志[M]. 太原:山西人民出版社,2006:424.
③ 《山西建设经济》编辑委员会. 山西建设经济[M]. 太原:山西经济出版社,1991:866.
④ 中国社会科学院,中央档案馆. 1949—1952 中华人民共和国经济档案资料选编:基本建设投资和建筑业卷[M]. 北京:中国城市经济社会出版社,1989:1014.
⑤ 水利部农村水利司. 中华人民共和国农田水利史略:1949—1998[M]. 北京:中国水利水电出版社,1999:274.

续表

项目名称	建设时间	建设地点	建设内容	经济效益
万宜渠	1950 年建成	长治市长子县	长治市最早的一条大型自流灌溉渠	清洪两用"万益渠",全长 25 公里
汾河二坝	1951 年整修	潇河入口下游,清徐县长头村西北侧汾河干流上	东干渠长 47.59 公里,设计流量 14.5 米^3/秒;西干渠长 39.3 公里,最大引水流量 29.6 米^3/秒	东干渠设计灌溉清徐、祁县、平遥 3 县 8 个乡镇 24.39 万亩农田;西干渠设计灌溉清徐、交城、文水、平遥 4 县 20 个乡镇 52.56 万亩农田
洪洞泽垣渠	1952 年 10 月 8 日建成	洪洞	—	使 97 000 亩旱地变成水地

资料来源:①李旺明,苗长青. 当代山西经济史纲[M]. 太原:山西经济出版社,2007:29. ②大同市地方志办公室. 大同年鉴(1995—1996)[M]. 太原:山西古籍出版社,1996. ③水利部农村水利司. 中华人民共和国农田水利史略:1949—1998[M]. 北京:中国水利水电出版社,1999:274. ④黄河水利科学研究院. 黄河引黄灌溉大事记[M]. 郑州:黄河水利出版社,2013:258. ⑤《山西建设经济》编辑委员会. 山西建设经济[M]. 太原:山西经济出版社,1991:866.

二、"一五"时期:工业发展基础奠定与农业继续恢复发展

山西国民经济的第一个五年计划,是在经济已初步恢复的基础上,根据国家第一个五年计划的核心任务,结合全省具体情况制定的。国家第一个五年计划的基本任务包括以下两方面:一是在一个相当长的时期内,基本上实现国家工业化和对农业、手工业、资本主义工商业的社会主义改造;二是重点发展重工业,强化国家工业建设和国防建设的基础[①]。为实现这一基本任务,根据山西省国民经济恢复阶段的成就、地下资源储藏情况及老解放区旧有的工业基础,国家确定将山西省逐步建设成重工业区,并规定该时期全省的经济建设内容(见表 2-6)。

(1) 工业发展基础完成奠基。中华人民共和国成立初期,中国工业约 70%集中于沿海,30%分布于内地,区域经济发展极不平衡。为协调地区发展和国防建设需要,国家提出,"一五"时期全国工业建设应考虑原料供应地和产品市场,适当将工业建设布局在各地区,旨在长远巩固国防力量。山西地处内陆,作为华北地区重要的交通枢纽,其战略地位非常重要,煤炭、铁、锰、铜、铝等矿产资源丰富,能为重点工程项目提供有效的资源支持。在我国的"一五"计划中,山西省的发展定位是钢铁基地重工业区,同时指出,要将太原、大同建设成为新兴工业城市[②],太原被列为华北地区化工区(全国化工区共有三个,分别为东北地区吉林化工区、西北地区兰州化工区、华北地区太原化工区)。为完成上述建设任务,

---

① 中共中央文献研究室. 建国以来重要文献选编(第四册)[M]. 北京:中央文献出版社,1993:353.
② 曹洪涛,储传亨. 当代中国的城市建设[M]. 北京:中国社会科学出版社,1990:37-43.

一大批大中型项目和一般项目落地山西[①]，如苏联援助我国工业建设的 156 个项目中就有 15 个落户在山西的太原、大同、长治、临汾(见表 2-7)。

表 2-6 "一五"时期山西工农业发展的基本任务

工业领域	大力发展建材、金属加工、矿产采掘等工业，以服务国家社会主义建设。同时，也应发展服务农业增产、日用必需品工业，满足人民日益增长的生产生活需要
农业领域	粮食总产量在 1952 年 76.8 亿斤的基础上，增长 15.9%，到 1957 年总产量达 89.01 亿斤。棉花总产量在 1952 年 1.8464 亿斤的基础上，到 1957 年达 2.6610 亿斤

资料来源：山西省副省长兼计划委员会主任焦国鼐同志于 1955 年 9 月 3 日向山西省第一届人民代表大会第三次会议汇报"一五"时期山西省发展纲要内容，国家图书馆藏。

表 2-7 落户山西的 15 个项目的分布情况

分布区域	项目数量(个)	项目名称	建设地点	行业分布
太原	11	太原第一热电厂("360 工程")	太原市西南 15 公里处，西依吕梁、东临汾河	电力
		太原染料厂	东临晋阳湖畔	化工
		太原氮肥厂		
		太原制药厂	太原市河西区北堰	
		太原二电厂	北郊西留庄村南	电力
		743 厂(现晋西工业集团)	西郊工业区	国防工业(机械)
		763 厂(现山西江阳化工厂)	向阳店，汾河非泛区	
		908 厂(现山西新华化工有限责任公司)	北郊工业区	国防工业(化工)
		884 厂(现中船重工山西汾西重工有限责任公司)	西郊工业区	国防工业(机械)
		245 厂(现山西北方兴安化学工业有限公司)	北郊地区，兰村水源附近	国防工业(化工)
		785 厂(现山西国营大众机械厂)	河西工业区小井峪以东	国防工业(机械)

[①] 李旺明，苗长青. 当代山西经济史纲[M]. 太原：山西经济出版社，2007：60.

续表

分布区域	项目数量(个)	项目名称	建设地点	行业分布
大同	2	616厂(现山西柴油机厂)	十里河以西马营村一带	国防工业(机械)
		大同鹅毛口立井	鹅毛口	煤炭
长治	1	潞安洗煤厂	潞安	煤炭
临汾	1	874厂	—	由于874厂项目中苏签订协议较晚,并在选厂和设计过程中有几次变化,故在第一个五年计划期间未能开工

资料来源:①中共山西省委党史研究院. 奠基山西工业"一五"时期山西十五项苏联援建工程(下册)[M]. 北京:中央文献出版社,2018:759-837. ②《山西建设经济》编辑委员会. 山西建设经济[M]. 1991:145-189.

"一五"时期,山西工业建设投资规模巨大,相当于黄金一千数百万两①,这一巨大的工业投资额是1892—1949年工业发展所形成的固定资产的9倍②。投资建设项目既有一般建设项目,也有限额以上项目(见表2-8),涵盖了轻工业、重工业的各个方面,如重型机械工业、纺织机械工业、化肥工业、橡胶工业、制药工业、塑料工业、制糖工业等,均是在山西省历史上从来没有的情况下开始新建的。在庞大的工业投资中,重工业投资约占90%,轻工业约占10%③。投资结构带来产值结构的变化,1957年山西省轻工业实现产值7.3亿元,重工业产值达23.34亿元,轻重工业的比例从1952年的4∶6转变为1957年的2∶8④,与全国同期的5∶4相比,显示出山西省工业结构进一步向重型化发展的趋势。"一五"时期工业建设的顺利完成,使山西初步形成以太原、大同为中心的重工业经济体系雏形,塑造了机械、化工、煤炭、冶金、电力的工业化发展格局,奠定了山西省重工业发展的基础。

表2-8 "一五"时期新开工和继续施工的限额以上工业建设项目

年份	建设数量	占当年山西省基本建设项目的比重(%)	建设项目	投资额(万元)
1953	34个单位	89.47	太原钢铁厂、惠丰机械厂、晋华纺织厂、经纬纺织机械厂、晋西机器厂、山西机床厂、太原重型机器厂、太原第一热电站、大同矿务局等单位	13 827.7

① 高峰. 我省在执行第一个五年计划中工农业建设成就光辉灿烂[N]. 山西日报,1958年1月1日.
② 刘泽民,原崇信,梁志祥,等;山西省史志研究院. 山西通史:卷拾当代卷(上册)[M]. 太原:山西人民出版社,2001:152.
③ 中共山西省委调查研究室. 山西省经济资料:第二分册(工业、基建、交通、邮电、手工业部分)[M]. 太原:山西人民出版社,1960:564.
④ 高建民. 走出能源基地和老工业基地创新发展的路子[M]. 太原:山西人民出版社,2008:19.

续表

年　份	建设数量	占当年山西省基本建设项目的比重(%)	建设项目	投资额(万元)
1954	51 个单位	92.73	太原第一发电厂、大同矿务局、阳泉矿务局、大同水泥厂、太原钢铁厂、太原化工厂、太原重型机器厂、山西机床厂、兴安化学材料厂、晋西机器厂、惠丰机械厂、经纬纺织机械厂、晋华纺织厂等单位	20 015.2
1955	59 个单位	81.94	太原至阳泉的 110 伏特高压输电线、大同电厂、大同矿务局、阳泉矿务局、西山矿务局、大同水泥厂、太原钢铁厂、太原化工厂、太原重型机器厂、山西机床厂、兴安化学材料厂、晋西机器厂、惠丰机械厂、晋华纺织厂等单位	20 569.8
1956	74 个单位	79.60	太原第二热电厂、大同电厂、大同矿务局、阳泉矿务局、西山矿务局、汾西矿务局、大同水泥厂、太原钢铁厂、太原化工厂、太原重型机器厂、大同机车厂、山西机床厂、兴安化学材料厂、晋西机器厂、惠丰机械厂、太原纺织厂、山西磷肥厂等单位	41 777.9
1957	83 个单位	78.30	太原第二热电厂、大同电厂、大同矿务局、阳泉矿务局、西山矿务局、汾西矿务局、大同水泥厂、太原化工厂、太原重型机器厂、大同机车厂、山西机床厂、兴安化学材料厂、晋西机器厂、惠丰机械厂、太原纺织厂、山西磷肥厂、杏花村酒厂等单位	48 763.3

资料来源：中共山西省委调查研究室.山西省经济资料：第二分册(工业、基建、交通、邮电、手工业部分)[M].太原：山西人民出版社，1960：561-563.

(2) 农业继续恢复发展。5 年间，农业领域全面推进社会主义改造，山西省将 347 万分散农户组织起来，依靠集体力量，发展农业经济。特别是 1956 年全省社会主义改造完成后提出的山西省农业 1956—1967 年发展规划(见表 2-9)，更是将农业发展的基本建设推向新的高潮。该时期，农业建设通过开垦土地扩大耕地面积、新修水利抵抗自然灾害，以及采取农业机械和施放化肥、农药等其他技术，以实现农业良好发展。在垦田上，山西省总耕地在 1954 年曾扩大到 7 032 万亩，与 1952 年的 6 935 万亩相比增加了 97 万亩。在肥料使用上，化学肥料使用量达 57 174 吨，比 1952 年增加了 10 倍。农药使用上，全省各种农药共施用 2 499 吨，比 1952 年增加了 10 倍。优种推广面积达 1 311 万余亩，占当年播种面积的 31.5%[①]。该时期，山西省农田水利建设进入兴盛期，水利建设贯彻执行依靠合作社，因地

---

① 郭展翔，杨五云.山西农业志(山西省志丛稿)[M].太原：山西省地方志编纂委员会办公室，1987：20-21.

制宜发展群众性小型水利方针,在全省广大农村开展打井、修渠、建池、筑库等多种形式的水利建设活动。在万亩自流灌区建设方面,有计划地新建、扩建了潇河、滹沱河、汾河、南垣等灌区,开展以"三定"(定面积、定水量、定时间)为主要内容的计划用水灌溉和碱地改良试验活动,1957年年底山西省万亩自流灌区发展到39处[①]。在防洪、水库建设方面,该时期处于水库建设的探索期,1953年由山西省水利局设计,至1954年在天镇县黑水沟上建成全省第一座水库——三十里铺水库,库容50余万立方米(现已废弃),水库的建设使千百年来"放荡不羁"的黑水沟河水"束手就擒"。

表2-9 山西省农业1956—1967年发展规划

产量目标任务	增产举措		规划目标
在粮食产量上:从1956年开始,在12年内,山西省粮食每亩平均产量(正茬大豆除外),由1955年的134斤增加到500斤。粮食总产量由1955年的74.5亿斤增加到280亿斤,相当于中华人民共和国成立前粮食最高年产量(67.3亿斤)的4倍,相当于1952年粮食总产量(76.8亿斤)的3倍半。每个农村人口的粮食平均收入量,由1955年的600斤增加到1800斤	兴修水利	水利兴田:从1956年开始,在12年内,由各县、市、乡和农业生产合作社负责大量兴修小型水利工程,如打井、挖泉、开渠、挖池、建筑小型水库、治理小河等	水浇地的面积由1955年的736万亩,增加到1957年的2000万亩,1962年增加到3500万亩,1967年增加到4000万亩。1967年的水浇地面积占总耕地面积的53%,农村中每一个人平均有2.5亩水浇地
		水力发电:从1956年开始,在12年内,在一切可能的地方,做到每一个乡或者几个乡建设起一个小型的水力发电站,总发电量达12万瓦(相当于16.09万匹马力)	结合国家大型水利建设和电力工程建设,逐步实现农村电气化
		重点河流治理:结合国家对黄河的治理,以及由山西省负责对汾河、滹沱河、桑干河、潭河、沁河等河流的治理	—
	水土保持	水土保持工程:在山西省1.6亿亩水土流失的土地面积上,从1956年开始,在5年内全面完成水土保持的工程(培地埂、修梯田、打坝、修谷坊、砸山沟、打旱井、修蓄水池、挖鱼鳞坑等)	基本消灭水土流失、普通水灾、旱灾等危害
		改进耕作方法:继续结合绿化山区和改进山地的耕作方法,1961—1965年,大力实施轮作田区、休闲地水平犁沟等方法,进一步提升水土保持能力	

---

① 李旺明. 山西经济发展50年[M]. 太原:山西经济出版社,1999:25.

续表

产量目标任务	增产举措		规划目标
在粮食产量上：从1956年开始，在12年内，山西省粮食每亩平均产量（正茬大豆除外），由1955年的134斤增加到500斤。粮食总产量由1955年的74.5亿斤增加到280亿斤，相当于中华人民共和国成立前粮食最高年产量（67.3亿斤）的4倍，相当于1952年粮食总产量（76.8亿斤）的3倍半。每个农村人口的粮食平均收入量，由1955年的600斤增加到1800斤	扩大耕地面积	新增土地：山西省1955年的总耕地面积为7000万亩。从1956年开始，在12年内，垦种生荒地和熟荒地600万亩，修河滩地、打坝淤地扩大耕地600万亩，经过合作化、土地连片扩大耕地100万亩。以上3种方式共扩大耕地1300万亩；基本建设用地：在雁北、晋西北等地广人稀的地区，应当分期分批停耕30°以上坡地，并进行植树造林；工农业建设、道路铺设、水利工程实施等各项经济建设占用约300万亩耕地。以上两项耕地缩减的数目，合计为800万亩	在12年内，耕地面积增减相抵，共可扩大500万亩。总耕地面积达7500万亩
	植树造林	造林：1956—1967年，基本绿化山西省荒地荒山，规划造林6000万亩（其中植树造林4500万亩，封山育林1500万亩） 分区域造林：在吕梁山、恒山、五台山、太行山、太岳山、中条山等各大山脉的高山区，营造水源用材林400万亩。在石山区，营造水源用材林600万亩，防护林1900万亩，特用经济林500万亩。在黄土丘陵区，营造水源防护林1490万亩，水源用材林500万亩，特用经济林400万亩。在平原地区，营造防风、防沙、护岸和护田林带210万亩。在一切宅旁、村旁、路旁、水旁分别在3年、5年或者7年内，都要有计划地种起树来	加上现有的绿化面积1700万亩，绿化的总面积达7700万亩，占山西省总面积的1/3

资料来源：王德斋. 山西省12年农业发展规划图解[M]. 太原：山西人民出版社，1956：1-40.

与此同时，晋东南、晋南一些县域相继而行，到1957年年底山西省共建成小型水库39座[①]。在机电排灌建设方面，受山西省地形山多川少、水位低的影响，机电排灌站在水利灌溉中的地位十分重要。1953年长治县兴建起山西省第一座小型电灌站，装机37kW，可浇地1600亩[②]。到1955年山西省已有机电水井256眼（电井10眼），建起机电高灌站10处（电灌站3处）[③]。到1957年，山西省建成机电灌站114处[④]。林业建设上，根据毛主席"绿化祖国"的号召，山西省有计划地进行植树造林。5年内投资总额为1586.5万元，完成造林面积91万亩，零星植树6030万株[⑤]。在优化农业基本建设环境的基础上，该时期山西省粮

[①] 山西省史志研究院. 山西通志（第十卷）·水利志[M]. 北京：中华书局，1999：159-764.
[②] 水利部农村水利司. 中华人民共和国农田水利史略：1949—1998[M]. 北京：中国水利水电出版社，1999：275.
[③] 《山西经济》编委会. 山西经济[M]. 太原：山西人民出版社，香港：中华书局香港分局，1985：127-129.
[④] 李旺明. 山西经济发展50年[M]. 太原：山西经济出版社，1999：25.
[⑤] 《山西建设经济》编辑委员会. 山西建设经济[M]. 太原：山西经济出版社，1991：274.

食产量年均 80.28 亿斤，较恢复时期末(1952 年)的 76.8 亿斤增长了 4.5%。和恢复时期年平均生产粮食 66.93 亿斤相比，粮食增长 19.9%，农业人口人均占有粮食 616 斤，比恢复时期(544 斤)增加 72 斤[①]。

综上所述，第一个五年计划期内，山西省农业发展较好，但增长速度并不是很快。5 年内，粮食每年总产量始终未突破 90 亿斤，每亩平均产量最高也只在 1956 年达到 150 斤(包括大豆在内)。且 26 个县 5 年中每亩平均产量也未突破 100 斤。1957 年山西省还有 8000 多个农业生产合作社(约占总社数的 40%)每亩产量在 100 斤以下。山西省棉花的每亩平均产量(皮棉，下同)也未突破过 50 斤[②]，可以发现，恶劣的生态环境仍是制约农业经济发展的主要因素。工业在该时期进行大规模建设，但项目规模巨大、工程复杂、建设周期长，导致很多项目在该时期内并未进行相关生产活动或即使有生产活动也是小规模生产，使工业产值远远小于农业产值(见表 2-10)，这意味着工业对生态环境的扰动性较小，更多集中在农业经济发展上。上述发展现状说明山西省工农业发展速度远远落后于国家工业化和人民生活需要。

表 2-10　"一五"时期工农业产值变化

年 份	GDP(亿元)	第一产业		第二产业	
		产值(亿元)	比重(%)	产值(亿元)	比重(%)
1953	19.87	11.05	55.60	3.49	17.58
1954	21.9	11.55	52.73	4.77	21.77
1955	23.87	12.08	50.60	5.80	24.30
1956	28.44	13.59	47.77	7.34	25.82
1957	29.16	11.54	39.58	9.40	32.23

资料来源：董洁芳. 基于产业结构视角的能源富集区碳排放效应研究——以山西省为例[M]. 北京：新华出版社，2018：54.

三、"二五"和经济调整时期：钢铁工业的快速发展与农业的调整

1958 年 5 月，党的八大二次会议提出，在重工业得到优先发展的情况下，实行农业与工业、重工业与轻工业、中央与地方工业等同时推进，土法和洋法生产同时进行和围绕重工业配套发展的"以钢为纲，全面跃进"及"集中领导与大搞群众运动相结合"的发展方针。1958 年 8 月，中共中央政治局北戴河扩大会议进一步对钢铁、粮食产量提出更高要求，此次会议的召开，在短时间内将工农业跃进运动以及经济与生态环境的互动量级推向了高潮。工农业大跃进的大力实施，使国民经济部门比例严重失调，为调整这种工农业比例关系，进一步巩固、充实、提高经济质量，1961 年 1 月，党的八届九中全会确定了"调整、巩固、充实、提高"的发展方针，并作为 1961—1965 年的经济发展指导思想。依照我国的社会主义建设总路线和方针政策，山西省展开"二五"时期和调整时期的经济建设。

---

① 《山西经济》编委会. 山西经济[M]. 太原：山西人民出版社，1985：93.
② 王谦. 力争农业生产大跃进[M]. 太原：山西人民出版社，1958：4-11.

(一)工业跃进与调整

1958年2月9～14日，山西省地方工业会议在沁县召开，会议要求1958年地方工业的生产总值要比1957年提高50%以上，两年翻一番，四年赶上、五年大大超过农业总产值。同年9月6～15日，中共山西省委一届十次全委(扩大)会议，传达了中共中央北戴河会议通过的《号召全党全民为生产1070万吨钢而奋斗》和《关于在农村建立人民公社问题的决议》两个文件精神。为完成党中央下达的生产任务，山西省工业工作重点围绕钢铁产量全面提升开展相关重工业建设。1958年是山西省国民经济发展获得空前大跃进的首年，全省实际完成的工业基本建设总投资额为129 315万元，比1957年实际完成总额提高78.7%，为第一个五年计划期间工业基本建设总投资额的60.5%①。当年新施工和继续施工的工业基本建设项目为1459个，限额以上的项目包括大同机车厂、大同矿务局、阳泉矿务局、西山矿务局、太原化工厂、太原钢铁公司、太原重型机器厂、山西机床厂、兴安化学材料厂、晋西机器厂、长治钢铁厂等85个厂矿。这些厂矿的建设极大提升山西省重工业的生产能力。1958年山西省新增电力(发电机容量)84 200瓦、原煤(采煤能力)1385万吨、生铁(炼铁炉能力)41万吨、钢(炼钢炉能力)8 152万吨，分别为第一个五年计划时期新增相应产能的71.3%、138%、768.5%、1732.8%②。这一年，山西工业形成的产值14.65亿元首次超越农业产值13.67亿元，标志着以工业化为主导、农业为基础的经济发展格局开始形成。1959年山西省的经济发展任务为生产好钢120万吨、好铁160万吨，分别比1958年增长近两倍、一倍多。为适应钢铁生产需要，山西省有计划、按比例地发展机械、煤炭、电力、交通、水泥、木材、化工、石油、纺织、造纸、榨油、陶瓷等重工业和轻工业的生产③。大幅度重工业投资建设使山西省工农业结构发生畸形增长。在"大炼钢铁""大搞群众运动"的方针指导下，"小、土、群"——小高炉，土法炼铁、炼钢的群众运动遍地开花。这些设备简陋、任意布点的小工业群对生态环境产生较大的扰动性④。1961年，山西进行了一系列工业结构调整，主要对重工业的投资有所下降。1963—1965年山西重工业投资额为77 164万元，比"二五"时期投资额(337 935万元)减少了260 771万元，下降了337.94%⑤。

(二)农业跃进与调整

1958年2月2～10日，山西省召开地委、市委、县委第一书记全部列席的"大跃进"动员大会，会议对未来农业发展目标提出"提前五年达《纲要》，争取十年过'长江'"的口号⑥。同年，3月5～16日，山西省召开的第二次农村社会主义建设积极分子大会进一步提出"五年、六年、七年分别实现《纲要》指标，苦战三年，改变山西农村落后面貌"的口号。一系列会议的召开，拉开农业大跃进建设的序幕。为使农业生产以跃进的速度向前发展，首要任务是改变农业生产的自然生态环境条件。因此，在水利、水土保持、绿化

---

① 郭忠. 山西省现代工业六十年[M]. 太原：山西人民出版社，1959：38.
② 中共山西省委调查研究室. 山西省经济资料：第二分册(工业、基建、交通、邮电、手工业部分)[M]. 太原：山西人民出版社，1960：594.
③ 中共山西省委办公厅. 力争工业农业思想三胜利[M]. 太原：山西人民出版社，1959：4.
④ 王沅，孙承咏. 黑色绿色的岔口[M]. 太原：山西经济出版社，1996：100.
⑤ 牛冲槐，陈官虎，王汉斌. 山西产业结构问题研究[M]. 北京：煤炭工业出版社，2002：193.
⑥ 雅坤，秀玉. 实用缩略语知识词典[M]. 北京：新世界出版社，1992：668.

发展等方面均应争取在三年左右的时间内大力突击,使农业生产的自然条件基本改变[①]。进入经济调整时期,山西省经济建设由工业转向农业,再次加强对农业基本建设的力度。与"一五"时期相比,农业基本建设投资由"一五"时期的 4 130 万元增长到"调整"时期的 17 339 万元,占全部基本建设投资的比重由"一五"时期的 1.9%增加到调整时期的 3.4%[②]。在上述发展战略和投资策略推动下,生态环境建设支撑农业经济恢复发展的功能进一步强化。

(1) 水利建设方面:3 年"大跃进"中,山西省农田水利基本建设遵循"蓄水为主、小型为主、群众自办为主"的方针,在农村掀起空前规模的兴办水利群众运动。为更好防洪和对抗旱情,山西省水利建设转向水库建设。为更快发展水利工程,山西省提倡专区、县域配套修建大水库和中型水库,同时鼓励水库葡萄式发展、旱井蜂窝式布局、渠道蛛网式构建等"跃进工程"。史料记载,仅 1958 年,山西省水库工程列入国家基本建设计划高达 71 座[③]。1959 年在"北战汾河,南征涑水"的口号下继续"大跃进",这一年,动工兴建了山西省最大的蓄水工程——汾河水库,运城地区 6 个县联合治理涑水河。三年期间,山西省共修建库容在 1 亿立方米以上的大型水库 6 座(见表 2-11),修建浍河水库(晋城)、南城水库(晋城)、任庄水库(晋城)、淘清河水库(长治)、屯绛水库(屯留)、阳坡水库(临县)、南峰水库(五寨)、郭堡水库(太谷)、直峪水库(广灵)、恒山水库(浑源)、田家湾水库(榆次)等中型水库 28 座,修建小型水库 108 座。目前,山西境内大中型水库基本都是在这一时期开始修建并建成的[④]。1958—1961 年,机电排灌工程迅速发展,到 1961 年年底,山西省农田灌溉机电井站动力达 10.6 万马力,灌溉面积增加到 128 万亩,占当时山西省水浇地总面积的 22%[⑤]。经过三年水利大幅建设,1958—1960 年山西省水浇地分别为 1073 万亩、1124 万亩、1128 万亩,平均值比"一五"时期末(1957 年)水浇地(874 万亩)高出 234 万亩[⑥]。进入"二五"时期的后两年和三年调整时期,山西省水利秉承"巩固提高,加强管理,积极配套,重点兴建,为进一步发展创造条件"指导思想。该时期,清理整顿了已经建成或正在建设的水利建设项目。停建和缓建了 44 项大中型工程,拆除了横山、石匣、下米庄等水库,抢修了 39 座未达到拦洪标准的大中型水库和 102 座小型水库,同时加强了灌区的清淤、整修、机械设备配套和"填平补齐"工作,基本保证了经济建设时期安全度汛。经过 5 年整顿、配套和稳步发展,水浇地面积增加到 1053 万亩[⑦]。同时,大型水库的建设为渔业生产的发展提供了条件。到 1965 年,山西省养殖面积达 25.19 万亩,成鱼产量达 1131 吨,比 1957 年增加 38 倍,达到历史最高水平[⑧]。

(2) 肥料施加方面:农业生产要实现大跃进,增加肥料是极其重要的环节。水浇地不增施肥料,增产就没有保证,旱地增产则更需要肥料。随着工业的发展,化肥、农药也有较

---

① 王谦. 力争农业生产大跃进[M]. 太原:山西人民出版社,1958:5.
② 牛冲槐,陈官虎,王汉斌. 山西产业结构问题研究[M]. 北京:煤炭工业出版社,2002:193.
③ 水利部农村水利司. 中华人民共和国农田水利史略:1949—1998[M]. 北京:中国水利水电出版社,1999:275.
④ 山西省地方志研究室. 辉煌山西 70 年[M]. 北京:中华书局,2019:215.
⑤ 阎武宏. 山西经济[M]. 太原:山西人民出版社,1985:128-129.
⑥ 郭展翔,杨五云. 山西农业志(山西省志丛稿)[M]. 太原:山西省地方志编纂委员会办公室,1987:21-23.
⑦ 《山西建设经济》编辑委员会. 山西建设经济[M]. 太原:山西经济出版社,1991:262.
⑧ 《山西经济》编委会. 山西经济[M]. 太原:山西人民出版社,1985:133.

大发展，大量化肥、农药的施用开始扰动生态环境。

表 2-11 大型水库建设工程

名称	地点	建设内容	水利效益
汾河水库	山西省娄烦县下石家庄汾河上游河道上，大坝建在罗家曲乡北侧	水库兴建是从根治黄河的根本任务出发，拦蓄本流域的泥沙以减少流入黄河的淤积；另一项重大任务是防洪、灌溉、供给工业和城市生活用水，兼顾发电和养鱼。1958年7月动工兴建，1961年6月竣工蓄水。枢纽工程由大坝、溢洪道、输水隧道、泄洪排沙隧道和水电站5部分组成，总库容量达7.21亿立方米	工程的建成使太原市的防洪标准由20年一遇提高到100年一遇，极大减少了上游洪水的威胁。工程设计灌溉面积为149.55万亩，有效灌溉面积为131.81万亩，其灌溉面积占山西省水地面积的8%，平均每年供给农业用水2.58亿立方米。另外供给太原一家电厂的工业用水和太原钢铁公司及太原市部分生活用水，共计15亿立方米，年平均0.5亿立方米
册田水库	大同县境内桑干河上游西册田村附近	枢纽工程由主坝、副坝、正常溢洪道、非正常溢洪道、放水闸等5部分组成。分两期建成。第一期为1958—1963年。第二期为1970—1976年	水库下设四个灌区，有效灌溉面积为15万亩。水库投入使用后，每年可向大同市和大同二电厂供水5000万立方米。同时还肩负拦蓄泥沙、防洪安全等任务
漳泽水库	长治上党盆地、海河流域漳泽河南的干流上	1959年11月开工，1960年4月竣工蓄水	水库下游防洪保护区包括长治市和潞城、襄垣两县的30个村庄、7家厂矿企业、3座铁路桥、5座公路桥及3万人的生命财产和5万余亩耕地。1961年该水库为漳泽电厂、长治电厂、长治钢厂等12个大中企业年供水4000万立方米左右，同时为长治合成化学厂、长治煤气厂、潞城化肥厂、铁三局水泥厂及长治市城区市民提供用水，另外为农田灌溉提供用水
文峪河水库	文水县北峪口村、文峪河出山口处	文峪河水库枢纽由大坝、溢洪道、隧洞及水电站四部分组成，水库大坝为均质土坝。1959年10月开工，1970年6月竣工蓄水，总库容为1.13亿立方米，控制流域面积为1876平方千米，达到100年一遇洪水设计，1000年一遇洪水校核标准	承担着交城、文水、汾阳、孝义等县30余万人、40万余亩农田及20余千米干线的防洪任务
关河水库	武乡县城东25公里处的关河峡口处	枢纽工程由大坝、溢洪道、泄洪洞和水电站四部分组成。1958年8月开工建设，1960年9月竣工蓄水，总库容为1.3999亿立方米，控制流域面积为1745平方千米	该水库是一座防洪、灌溉、发电和养鱼等综合利用的大型水利枢纽。为黎城勇进渠7.16万亩农田供给灌溉水源，同时有养鱼水面3300亩

平衡—制约—协同：山西经济与生态的关系变迁(1949—2022)

续表

名称	地点	建设内容	水利效益
后湾水库	襄垣县西北的后湾村附近	该水库于1959年11月开工建设，1960年8月竣工蓄水，总库容为1.303亿立方米，控制流域面积为1300平方千米。水库枢纽工程由大坝、溢洪道、输水洞三部分组成。建库同时，水库上游修建2座中型水库(月岭山水库和圪芦河水库)和7座小型水库	该水库是海河水系浊漳河西源的控制性工程，为多年调节的大型综合利用水利工程，以防洪、灌溉为主。水库建成后，于1965—1966年配套兴建了后湾灌区，当时主要受益范围在襄垣县

资料来源：①中共山西省委党史研究院，山西省地方志研究院.辉煌山西70年(上、下册)[M].北京：中华书局，2019：216-218.

②梁志祥，李茂盛.当代山西概览[M].北京：当代中国出版社，2003：62.

(3) 保持水土方面：山西省70%以上的地区是山地，水土流失严重，产量很低，又极不稳定，这是全省农业落后的症结所在。因此，改变农业落后状况的关键在于使这些低产区变为高产区，首要工作是保持水土，使土不下山，水不出沟。而要做到这样，第一步就是实现坡地地埂化，在此基础上，三年内基本实现梯田化①。

(4) 绿化建设方面：该时期，林业建设进入繁荣发展期。1958年3月，山西省人民委员会在夏县召开全省绿化会议，号召全省人民学习夏县"四旁"绿化经验，力争提前实现全国农业发展纲要中12年绿化的奋斗目标。自此，各地区开展了声势浩大的植树造林运动，如忻县地区绿化平型关、雁门关、宁武关、石岭关、偏头关，晋南地区组织远征绿化吕梁、中条山等大型绿化工程。1959年毛泽东主席发出实行大地园林化的伟大号召后，山西省林业厅专门召开了会议，提出城市集镇搞园林化②。"二五"时期，山西省林业生产发展迅速，总投资由"一五"时期的1 586.5万元增加到5 967.3万元。山西省"二五"期间造林投资为1 979万元，造林面积达205.3万亩，比"一五"时期增加一倍。"四旁"植树由原来的6 000万株猛增到15 536万株。调整时期，山西省林业总投资由5 967万元下降为4 754万元，但在山西省总投资中所占的比例，则由0.66%上升为1.75%。在农业总投资中占的比例，也由7.07%上升为13.26%，是中华人民共和国成立以来林业投资占山西省总投资和农业总投资比例最高的时期。调整期间造林面积为531万亩，育苗面积为41万亩，"四旁"植树为40 284万株③。

四、1966—1976年和两年徘徊期：国防、机械重工业强化与农业发展

"三五"时期生产建设停滞，社会生活、生产秩序开始恢复。20世纪60年代末至70年代初，中美关系开始从敌对逐渐走向正常化，中苏关系从盟友到敌人的转变。在这种国内外形势下，我国开始调整经济发展战略，强调备战和国防建设，同时注重农业和轻工业

---

① 王谦.力争农业生产大跃进[M].太原：山西人民出版社，1958：11.

② 山西省地方志编纂委员会办公室.山西林业志(山西省志丛稿)[M].太原：山西新华印刷厂，1988：154-155.

③ 山西省地方志编纂委员会办公室.山西林业志(山西省志丛稿)[M].太原：山西新华印刷厂，1988：16.

的发展,以推动国民经济的恢复和增长。1970年2月15日至3月21日,全国计划会议审议通过了"四五"发展纲要(草案)(见表2-12)。会议提出,当前国民经济发展任务是狠抓备战,集中力量建设战略后方,改善布局,大力发展农业和轻工业,初步建成我国独立的、比较完善的工业体系和国民经济体系,促进国民经济新飞跃。在此历史背景下,山西展开该阶段的经济与生态环境的互动。

表2-12 "四五"计划要点

要　点	具体内容
要点1	工业仍是以钢为纲。提出1975年产钢3500万~4000万吨。各省、自治区都要有一批中、小钢铁企业,地县也要有小矿山、小铁矿、小钢厂,形成大中小结合、星罗棋布的钢铁工业布局
要点2	扭转"南粮北调"
要点3	扭转"北煤南运"
要点4	大力发展地方"五小"工业,力争在一两年内每个县都建农机制造厂,三五年内每个公社和有条件的大队都有修配站
要点5	大家动手办机械工业,各行各业都要自己武装自己。多数省(区、市)要逐步做到能够成套地供应单机、机组和车间、工厂所需的设备
要点6	要求"四五"时期,除少数产品由于受资源限制需要由国家统一调配外,一般轻工业产品都要尽可能做到省、区自给

资料来源:李敏新. 投资金融纵横谈[M]. 北京:中国计划出版社,2014:448.

1. 工业建设更加强调国防、机械重工业

国家三线建设决策做出后,山西省凭借承东启西、连南接北的地理优势和"两山夹一川"的特殊地形条件,五台山、管涔山区、太行山区、吕梁山区、晋南中条山区等相继列入北京、天津、太原、中国的战备后方基地[①],在此背景下,山西省在上述战备要地配合国家相关部门布局建设了高炮厂、机械厂、科学仪器厂及坦克、电子工业、地方军工等军事基地。同时,配套建设了战备电厂。为推进农业机械化建设,山西省机械工业领域新建和扩建了大同齿轮厂、运城拖拉机厂、榆次液压件厂、平遥柴油机厂等一批骨干企业[②]。"三五"前期,为扭转"北煤南运"的发展局面,1966—1976年,国家对山西省煤炭工业建设投资极大缩减,10年内累计投资额不到"二五"时期的70%[③]。根据国防工业建设和工业生产的需要,电力工业重点建设了娘子关、霍县、神头三个大型火力电厂,同时对太原第一发电厂、太原第二发电厂等大型电厂进行了扩建[④]。

"三五"至"四五"时期,山西省重工业投资总额占基建投资总额的比例高达60%。长期重工业的投资倾向,到20世纪60年代末,山西省市场上轻工业品非常短缺,大部分日用品严重依赖外部地区的调拨。为缓解这种畸形工业结构,从1969年一直持续到1976

---

① 四川省中共党史学会,中共四川省委党史研究室. 三线建设纵横谈[M]. 成都:四川人民出版社,2015:131.
② 王子云. 山西三线建设的研究[J]. 山西青年管理干部学院学报,2004(4):55-58.
③ 李旺明,苗长青. 当代山西经济史纲[M]. 太原:山西经济出版社,2007:218.
④ 马生怀. 山西三线建设的回顾与分析[J]. 沧桑,2003(2):41-44.

年，山西展开了历史上第一次经济结构调整"轻工业大会战"。在本次调整中，自行车、缝纫机、造纸印刷、日用陶瓷和玻璃、洗涤剂、灯泡、食糖、酒等轻工业得到发展。自此，20世纪80年代，一大批全国闻名的山西轻工业名牌产品中大部分源于"轻工业大会战"。进入两年调整期，山西省工业投资主要用于前期未建设完成的一些大中型项目，如太原钢铁公司、临汾钢铁公司、山西铝厂的新建扩建项目等，新开工的大中型项目较少。经过中华人民共和国成立以来近30年的经济建设，到1978年，山西逐步建成了门类齐全的工业体系，工业发展初具规模[1]。

2. 农业在曲折中发展

1966年后，农田水利建设打乱了"建设两个1500万亩高产稳产田"的决议事项[2]，1970年山西省的水浇地面积比1966年减少了30多万亩。但从1970年开始，农田水利建设再一次掀起高潮。1970年8月25日国务院在昔阳县召开了北方地区农业会议，此次会议的顺利召开，将以改土治水为中心的农田基本建设运动纳入"农业学大寨"的轨道，水利建设进入恢复和缓慢发展阶段。时隔三年，1973年11月18～29日，中共山西省委召开全省农村工作会议，提出两年内把农业搞上去，实现粮食自给，为此会议讨论了加速改变落后地区的农业发展面貌和建设商品粮基地事项。同年12月30日，山西省革命委员会制定了《关于加速改变西山地区28县农业落后面貌的意见》和《关于建立28个商品粮基地县的意见》两个规划(西山地区28县、28个商品粮基地县见表2-13)，规划要求到1975年，西山地区28县人均粮食产量要达300公斤，总产量要达8.525亿公斤。28个商品粮基地县中，昔阳的粮食亩产要达400公斤以上，晋城等10县要达300公斤以上，临猗等7县要达250公斤以上，浑源等5县要达200公斤以上，阳高等5县要达150公斤以上，并在发扬大寨精神、搞好水土保持、加速农业机械化进程等方面给出具体意见[3]，多个会议的召开，掀起全省农业生产条件建设高潮，生态环境对农业的支撑功能再次凸显。

表2-13　西山地区28县和28个商品粮基地县

类　别	具体内容
西山地区28县	这是指吕梁山沿黄河的高垣沟壑区，包括雁北地区的平鲁、右玉、左云；忻县地区的五寨、静乐、宁武、保德、神池、河曲、偏关；吕梁地区的离石、柳林、中阳、交口、石楼、方山、岚县、岢岚、临县、兴县；临汾地区的乡宁、吉县、大宁、永和、蒲县、隰县、汾西；太原市的娄烦。28县共有285万人。占山西省人口的13%，有批地1350万亩，占山西省耕地的22%。这些地区水土流失十分严重，年年受干旱威胁，粮食产量低而不稳，通常年景，半数以上的县亩产不过百斤，全区总产量只是占山西省的10%左右。人均粮食产量，1972年只有184公斤，比山西省水平低52公斤。1971年至1973年，全区有17个县粮食不能自给，占全区县数的60%以上。这17个县两年来共食用国家供应粮1.9亿公斤，占同期国家供应山西省各县返销粮总数(3.1亿公斤)的61.3%

---

[1] 山西省统计局. 山西工业踏上高质量发展新征程——中华人民共和国成立70年山西经济社会发展成就系列报告之三[OL]. (2019-09-05). http://fgw.yq.gov.cn/fzgh/jjyx/201909/t20190905_918063.html.
[2] 罗平汉. 中共党史知识问答[M]. 北京：人民出版社，2021：159.
[3] 刘泽民，原崇信，梁志祥，等；山西省史志研究院. 山西通史：卷拾当代卷(上、下册)[M]. 太原：山西人民出版社，2001：529.

类 别	具体内容
28个商品粮基地县	这是指晋东南地区的高平、晋城、屯留、襄垣、黎城、长子;晋中地区的昔阳、孟县、祁县、太谷、寿阳、介休;运城地区的临猗、绛县;临汾地区的襄汾、洪洞;吕梁地区的汾阳、文水、交城;忻县地区的忻县、定襄、原平;雁北地区的朔县、应县、浑源、阳高;太原市的清徐、阳曲。这28个县共有农业人口为671.5万人,占山西省的36%。共有耕地面积为1907.6万亩,占山西省的33%。其中粮田面积为1582.2万亩,占山西省的32%。水浇地738万亩,占山西省水浇地的近一半,人均1亩以上。现有大中型拖拉机2800多台,机耕面积为721.7万亩,占耕地面积的38%。建成和正在建成小化肥厂24个,化肥施用量为亩均30斤以上。20年来,这28个县向国家纯交售商品粮68.1亿公斤,每年平均3.405亿公斤,占全国商品粮的48%。其中近三年,纯交售商品粮11.485亿公斤,每年平均3.83亿公斤,占山西省交售商品粮的50%。1973年亩均166.5公斤,人均392.5公斤。其中,人均500公斤以上的县有5个,400公斤以上的县有6个

资料来源:杨文宪. 山西农业大事记[M]. 山西:山西经济出版社,2003:184.

3. 水利建设恢复与缓慢发展

1966—1970年,山西省水利建设趋于自流和停顿,原有水利设施失修,并遭到不同程度的损坏,水浇地面积比"三五"时期初减少了30多万亩。1970年北方地区农业会议后,水利建设进入恢复和缓慢发展阶段。此后数年,每年均有几百万劳动力从事改河造地、修建梯田、闸沟筑坝、兴修水利等各种农田水利基本建设。该时期机电排灌进一步发展,沿黄河的尊村电灌站、大禹渡电灌站等高扬程电灌工程(见表2-14)和一批中型电灌工程动工兴建。1966—1976年,山西省共新建中型水库10座、小型水库647座[①],到1977年,全省水浇地面积达到1686万亩,比1966年新增382万亩[②]。

表2-14 高扬程电灌工程建设项目(部分)

项 目	地 点	具体内容
尊村电灌站	涑水河盆地腹部	山西省最大的引黄灌溉泵站工程。泵站规模为9级30站,一级站位于永济县黄河小北干流尊村湾,提水流量为46.5米^3/秒,灌溉永济、临猗、运城、夏县166万亩耕地。1976年4月4日,山西省尊村电灌站开工,1977年10月1日一级站试机成功。1978年4月9日,一期工程全部竣工,并上水浇地
大禹渡电灌站	运城市芮城县大禹渡村	山西省扬程最高的引黄灌溉工程。该工程1970年正式启动建设,工程设计标准为扬程214米,提水流量为5.7~8.05米^3/秒,设计灌溉面积28.4万亩,同时为灌区人民和部分工业提供生产生活用水

资料来源:①黄河水利委员会黄河志总编辑室. 黄河大事记(增订本)[M]. 郑州:黄河水利出版社,2001:403.
②黄河水利科学研究院. 黄河引黄灌溉大事记[M]. 郑州:黄河水利出版社,2013:307-309.

---

① 原崇信. 山西财政五十年[M]. 北京:中国财政经济出版社,1999:196.
② 李旺明. 山西经济发展50年[M]. 太原:山西经济出版社,1999:25-26.

4. 林业建设速度相对下降

从1966年开始，山西省造林和"四旁"植树速度大大下降。"三五"时期山西省林业总投资为5 800万元，造林面积为758万亩，育苗面积为81万亩，"四旁"植树为61 600万株。受错误路线干扰，山西省造林保存面积年均仅为27万亩，育苗为14万亩，"四旁"植树为1 622万株。"四五"时期林业有了大的发展，山西省林业总投资为7 896万元，比"三五"时期增加2 096万元，造林面积达872万亩。该时期山西省林业发展进行了重新部署，西山地区营造防护林，东山地区营造用材林，浅山地带发展木本粮油林，农田实现林网化，沿北部长城、西部黄河营造林带，优先绿化各种战略要地、关隘桥涵等①。

1966—1976年，山西省财政支农规模由1966年的7 703万元增加到1976年的18 860万元②。经过大幅度的农业生产基本环境建设，1970年，山西省粮食产量达53.5亿公斤，首次突破100亿斤门槛。1975年，山西省粮食总产量再创新高，达76.74亿公斤，外调更减到0.2亿公斤后，彻底摆脱了中华人民共和国成立以来外调接济的发展历史。1976年，山西省实现调入到调出的转变，当年调出粮食2.4亿公斤③。可以发现，生态环境的优化改善对农业经济建设的支撑作用进一步加强。

第三节 生态环境微变及表现特征

中华人民共和国成立至20世纪70年代，山西经济发展强依赖生态环境，主要表现在农业发展对水资源、土地资源等开发利用和工业对森林资源的开发利用等方面。经济与生态环境互动的过程中，生态环境促进山西省经济发展，但由于生态理念的缺乏和发展模式的粗放，也存在破坏生态环境良性循环的经济行为，进而造成生态环境发生微弱变化，致使该时期经济与生态环境互动关系呈现"微平衡"状态。

一、地下水位开始下降

中华人民共和国成立之初，山西省生产力严重低下，工农业受长期战争影响被严重破坏，各项经济建设尚处于起步阶段，对水资源的利用程度较低，用水总量仅为$5.68×10^8$立方米。随着三年恢复期和"一五"时期经济大规模投资建设，山西省工业基础奠基完成，旧有水利修复和扩建，经济活动对水资源的开发利用程度也开始加大。与1949年用水总量相比，在7年经济恢复和建设过程中，1957年用水总量达到中华人民共和国成立之初的3.2倍。"二五"时期大跃进和五年调整期的投资建设，工农业对水资源的利用程度进一步加大，用水总量达$30.46×10^8$立方米。20世纪70年代，农田水利和工业建设进入新的发展期，国民生产力进一步提高，经济活动对水的索取量规模化增加，不到10年的时间里，用水总量从1970年的$39.81×10^8$立方米增加到1979年的$63.60×10^8$立方米，用水量增加$23.79×10^8$立方米，增加部分主要集中于农业、工业，占比分别为18.04：5.23。从1949—1979年整个

---

① 山西省地方志编纂委员会办公室. 山西林业志(山西省志丛稿)[M]. 太原：山西新华印刷厂，1988：17.
② 原崇信. 山西财政五十年[M]. 北京：中国财政经济出版社，1999：196.
③ 杨茂林，高春平. 建国60年山西若干重大成就与思考[M]. 太原：山西人民出版社，2009：67.

经济发展周期看，农业用水始终占用水总量的 80%以上，使山西省水浇地面积从 1949 年的 374.18 万亩跃升到 1978 年的 1620.11 万亩，实现水浇地面积占耕地面积的比重由 1949 年的 6%增加到 1978 年的 27.5%(见表 2-15、表 2-16)。

表 2-15　山西省 1949—1979 年用水量

年　份	用水总量 ($\times 10^8$ 立方米)	农业用水 ($\times 10^8$ 立方米)	工业用水 ($\times 10^8$ 立方米)	生活用水 ($\times 10^8$ 立方米)
1949	5.68	5.41	0.18	0.09
1957	18.19	16.57	1.40	0.22
1965	30.46	27.02	3.04	0.40
1970	39.81	34.49	4.62	0.70
1975	57.67	50.06	6.60	1.01
1979	63.60	52.53	9.85	1.22

注：史料原始记录，无 1976—1978 年的数据，建议保留 1979 年做对比。
资料来源：张宗祜，李烈荣.中国地下水资源(山西卷)[M].北京：中国地图出版社，2005：105.

表 2-16　山西省 1949—1978 年水浇地面积、占比变化

年　份	水浇地面积 (万亩)	占耕地面积的比重 (%)	年　份	水浇地面积 (万亩)	占耕地面积的比重 (%)
1949	374.18	6.0	1964	1049.77	16.7
1950	435.85	6.8	1965	1041.30	16.7
1951	507.91	7.8	1966	1304.21	21.2
1952	603.64	8.7	1967	1248.89	20.6
1953	631.15	9.0	1968	1230.95	20.5
1954	649.66	9.2	1969	1236.57	20.8
1955	694.27	10.0	1970	1270.78	21.8
1956	795.87	11.6	1971	1306.78	22.4
1957	866.61	12.7	1972	1336.36	22.8
1958	1065.67	17.2	1973	1382.35	23.5
1959	1116.17	18.1	1974	1476.88	25.2
1960	1119.57	18.1	1975	1547.24	26.3
1961	952.46	15.4	1976	1614.75	27.5
1962	955.49	15.4	1977	1686.08	28.7
1963	1019.27	16.3	1978	1620.11	27.5

资料来源：山西省农村社会经济调查队.山西农村统计资料概要(1949—1990)[M].太原：山西经济出版社，1992：28.

综上所述，农业发展是该阶段水资源的主要服务对象，工业是第二用水大户。农业灌溉和工业用水的增加，使山西省水资源开发开始向中深层地下水索取。中华人民共和国成

立前，山西省水井绝大多数为15～20米浅层地下水源的"土井"，20世纪50年代中期，解放式畜力水车取代了辘轳、翻斗等老式提水工具，随着合作社化农业和工业的不断发展，工业支援农业抗旱，投入大量钻机为农业打井，人工架打"56"型井逐渐代替土法打井方式，中层地下水开始被取用。进入70年代，地下水被大规模开发利用，抽取达到100米以上[1]。高强度的地下水抽取，带来水位下降。以著名的晋祠泉为例，20世纪50年代前，泉水流量呈天然状态，流量保持在1.95～2.0米^3/秒[2]，随着"一五""二五"时期经济发展，太原化工厂、太原第一热电厂、太原制药厂、太原磷肥厂在晋祠地区开工建设，对水资源产生大量需求，引发工农业用水矛盾，进一步加剧地下水的开发，最终导致晋祠泉泉水流量进一步减少。1972年，晋祠三泉中的善利泉、鱼沼泉开始出现季节性干涸现象[3]。除晋祠泉水流量发生变化外，省内其他大型泉水流量也开始减少（见表2-17）。

表2-17 山西省大型泉水流量变化

序号	名称	20世纪60年代平均（米^3/秒）	20世纪70年代平均（米^3/秒）
1	晋祠泉域	1.69	1.13
2	兰村泉域	3.03	1.41
3	娘子关泉域	13.92	11.15
4	神头泉域	8.35	7.50
5	郭庄泉域	8.86	7.49
6	柳林泉域	4.22	3.74
7	延河泉域	3.64	2.39
8	坪上泉域	5.40	4.41
9	马圈泉域	0.96	0.73
10	洪山泉域	1.45	1.11
11	龙子祠泉域	6.14	5.11
12	霍泉泉域	4.42	3.74
13	水神堂泉域	0.79	0.72
14	城头会泉域	2.89	2.63
15	三姑泉域	5.16	3.92

资料来源：周永昌，郭晓峰，赵小平. 山西地下水资源与开发利用研究[M]. 太原：山西科学技术出版社，2013：53.

二、局部区域出现水污染

水污染的出现主要源于工业领域的废水排放和农业领域的化肥、农药的过量使用。

---

[1] 许一友，胡春耕，陈江峰. 神秘的黄土地——太原物产资源[M]. 太原：山西人民出版社，2009：80-81.
[2] 中国人民政治协商会议山西省太原市委员会文史资料委员会. 太原文史资料 第18辑[M]. 1992：217.
[3] 苏泽龙. 晋祠稻米：农业技术与乡村社会变迁研究（田野·社会丛书）[M]. 北京：商务印书馆，2018：114.

在工业领域，中华人民共和国成立至党的十一届三中全会前山西省工业布局由点到面地逐步向中小城镇及乡村发展。"一五"时期，苏联156个援助项目中有15项在山西布局建设，使太原、大同、长治、临汾成为全省重工业奠基区域。"二五"时期，山西省前三年"以钢为纲""跃进式"建设，工业布局迅速向其他区域扩展，晋城、侯马、运城、临汾、介休、榆次、原平、朔县等地开始工业建设，同时各县及人民公社也积极创办农具修配、农产品加工等乡村工业。此外，山西水资源缺乏，燃料资源丰富且分布广泛，水资源条件是制约山西工矿企业布点的主导因素。因此，省内一些耗水较大的工矿企业均布局建设在靠近泉源或河流旁边，并未考虑到生态环境的承载力，如太原化工区(晋祠泉)、神头电厂(神头泉)、娘子关电厂(娘子关泉)、河津铝厂(黄河禹门口傍河水源)等。这些工厂一味追求经济增长，而相应的环保设备配套简单，发展粗放，短时间内工业对水资源造成很大影响。以当时建设标准较高的太原化工区为例，太原化工区由"一五"时期苏联援建的4个化工项目和山西省自筹资金兴建的太原磷肥厂共同组成，是全国三大化工区之一，经济建设地位在中国化工领域举足轻重。然而在厂区经济建设与生态环境的关系处理上，因发展水平低、技术手段低、节省建设经费等原因最终倾向于经济恢复和发展(见表2-18)。

表2-18 太原化工区污水处理方案

类别	具体内容
含酚及生活污水处理方面	在苏联专家的规划设计中，化工区工业含酚污水和附近一带的居民生活污水均应通过机械沉降—曝气—细菌生化处理流程(当时较为先进的处理方式)，处理基本合格后再进行对外排放，其中处理完成后形成的污泥也可作为农肥使用。当时，苏联方已经向我国提供了系统化的设计方案，包括施工图纸、土地占用量、电源线路等。但当吉林化工区(我国三大化工区之一)首先完成相应配套后，因投资额较大，考虑到国家经济紧缺，认为苏方提供的方案不符合当时我国的实际国情，于是太原化工区取消了污水处理相应配套方案，改用了简易处理方式
其他污水处理方面	除含酚与生活污水得到一定处理外，化工区内含醇、苯及其他有机物、硫化物等生产过程中形成的化学污水均没有处理方案，只是设计了一个不渗透的大型污水池，此类污水的处理方法就是利用附近汾河浑浊的河水自然净化能力，污水排放按三天为一个集中排放频次。首先，因该时期山西省大力发展农田水利建设和防洪建设，汾河上游大量水库的修建已经没有太大的洪水期，该设计方案显然不可行。其次，在修建不渗透的污水池时，驻厂专家并未按照苏方要求在池内铺设不透水黏土层，而是以石油沥青层代替，而替换的这种材料短期使用即产生脱落溶胀、严重渗漏现象，因此，化工区其他污水处理方法是直接对外排放，直到20世纪末才有些补充措施

资料来源：吴达才. 求索·呼喊——煤化工、能源及综合发展论文集锦[M]. 北京：中国科学技术出版社，2009：140.

在农业领域，农田化肥、农药的使用也是这一时期水污染的主要原因。山西省农田化肥的使用是从1950年经过试验、示范逐步推广的。"一五"时期经济规模较小，山西省化肥使用总量年均为25 281吨，亩均化肥量年均为0.38公斤。随着太原化肥厂及小化肥厂的建设生产，"二五"时期化肥使用总量年均为128 153吨，亩均化肥量年均为2公斤。1966—1976

年山西省农业学大寨轰轰烈烈展开,在水土改造的同时,化肥使用量年均为507 762吨,亩均化肥量年均为8.6公斤,分别是"一五"时期的20倍、22.6倍(见表2-19)。

表2-19 山西省1949—1978年化肥使用量

年 份	化肥使用量(吨)	亩均化肥使用量(公斤)	年 份	化肥使用量(吨)	亩均化肥使用量(公斤)
1949	0	0.0	1964	118 564	1.9
1950	482	0.0	1965	248 506	4.0
1951	1 007	0.0	1966	270 906	4.4
1952	5 271	0.1	1967	204 660	3.4
1953	3 591	0.1	1968	154 543	2.6
1954	6 086	0.1	1969	223 801	3.8
1955	19 084	0.3	1970	445 221	7.6
1956	40 471	0.6	1971	514 776	8.8
1957	57 174	0.8	1972	586 074	10.0
1958	103 198	1.7	1973	667 304	11.4
1959	147 350	2.4	1974	721 683	12.3
1960	188 425	3.0	1975	856 616	14.6
1961	104 956	1.7	1976	939 803	16.0
1962	96 840	1.6	1977	1 077 675	18.3
1963	148 750	2.4	1978	1 753 644	29.8

资料来源:山西省农村社会经济调查队.山西农村统计资料概要(1949—1990)[M].太原:山西经济出版社,1992:38.

综上所述,农业生产过程中化肥使用量显著增加的时期主要集中在20世纪70年代。农药使用量亩均较少,从1975—1979年统计数据可以发现,山西省年均使用农药总量为10351.13吨(黄河流域为7 258.05吨,海河流域为3 093.08吨),各地区亩均农药使用量在0.5公斤以下(见表2-20),虽使用量较少,但基本是"666""DDT""1605""乐果""3911"等高毒性农药。化学农药、化肥不易分解,在农作物与土壤中残留时间较长(特别是"666"毒性残留时间长达10~30年)[①],加之施用时间与方法不合理,造成相当部分的有毒成分通过径流、灌溉、下渗等多种途径污染地表水和地下水。

山西省处于经济恢复和初步发展期,经济总体生产规模不大,污水排放量相对较小,经济建设与生态环境的矛盾尚不突出,水环境污染问题大多在局部区域出现。以山西境内黄河和海河两大流域为例,根据1979年山西省地表水评价报告可知,黄河流域所辖的太原地区、吕梁地区、晋中地区、临汾地区、运城地区内主要污染企业(190个左右)中废水量大于0.5万吨/日仅为21个,占比仅为11.05%,其中,太原、晋中两区分别有7个企业废水量

---

① 山西省水文总站,山西省农业区划委员会.山西省地表水水质评价(山西省农业区划成果资料)[M].太原:山西省统计局印刷厂、山西省测绘局,1982:6-7.

大于 0.5 万吨/日,其他分布在吕梁地区(2 个)、临汾地区(2 个)、运城地区(3 个)。海河流域所辖的雁北地区、忻县地区、晋中地区、晋东南地区内主要污染企业(164 个左右)中废水量大于 0.5 万吨/日仅为 24 个,占比仅为 14.6%,其中,晋中地区、雁北地区、晋东南地区分别占据 8 个、8 个、5 个企业,为该流域的主要排污大户。综上所述,污染排放更多集中在"一五""二五"时期山西省重工业重点布局的太原、大同、晋中三大区域,黄河流域的废水排放量重点集中在汾河水系,占黄河流域主要污染企业(废水量大于 0.5 万吨/日)总数的85%;海河流域的排放量重点集中在子牙河、永定河系,占海河流域主要污染企业(废水量大于 0.5 万吨/日)总数的 75%。以汾河水系水质为例,资料显示,汾河源头雷鸣寺至汾河水库段为一级河段,符合地面水标准。古交至兰村段为三级河段,符合农业灌溉用水标准。兰村以下至汾河二坝为严重污染,为五级河段。义棠、洪洞、临汾断面为三级河段,石滩为二级断面,柴庄、河津为四级断面,整个汾河水系整体为三级水系,能满足农业灌溉需要。

表 2-20　山西省农药使用量

地区(市)	耕地面积(万亩)	多年平均农药使用量(吨)	亩均农药使用量(公斤)	资料年份
雁北	1101.8	1759.4	0.16	1975—1979
忻县	836.5	1055.1	0.13	1976—1979
太原	215.0	564.1	0.26	1979
吕梁	619.4	1002.1	0.09	1979
晋中	649.0	503.0	0.16	1976—1979
临汾	653.3	2074.2	0.26	1977—1979
运城	932.0	2284.6	0.48	1979
晋东南	774.8	1108.6	0.14	1975—1979

资料来源:山西省水文总站、山西省农业区划委员会. 山西省地表水水质评价(山西省农业区划成果资料)[M]. 太原:山西省统计局印刷厂,1982:7.

三、水土流失进一步显现

水土流失受农业增产过程中大面积开荒、工农业生产林业砍伐量和建设量、地质土壤特点等多个因素影响,本书不做地质土壤引发水土流失方面的理论探讨。在农业增产大面积开荒和工农业生产林业砍伐量方面,土地改革完成后,山西省人民群众激情高涨。为快速提升粮食亩产量,增加耕地成为农业发展的最基本措施。1949—1977 年,山西省几乎年年都开荒土地(见表 2-21),1949—1952 年恢复期是山西省开荒面积最大的阶段,1950 年开荒面积为 161 万余亩,1952 年开荒面积增加到 468 万亩,三年时间新增耕地 2 倍左右,高强度的垦荒使年均新增土地面积 2 484 000 亩。

表 2-21　山西省 1949—1977 年开荒面积

时　期	年　份	开荒面积(亩)	时　期	年　份	开荒面积(亩)
三年恢复	1949	—	三年调整期	1964	485 200
	1950	1 611 000		1965	261 178
	1951	1 161 000		1966	182 022
第一个五年计划	1952	4 680 000	第三个五年计划	1967	—
	1953	1 228 000		1968	—
	1954	730 000		1969	—
	1955	255 000		1970	—
	1956	803 000	第四个五年计划	1971	218 346
	1957	630 000		1972	333 672
第二个五年计划	1958	240 000		1973	343 589
	1959	2 750 000		1974	235 568
	1960	2 040 000		1975	270 685
	1961	—		1976	212 131
	1962	—		1977	260 580
三年调整期	1963	680 521			

资料来源：郭展翔，杨五云. 山西农业志(山西省志丛稿)[M]. 太原：山西省地方志编纂委员会办公室，1987：124-126.

以浊漳河为例，1957 年晋中市榆社县浊漳河共有成片林 22.6 万亩，零星树木 650 万株，河流两岸拥有 7.5 万亩的防洪护岸林带。1958 年"以粮为纲"，单一经营经济开始后，大量地毁林砍树，沿河两岸的 7.5 万亩防护林全部砍光，造成生态环境急剧恶化，河床宽度由 20 世纪 50 年代平均 75 米，扩展到 70 年代的 250 米[1]。除农村社队砍伐树木外，林区也出现超量抚育间伐。以管涔山林区为例，1958 年，林局原计划抚育间伐出材 500 立方米，后连续追加到 16 800 立方米[2]。1960 年省委传达北戴河会议精神后确定新的发展方针(摒弃 1958 年"高产卫星"期间形成的所谓"少种、高产、多收"的经验，经验证明，哪一年扩大了耕地面积，粮食总量就相对上升)[3]，迅速推动了山西省在第二个五年计划时期迎来第二次大规模开荒的热潮，1959 年、1960 年开荒面积分别达 200 万亩以上，年均垦荒土地面积为 1 676 666 亩，以上两年开荒面积年均大于 200 万亩，是中华人民共和国成立 30 年来开荒面积最大的两年。"一五"时期是开荒面积较大的发展阶段，年均垦荒土地面积为 729 200 亩。1966—1976 年，为解决人民粮食问题，山西省大搞"以粮为纲"，单一经营，全省大范围、高强度倡导"大寨精神"，动员全省人民大搞人造平原，填滩造地(见表 2-22)，有的地方甚至提出"砍掉一株树，解放一分田"的错误口号，大量林地和草原植被遭到严重破

---

[1] 刘清泉. 森林树木与生态环境[M]. 太原：山西科学教育出版社，1985：17.
[2] 宋满福，王建新主编. 管涔林区发展史[M]. 太原：山西人民出版社，2012：103.
[3] 李旺明，苗长青. 当代山西经济史纲[M]. 太原：山西经济出版社，2007：145.

坏。特别是晋东南、晋西北地区，在超过 25°禁垦线的黄土高原丘陵区和沟谷坡地开垦农田①。由于盲目垦殖，开荒面积不断扩大，土壤侵蚀加剧，破坏了生态平衡，加剧了水土流失。1979 年资料统计显示，山西省水土流失面积为 9.6 万平方公里，占总土地面积的 61.4%。其中，汾河谷地水土流失面积为 2.19 万平方公里，占总谷地面积——4.13 万平方公里的 53%；东西山区(太行山、吕梁山)水土流失面积为 7.41 万平方公里，占东西山区——11.5 万平方公里的 64.4%②。

表 2-22　1960—1979 年破坏土壤生态环境情况

名　称	具体内容
神池县太平庄公社板井大队	用给社员记工、发补贴等方式，鼓励社员 300 多人参与滥伐，使 15 公里长的虎北山森林遭到多次严重破坏后，又涌向国有林滥伐。有的伐桩高达半米至一米，许多伐地树桩林立，狼藉一片。羊圈沟林场的岭沟顶、抬头梁就有 300 余亩森林被毁
原平县上阳武公社	将国有林据为己有，以高额补助派人滥伐，甚至还使用炸药来解决不便砍伐的老松树。在林区腹地的宁武，由于几个三线国防工厂建于有天然林的沟谷间，不少工人偷砍树木，做成家具运往外地。有的还以物向农民易木，或低价购买木材，也促使当地农民偷砍滥伐。据 1973 年 4 月和 5 月的调查，仅长城机械厂附近就发现偷砍桩 35 000 多个，有的林地被砍的树株多达总数的 60%
平顺县西沟大队	在学习大寨的根本经验时不从当地条件出发，搞"人造小平原"和"连心田"，把本来土层较厚的地块上的土，推到土层薄的地块上，结果各地块均成为土层薄的地，不耐旱的同时，粮食产量也有所下降。为了贪图好看，用了 3 个冬春，投了 3 万多工人，花了 3 万多元，补贴了 1.5 万斤储备粮，在山坡上的梯田里，搬来大石头，垒了 5 条地岸。结果，梯田窄，地岸高，且不坚固，经常坍塌，并未扩大耕地面积
运城盐湖区	该区产盐已有 1400 年历史，千百年来，人们通过防洪入湖、禁止在盐湖内耕种土地和兴建村庄等保护盐池生产环境。但在学大寨运动中，过去修筑的防洪堤堰和防洪渠道中不少地段被扒掉拆平、淤满或修成"大寨田"，失去了防洪作用。随着湖内住户增加，湖内耕地扩大，生产队在残存的芦苇地、草地挖鱼塘、修水渠、放牧羊牛，造成盐池植被减少、沙土流失

资料来源：①山西省地方志办公室. 山西省志·农业学大寨志(上)[M]. 北京：中华书局，2015：141.
②《管涔林区发展史》编纂委员会. 管涔林区发展史[M]. 太原：山西人民出版社，2012：103-104.

在工农业生产林业建设方面，山西工业生产用林木量较大，尤其以矿产开采为中心的煤炭工业，据统计，每开采 1 万吨煤需坑木 130m³③，而林木生产周期较长，多受自然规律约束，同时，根据山西省水土流失和十年九旱等情况，森林在很大程度上起着保持水土、改善生态环境等作用。20 世纪 70 年代初，国家削减对山西木材的调拨量，为满足生产建设任务的同时较小程度扰动山西省林业存量，省革委提出 10 年内山西省煤矿营造矿柱林

---

① 王仰东著；李玉明总主编. 山西历史文化丛书 第 28 辑 山西林业史话[M]. 太原：山西春秋电子音像出版社，2007：31.
② 王仰东著；李玉明总主编. 山西历史文化丛书 第 28 辑 山西林业史话[M]. 太原：山西春秋电子音像出版社，2007：31.
③ 邹年根，罗伟祥. 黄土高原造林学[M]. 北京：中国林业出版社，1997：165.

250万~300万亩的任务,力争20年左右实现矿柱基本自给,并于1972年召开了山西省煤矿积极发展矿区造林座谈会,会上规划矿柱林造林地229.2万亩。考虑到林业建设需资金支持,会议设立了矿柱林基金(县营以上煤矿一律按吨煤提取一角钱执行,只能用于营造坑木林,不准挪用,并按隶属关系经上级主管部门批准当年造林计划后才能使用)。自此,从1972年开始,潞安、西山、阳泉、大同、汾西、轩岗、晋城、霍县8个国统矿务局先后设立林业处,并规划建设自有矿柱林(见表2-23),通过矿柱林规划建设大大降低煤炭开采业对山西省森林储量的木材需求。综上所述,该时期山西省林业既有前期农业增产开荒拓地破坏,也有后期矿业开采需求下的矿柱林建设,整体经济发展造成的水土流失问题不是很突出。

表2-23 1972—1978年山西省矿柱林建设情况

名称	建设时间	建设地点	建设成效
西山矿务局	1972年1月	太原市阳曲县	划拨经营面积7.12万亩,建立阳曲林场
	1978年	灵邱县(今为灵丘县)	建起灵邱林场,规划面积7.54万亩
阳泉矿务局	1972年1月	寿阳县晓庄	二矿设立造林点
		盂县东庄头	四矿设立造林点,造林面积共计866亩
	1973年3月	盂县东庄头乡和仙人乡39个村的土石山区	设立庄头林场,规划面积174平方公里,宜林面积6.3万亩
	1973年11月	盂县苌池、王村、土塔、肖家汇、上社5个乡79个村的土石山区	设立苌池林场,规划面积412平方公里,宜林面积5.3万亩
	1974年12月	寿阳县马首乡阎家庄西	建起寿阳苗圃场,拥有荒山5.31万亩、耕地893.2亩,作为种植各种苗木基地
	1976年	盂县东木口、北下庄、榆林坪3个乡39个村的土石山区	新建木口林场,宜林面积5万亩
	1977年3月	盂县南娄、下曹、路家村、王村4个乡37个村的土石山区	建起栏掌林场,规划面积164平方公里,宜林面积6.5万亩
		盂县西烟、南社、东梁3个乡8个村的土石山区	建起西烟林场,规划面积256平方公里,宜林面积5.9万亩
大同矿务局	1973年	大同	在晋华宫马武山风机房对坡及永定庄矿营造坑木林196亩
	1974年	平鲁县	建起平鲁林场,下设4个作业区,规划面积4.09万亩,宜林面积2.17万亩
	1975年	五台县茹村	建起五台林场,下设5个作业区,宜林面积7.3万亩
	1976年	静乐县西会村	建起静乐林场,下设3个作业区,宜林面积6.23万亩

续表

名　称	建设时间	建设地点	建设成效
大同矿务局	1978 年	原平县	建起原平林场，下设 4 个作业区，宜林面积 8.87 万亩
		雁北地区灵邱县	建起灵邱林场，下设 5 个作业区，宜林面积 8.44 万亩
汾西矿务局	1974 年 4 月	吕梁地区离石县	建起离石林场，规划面积 17.82 万亩，宜林面积 1.14 万亩
轩岗矿务局	1976 年	五寨县	建起五寨林场，规划面积 1108 亩
晋城矿务局	1978 年	城区	建起 6.64 万亩的城区林场

资料来源：①《中国煤炭志》编纂委员会.《中国煤炭志·山西卷》[M]. 北京：煤炭工业出版社，1995：448-449. ②中国人民政治协商会议. 山西省大同市委员会，文史资料研究委员会. 大同文史资料[M]. 大同：大同印刷厂，1990：289.

第三章　山西经济与生态陷入相制约发展(1978—1991)

相制约意味着事物之间难以实现包容性发展，呈现一种顾此失彼、此消彼长的特征，意味着上一阶段山西经济与生态的微平衡关系在此阶段开始打破，且程度最深，影响最大，范围最广。梳理史料发现，此阶段山西被授予全国能源重化工基地发展重任，高强度、高速度、大规模能源经济建设的同时，生态环境也由上一阶段主要"服务"农业转向全面"支撑"经济社会，生态环境的"服务"性功能开始下降，资源性价值迅速上升，经济发展从维护生态环境向掠夺性开发生态资源转变，这种以牺牲生态环境建设经济的模式形成了二者相互制约的关系，实质是用绿水青山换取金山银山。

第一节　宏观背景分析

20世纪七八十年代，世界经济经历高速发展背后隐藏的环境污染问题层出不穷，国际组织和国家间深入认识到经济与生态环境关系和谐的重要性。与此同时，我国正经历改革开放的发展红利，受国外环保思想影响，在注重经济快速发展的同时也开始关注生态环境问题。在此期间，山西立足自身能源优势和全国经济发展需要，确定了能源重化工基地发展战略，开启了资源型经济发展模式，为该时期经济与生态环境关系的相制约关系埋下伏笔。

一、国际背景：全球环境问题日益突出与环保意识觉醒

随着世界经济发展环境进入稳定期，工业化、城镇化快速推进过程中形成的环境污染问题逐渐凸显。20世纪七八十年代，北美"死湖"、库巴唐"死亡谷"、西德森林枯死病、印度博帕尔公害等多个环保事件相继发生(见表3-1)。以上生态环境事件的发生及危害程度已成为发达国家经济发展的重大社会问题。鉴于污染事件频繁发生，公众开始从公害的痛苦中逐渐觉醒。在经济发展与生态环境关系恶化的背景下，联合国组织于1972年6月在瑞典召开人类环境会议。此次会议将环境与人口、资源和发展联系在一起，冲破过去以环境论环境的狭隘观点。1987年，世界环境与发展委员会[①]在其发布的《我们共同的未来》报告中，系统探讨了人类面临的重大经济和生态环境问题，并指出，环境危机与经济发展有着必然联系，全球生态资源无法满足人类发展的需求。该报告正式对外公布，标志着可持续发展概念的提出，对全球产生了深远影响。1989年，英国经济学家大卫·皮尔斯编制的《绿色经济的蓝图》著作中首次提出了"绿色经济"的概念，他指出，经济过程中注意与环境的协调，注意可持续发展。1992年，联合国首次将环境保护作为大会辩论的议题列入

---

① 该组织于1984年5月正式成立。

会议议程，1992年召开的联合国环境与发展大会，大会通过了《里约环境与发展宣言》，其中27条内容中有8条是关于环境保护或和环境保护有关。此外，区域性的环境会议也在不断召开，如非洲、拉美、亚洲、欧共体、地中海国家等多个区域组织召开的环境部长会议，也在着重讨论经济与生态环境之间的关系。

表3-1 20世纪七八十年代国际发生的著名生态环境事件

时 间	地 点	事 件	生态环境危害程度
20世纪70年代初	美国东北部和加拿大东南部	北美"死湖"事件	以美国和加拿大为代表的工业发达区出现大量酸雨，酸性堪比柠檬，造成湖水恶臭，湖中生物死亡
1978年3月16日	法国布列塔尼海岸	卡迪兹号油轮事件	油轮触礁漏出原油，并迅速扩散，污染了350公里长的海岸线，原油覆盖区域牡蛎、海鸟死亡无数
1979年6月3日	墨西哥湾	墨西哥湾井喷事件	海底深层石油被开采时，突然向海面大量喷射，历时296天，才得以完全停止，喷射的石油顺潮流动，污染了墨西哥和美国海岸
20世纪80年代	巴西库巴唐市	库巴唐"死亡谷"事件	作为巴西最大城市圣保罗的工业卫星城库巴唐市，大量炼油、石化、炼铁等企业肆意排放污水，常常浓烟弥漫，臭水横流，腐臭气味弥漫，引发森林枯死，水土流失，水资源污染，人口总量的20%患有呼吸道等疾病
20世纪80年代	德国西德	西德森林枯死病事件	受重工业粗放式发展影响，德国西德地区出现大面积酸雨，造成黑森州海拔500米以上的枞树相继枯死，全州57%的松树病入膏肓
1984年12月3日	博帕尔市	印度博帕尔公害事件	印度博帕尔市邻近居民区一所农药厂发生氰化物泄漏，毒气以5km/h的速度迅速向四处弥漫，很快笼罩了附近25平方千米的地区，造成2.5万人直接致死，55万人间接死亡，约20万人永久残废
1986年4月27日	苏联乌克兰切尔诺贝利核电站	切尔诺贝利核泄漏事件	核泄漏后，发生的连续爆炸进一步引发大火，将大量高能量高放射性物质散发到大气中，这些物质随着气流飘散到的地方，数十万人当场死亡，水、土壤、文旅等生态系统被严重破坏，对生态环境和人类影响难以估计
1986年11月1日	瑞士巴富尔市桑多斯化学公司	莱茵河污染事件	位于瑞士巴塞尔附近的桑多斯化学公司仓库起火引发装有剧毒农药的储藏罐爆炸，剧毒物质沿着莱茵河顺流而下，抵达法国、瑞士等地区，形成数十公里长的微红色飘带，流经之处河内生物全部死亡
1989年11月2日	希腊首都雅典市	雅典"紧急状态事件"	上午9点，全市空气中CO_2浓度达318mg/m³，远远超出国标(200mg/m³)，上午11点，全市CO_2浓度达604mg/m³，空气质量达到紧急危险线。进入中午时段CO_2浓度达631mg/m³，恶劣的生态环境造成许多市民出现头痛、乏力、呕吐、呼吸困难等中毒症状

资料来源：环境健康安全网(EHS.CN)，https://m.ehs.cn/index.php?c=news&a=detail&aid=15020.

二、国内背景：注重经济发展的同时开始关注生态环境保护

1978年，党的十一届三中全会的顺利召开开启改革开放发展新征程，深圳、珠海、汕头、厦门、上海等沿海、沿边港口城市逐步开放，推动中国经济步入快速建设的新阶段。在注重经济发展的同时，中国也开始加强环境保护工作。1978—1990年相继发布的《中华人民共和国宪法》《环境保护工作汇报要点》《中华人民共和国环境保护法》《关于进一步加强环境保护的决定》等文件均对经济发展与生态环境关系提出了要求(见表3-2)。此外，除单独召开环境保护会议，在经济发展计划中也开始将环境保护工作纳入其中，如我国"六五"发展计划中明确提出了"加强环境保护，制止环境污染的进一步发展"要求，并单列一章进行规划论述，同时将环境保护工作列入十项基本任务中。在"七五"发展计划中进一步对工业发展、城市建设等形成的重点污染以单独一章进行计划部署。上述环保政策及法律法规的出台，进一步表明改革开放初期中国在注重经济发展的同时也开始关注其与生态环境之间的关系，但治理生态环境的举措更多是基于经济发展污染后的治理，该时期，在中国生态环境治理理念的影响下，山西在处理经济与生态的关系上，更加重视经济建设，虽关注经济发展对环境的影响，但治理的力度、速度远低于经济活动对生态环境的破坏。

表3-2　1978—1991年中国环境政策

日　期	文件、会议名称	生态环境保护内容
1978年3月5日	《中华人民共和国宪法》(七八宪法)	这是中华人民共和国成立以来，我国首次在《宪法》中对生态环境作出要求，指出国家有对自然资源、环境污染等进行保护和防治的义务
1978年12月31日	《环境保护工作汇报要点》(中发〔1978〕79号)	这是中华人民共和国成立以来，首次以党中央名义对经济与生态环境作出指示，指出良好的生态环境是我国经济建设、推动四个现代化全面实现的有机组成部分
1979年9月13日	《中华人民共和国环境保护法》(试行)	这是中华人民共和国成立以来，我国审议通过的第一部《环境保护法》，该法对环境保护原则、污染责任方鉴定、费用收取标准、"三同时"项目建设等内容以法律形式强制性确定了下来
1981年2月24日	《国务院关于国民经济调整时期加强环境保护工作的决定》	该决定指出保护环境是全国人民的根本利益所在，并从严控新污染、尽快解决突出污染、制止自然环境破坏、强化国家层面环境保护计划部署方面提出要求
1983年12月31日至1984年1月7日	第二次全国环境保护会议	该会议将环境保护确定为基本国策，确立了经济发展、城乡建设与生态环境建设同步规划、实施与发展，实现经济效益、社会效益、环境效益有机统一的指导思想
1984年5月8日	《关于环境保护工作的决定》	启动成立了国务院环境保护委员会，同时对各地区环境机构、大中型企业和事业单位建立环保机构及从事环境保护工作作出说明

续表

日　期	文件、会议名称	生态环境保护内容
1989年4月28日至5月1日	第三次全国环境保护会议	该会议审议通过了《1989—1992年环境保护目标和任务》《全国2000年环境保护规划纲要》两个重要文件，同时形成了"预防为主、谁污染谁治理、强化环境管理"三大环境政策
1989年12月26日	《中华人民共和国环境保护法》(中华人民共和国主席令第二十二号公布)	该法律是对1979年出台的《中华人民共和国环境保护法》(试行)的进一步完善，从监督管理、保护和改善环境、防治污染和其他公害、信息公开与公众参与等七章七十条内容以法律的形式全面论述了生态环境在我国经济发展过程中扮演的角色、承担的功能、保护和惩罚措施等内容
1990年12月5日	《关于进一步加强环境保护工作的决定》(国发〔1990〕65号)	该决定立足经济持续稳定和谐发展，为在改革开放中进一步搞好经济与生态环境之间的互动关系，从执行环保法规、工业污染防治、城市环境整治、资源环境开发与保护等方面作出了相关决定

资料来源：①李春娟. 改革开放以来中国环境政策及其实践走向[D]. 呼和浩特：内蒙古大学，2010. ②曲格平. 中国的环境管理[M]. 北京：中国环境科学出版社，1989. ③国家环境保护局办公室.环境保护文件选编(1973—1987)[M]. 北京：中国环境科学出版社，1988. ④曲格平. 中国环境保护事业发展历程提要(续)[J]. 环境保护，1988(4)：19-24. ⑤国家环境保护局. 第三次全国环境保护会议文件汇编[M]. 北京：中国环境科学出版社，1989. ⑥叶汝求. 改革开放30年环保事业发展历程——解读历次国务院关于环境保护工作的决定[J]. 环境保护，2008，407(21)：4-8. ⑦张坤民. 关于中国可持续发展的政策与行动[M].北京：中国环境科学出版社，2005. ⑧曲格平."七五"基本估价和"八五"任务[J].环境保护，1991(2)：2-4.

三、省域背景：超重型能源经济全面开启与生态资源短缺

改革开放政策的出台打破了国内外、区域间的隔绝，促进了生产要素的流动和资源的有效配置，推动中国经济进入国民经济高速发展的新时期，1978年国内生产总值为3588亿元，1990年猛增到17 695亿元，年均增长率达14.22%。

快速的经济发展对能源产生庞大的需求(见图3-1)，1980—1991年，全国人均煤炭年消费量由1980年的610公斤上升到1991年的902公斤，能源消费总量煤炭占比由1980年的74.2%上升到1991年的78.7%。1982年召开的中国共产党第十二次全国代表大会，正式确立了到20世纪末工农业总产值翻两番的战略目标。要实现上述目标任务，必然对能源供给产生庞大的需求。根据全国生产力布局及山西自身富足的煤炭资源优势，山西省确立并实施了建设全国能源重化工基地的发展战略，自此山西踏上了资源型经济发展道路。然而在发展能源经济的同时，支撑山西省经济发展的生态资源却很短缺，尤其是以水、林为主的生态资源。以水资源为例，根据1980年统计人口计算，山西省水资源贫乏，人均占有水资源量为573立方米，亩均为241立方米，与能源发展不相适应①。林业也是山西省生态资源

---

① 中国自然资源丛书编纂委员会. 中国自然资源丛书3：水资源卷[M]. 北京：中国环境科学出版社，1995：324.

缺乏的标志，改革开放以来，山西省加快林业建设，每年造林达300万亩以上，比前30年的造林速度提升了四五倍，但仍不能适应能源经济发展形势的需要，因此需进一步发展[①]。能源经济属于超重型经济发展模式，经济与生态环境的矛盾较一般地区大，加之生态资源短缺，进一步放大了二者关系的对抗性，这也为该时期山西省经济与生态关系的相制约性埋下伏笔。

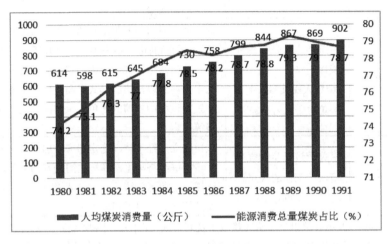

图 3-1　1980—1991年中国人均煤炭消费量与煤炭在能源消费结构占比

资料来源：国家统计局能源统计司.中国能源统计年鉴(2020)[M].北京：中国统计出版社，2021：8-59.

第二节　资源型经济发展战略的确定与农业的继续发展

党的十一届三中全会以来至邓小平南方谈话前期，立足国家四个现代化(以下简称"四化")建设和自身煤炭资源优势，山西省委被委以建设能源重化工基地的重任，全面开启了资源型经济的发展模式，这种超重型的经济结构模式成为该时期经济与环境相制约关系的主要诱因。

一、能源重化工基地确立与建设

1) 能源重化工基地战略的构思与确立

山西省能源工业基地发展思路是立足国家发展需求，在不断构思与深化论证中形成确定的。立足国家"四化"建设和外汇需求，山西省第四次代表大会(1978年3月)提出协调发展农业、轻重工业，建设具有自身特点的工业基地的发展目标，这是省委、省政府初步对建设能源基地的构思。经过一年多的思考论证，1979年，山西省编制完成了《关于把山西建设成为全国煤炭能源基地的报告》，并报送国务院后得到批准。1980年5月20日，《人民日报》在第一版发表了题为《尽快把山西建成强大的能源基地》的社论，该文章立足国家"四化"建设，深刻分析了山西定位为能源基地的战略意义，并在此基础上论述了山西

---

① 张维邦.山西省经济地理[M].北京：新华出版社，1987：276.

在发展能源经济方面的优势和有利条件①。此后,国务院领导向全国人民代表大会报告编制的第六个五年计划(1981—1985)时明确提出建设山西能源重化工基地②。1980年7月30日,山西省政府根据全国长期计划座谈会的精神,重点围绕煤炭、电力两个能源产业的生产建设规模、交通运输能力的扩大及其他国民经济部门和社会基础设施的配套建设和规模制定了一套新的发展战略和政策体系③,拟定编制了《山西能源基地建设规划纲要(草案)》,并报送国务院。为深入贯彻执行"尽快把山西建成强大的能源基地"的战略决策,1982年4月21日,山西省委、省政府聚焦综合平衡、能源工业、农业、水资源、其他工业、交通运输、环境保护和城镇建设、科技文教卫生、人民生活和社会环境、财政金融等10个方面建设内容,向全社会印发《关于开展煤炭能源基地建设综合经济规划研究工作的通知》。1982年10月至1983年6月,省委、省政府牵头、国务院有关部门先后组织数百名领导、专家、学者等人员共同论证编制完成了《1981—2000年山西能源重化工基地建设综合规划(草案)》,报送国务院后获得批准。自此,以煤炭开发为主的能源基地建设目标开始纳入山西国民经济和社会发展的总体战略规划中。在《1981—2000年山西能源重化工基地建设综合规划(草案)》中,"能源基地"更改为"能源重化工基地",基地建设的综合性、系统性进一步得到强化,并提出了1981—2000年山西省经济社会发展的战略方针,即遵循党中央战略部署,调动人员、科技、对外开放等一切积极因素,重点围绕煤炭、电力、交通运输产业发展,配套开发水资源、农业等多项事业,加快把山西建成强大的能源重化工基地。在这样的发展战略下,高速度的经济发展任务也被确定下来(见表3-3)。根据该草案内容,1984年1月,国务院能源规划办公室编制了《山西能源重化工基地发展规划》。该规划要求到2000年,山西省煤炭年生产量达到6亿吨,火电装机容量达到4600万千瓦,每年向华北等地输电500亿度;与此同时,还将相继建成一批炼铝、炼钢及铁合金、化肥、甲醇、电石、建材等方面的大中型工业企业。这一规划的出台标志着山西省能源重化工基地建设进入实质阶段。1985年6月,中共山西省第五次代表大会确定了山西省今后一个时期内经济和社会发展战略方针,即坚决贯彻党的十二大精神,锚定工农业总产值翻两番发展目标,充分发挥矿产资源的禀赋优势,组织全省人民,大力建设能源重化工基地,同时,协调发展农业、交通运输和教育科技等事业,以带领全省人民尽快达到小康水平。至此,一个完整、系统的能源重化工基地建设方案正式确立。

2) 能源工业加速建设与单一型、重型化资源型经济结构形成

能源重化工基地建设以扩大煤、电能源产量为着力点。为短时期内扩大能源产品产量,国家和山西省对能源工业进行高强度投资。从20世纪80年代初到90年代初,国家对山西投资约1000亿元,"六五"至"七五"时期,我国约1/10的重点项目落户山西④。此外,山西也将绝大部分资金倾向于能源工业建设,"六五"时期,能源基地建设的更新改造投资45.93亿元,其中用于能源工业的投资额占比达41.21%;"七五"时期更新改造投资额为113.14亿元,其中用于能源工业的投资额占比达43.97%⑤。史料记载显示,改革开放10

---

① 李立功. 往事回顾[M]. 北京:中央党史出版社,2008:426.
② 张志仁,巨文辉. 山西改革开放口述史[M]. 北京:中共党史出版社,2019:182.
③ 高建民. 在加快转型跨越中实现山西崛起[M]. 太原:山西人民出版社,2008:15.
④ 景世明,张文丽. 山西经济结构变革与发展[M]. 太原:山西人民出版社,2019:4.
⑤ 曲青山,黄书元;《中国改革开放全景录·山西卷》编委会. 中国改革开放全景录(山西卷)[M]. 太原:山西人民出版社,2019:135.

年(1979—1988年),山西省用于能源工业基本建设的投资额(140.27亿元)相当于中华人民共和国成立至改革开放前期29年相应投资额的2.8倍,其中,煤炭工业基本建设投资额相当于中华人民共和国成立至改革开放前期29年投资额的3.1倍[①]。在高强度的能源经济建设下,一大批重大投资项目(大型矿山、大型电厂等)完成了开工、建成、投产。

表3-3 《1981—2000年山西能源重化工基地建设综合规划(草案)》建设任务

类 别	具体内容
工农业产值	以1980年为基期,工农业总产值年均增长7.2%,产值翻两番,达680亿元。其中,重工业年均增长8%,农业年均增长4.7%
煤化工产量	以1980年为基期,原煤产量年均增长5.6%,达2.4亿吨。电力年均增长10.3%,达到850亿度。化工产值年均增长10.7%,达60亿元
交通运输	以1980年为基期,铁路货运量增长2.8倍,达4.2亿吨
粮食产量	以1980年为基期,粮食产量年均增长2.6%,达115亿公斤

资料来源:李立功.当代中国的山西(上)[M].北京:中国社会科学出版社,1991:215-216.

在煤炭工业方面,老矿普遍进行了扩建和技改,一批新矿相继诞生。平朔安太堡矿区作为我国最大的露天煤矿,其当时生产规模达年产原煤1500万吨,是当时我国产量最大、出口煤最多、现代化程度最高的煤矿之一。该矿区由中美合作建设,技术与装备全部由国外引进,机械化程度居全国煤炭企业首位。其与古交矿区、大同矿区、晋城矿区、潞安矿区、阳泉矿区、离柳矿区等为该时期国家投资新建的7项煤炭重点工程(见表3-4)。

表3-4 国家投资新建的7项煤炭重点工程

名 称	建设时间	地理位置	功能设计与定位
平朔安太堡矿区	该工程于1985年7月2日开工,1987年9月10日建成投产	宁武煤田北端平鲁区安太堡附近	生产规模为年产原煤1500万吨
古交矿区	该工程于1979年8月开工,1990年6月,马兰矿井建成投产	太原市西部山区的古交市,距太原市中心56千米	该矿区全部投产后,可满足全国冶炼焦1/4的原料需要,主要用户是上海宝钢等国家大型钢铁企业及焦化厂,被国家列为重点出口煤基地
大同矿区	扩建工程于1980年开工,至1997年年末已建成投产工程项目20多个	大同	承担全国20多个部委和30多个省(区、市)的3000多家企业单位的供煤任务,京、津、沪三大城市,京、津、唐三大电网,全国1/3的蒸汽机车,20%的火力发电,20%的煤气发生炉,9%的工业锅炉,以及玻璃、陶瓷、冶金等行业都使用大同煤炭

[①] 刘泽民,原崇信,梁志祥,等;山西省史志研究院.山西通史:卷拾 当代卷(下册)[M].太原:山西人民出版社,2001:1211.

续表

名　称	建设时间	地理位置	功能设计与定位
晋城矿区	该工程于1985年10月开工，1997年4月全部投产和运营	晋东南地区，地跨晋城市和阳城、沁水两县	晋城老矿区为扩建工程，包括王台铺矿、凤凰山矿、古书院矿、矿区铁路四项建设工程；晋城新矿区为新建工程，包括成庄矿、寺河矿、潘庄矿、大宁矿四项建设工程
潞安矿区	1986年开始扩建改造	上党盆地中部	原生产能力为225万吨/年，经扩建改造，到1981年年底能力上升到330万吨/年。1986年，国家投资对该矿区进行第二轮扩建改造，并新建了常村特大型矿井，到1995年全局形成了五个矿，计划能力达到1120万吨/年
阳泉矿区	1984年开始扩建，1997年年底达到投产条件	阳泉	从1984年起先后建成了贵石沟六号斜井、贵石沟小丈八井、二矿改扩建和贵石沟大井四项工程。阳泉三矿改扩建工程为国家重点建设项目，由矿井、选煤厂、铁路专用线、热电厂、污水处理厂及矿区供水配套六个单项工程组成，该矿井及铁路专用线于1990年12月30日正式开工，1997年年底达到投产条件
离柳矿区	/	鄂尔多斯煤盆地东缘、山西省西部河东煤田中部，位于离石、柳林、临县、中阳、方山五县境内	该矿区总建设规模为2 200万吨/年，其中华晋焦煤公司为1 200万吨/年，地方矿为1 000万吨/年

资料来源：梁志祥，李茂盛.当代山西概览[M].北京：当代中国出版社，2003：76-79.

山西省属地方煤矿也获得较大建设，大同青瓷窑、左云鹊儿山、怀仁王平、柳林兴元、乡宁台头等年产100万吨以上和长治慈林山等一批年产60万吨以上的中型矿井及数千座小型矿井先后建设[①]。随着老矿的改扩建和新矿区的建成投产，山西省重点煤矿产量大幅提升。大同煤矿、平朔煤矿、轩岗煤矿、西山煤矿、汾西煤矿、阳泉煤矿、潞安煤矿、霍州煤矿、晋城煤矿等国有重点煤矿在能源重化工基地建设时期均实现大幅增长，其中，增长幅度大于500万吨的煤矿有大同煤矿、西山煤矿、潞安煤矿、晋城煤矿、平朔煤矿(见表3-5)。

全国各地经济快速发展对能源产生了大量需求，但大中型煤矿建设周期长，改扩建投资量较大，对于该时期经济发展各方面均需要资金的山西来说，显然单一发展国有大型煤矿难以满足能源重化工基地建设重任。考虑到山西省能源分布较广，人民群众具备从事挖煤、采煤的传统经验，为了迅速且大幅度提升山西省煤炭产能，1984年8月，山西省人民政府下发了《关于进一步加快我省地方煤矿发展的暂行规定》，鼓励大力发展地方煤矿，指出地方煤矿的发展要实行"有水快流、大中小结合，长期和短期兼顾，国家、集体、个人一起上"的方针，在建设好国营煤矿和省属重点矿井的同时，作为统配煤矿的补充，鼓励和支持地方和社队兴办中小型煤矿，并同步印发了十条措施(见表3-6)。

① 景世民，张文丽.山西经济：改革开放四十年[M].北京：社会科学文献出版社，2019：50.

表 3-5　1978—1991 年山西省国有重点煤矿历年原煤产量　　　　　单位：万吨

年份	大同	阳泉	西山	汾西	潞安	轩岗	晋城	霍州	煤气化	平朔
1978	2303.0	1172.7	750.2	364.6	364.3	159.1	331.0	141.5		
1979	2404.8	1122.8	859.0	423.0	413.8	170.9	388.7	142.7		
1980	2502.2	1217.9	930.8	450.2	451.7	170.0	416.5	144.0		
1981	2424.4	1219.4	1003.1	457.2	475.8	171.1	435.8	143.7		
1982	2620.4	1265.6	1051.6	520.5	523.2	182.1	464.1	157.1		
1983	2722.6	1295.1	1101.9	550.6	571.1	182.9	501.6	181.1		
1984	2900.1	1366.2	1143.0	595.4	605.1	189.0	533.7	205.8		
1985	3080.5	1388.9	1177.2	618.5	684.0	192.9	613.1	252.8		
1986	2918.4	1429.8	1257.3	673.1	802.6	204.4	678.6	300.5		
1987	3209.8	1511.4	1355.7	666.8	883.0	224.5	900.1	304.0	25.5	15.6
1988	3302.7	1521.2	1338.8	714.9	1028.1	229.7	1003.3	312.2	70.5	481.3
1989	2999.0	1569.1	1575.3	708.3	1010.1	241.4	1004.8	365.1	103.07	1223.0
1990	3485.3	1623.4	1515.2	693.0	1010.2	252.3	1036.4	427.0	114.0	953.0
1991	3001.0	1558.0	1574.0	632.0	1018.0	261.0	1026.0	501.0	122.0	1000.0

资料来源：李枝荣.采煤沉陷区土地复垦与生态修复[M].北京：中国科学技术出版社，2005：25-26.

表 3-6　山西省发展地方和社队煤矿的十条措施

举措	具体内容
1	坚持"大中小一起上"原则，国家办大型矿，地方和社队办中小型矿
2	统筹谋划煤炭资源，确保地方社队中小型矿有足够的煤炭开采量
3	多渠道为中小型矿业提供资金，主要可从以下几个方面开展工作：一是可以发动群众集资办矿，也可以采取个人与集体联营的方式；二是国家或地方向社队矿提供发展基金时，应免收利息；三是国家投资的煤矿可交由地方承建
4	社队办矿过程中借的贷款，在还清前可以免费缴纳税费。贷款还清后，企业获得的利润除按要求上交国家、集体后，剩下的部分全部属于自己
5	社队采掘的煤炭资源可以自行销售，价格方面国家不进行干涉，可以由买卖双方自行协定，也可与国家签订生产销售合同
6	鼓励大电站使用小煤矿生产的煤，煤价和相关财政补贴与国家统配煤的配套标准一致
7	全省工业行业中部分机械工业需要为中小型煤矿提供风机、绞车、矿灯等煤炭开采专用设备。同时协助改造中小型煤矿，确保其生产安全性
8	加快组建地质勘查和设计队伍，以服务于社队矿的生产发展
9	鼓励多渠道、多形式为社队和地方矿培训技术管理人员，支持从老矿抽调人员到小型矿开展技术工作
10	完善制定地方社队等中小型矿的管理条件，逐步推动其走向正规化生产

资料来源：张志仁，巨文辉.山西改革开放口述史[M]. 北京：中共党史出版社，2019：66-67.

"有水快流"的方针出台后,加速了能源工业的建设发展,短时期内社会资本和民间资本大量向煤炭行业集中,形成大家一起办矿、小煤窑遍地开花的局面。截至1989年,山西省乡镇煤矿在不到10年时间内发展到6000多个,煤炭产量超过国家统配煤矿。1990年,乡镇煤矿产量占到当年山西省煤炭总产量的41%,已经成为山西能源工业发展中的一支重要力量[1]。在国有煤矿和地方煤矿的大规模建设下,山西省煤炭产量呈现较大幅度的增长(见图3-2),1979年原煤产量为10 280.42万吨,外调量为6 113.0万吨;1985年为18 852.01万吨,外调量为13 562.0万吨;1991年为25 234.39万吨,外调量为19 435.0万吨。煤炭产量的大幅增长,有力缓解了全国能源供应长期紧张的局面,但粗放式开采煤炭却带来生态环境的立体式破坏,尤其是占据煤炭产量"半壁江山"的乡镇企业,乡镇煤矿单井规模小,技术力量不足,采煤方式落后,有的甚至采掘不分,见煤就挖,缺乏整体规划和布局[2]。而当时国营大矿的开采率一般达到75%~80%,而个体小矿的开采率只有15%甚至更低[3],煤炭资源群体式、掠夺式、随意性和范围扩大性等开采方式造成一系列生态环境问题。

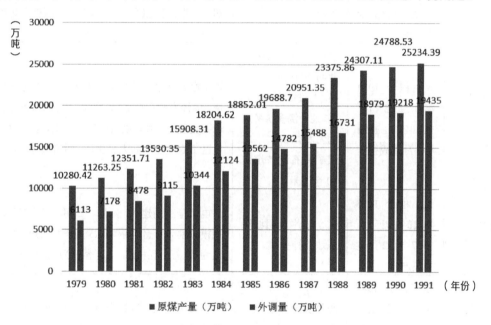

图3-2 1979—1991年山西省原煤产量及外调量

资料来源:山西省煤炭工业厅。

电力工业建设方面,1979—1988年基建投资总额达44.92亿元,是改革开放前29年投资总额的2.4倍。截至1988年年底,山西省发电装机容量达507.08万千瓦,比1978年增长1.4倍[4]。该时期,大同第二发电厂、漳泽电厂、神头第一发电厂、神头第二发电厂、阳泉第二发电厂、太原第一热电厂、太原第二热电厂、榆社电厂、柳林电厂等一大批大型电

---

[1] 张志仁,巨文辉. 山西改革开放口述史[M]. 北京:中共党史出版社,2019:48.
[2] 郭钦安,吴德春. 山西乡镇煤矿辑萃[M]. 太原:山西经济出版社,1991:65.
[3] 景世民,张文丽. 山西经济:改革开放四十年[M]. 北京:社会科学文献出版社,2018:52.
[4] 刘泽民,原崇信,梁志祥,等;山西省史志研究院. 山西通史:卷拾 当代卷(下册)[M]. 太原:山西人民出版社,2001:1211.

厂相继上马和建成投产(见表 3-7)。截至 1991 年,山西省建设完成大同第二发电厂、漳泽电厂、神头第一发电厂 3 座百万千瓦特大型电厂。1987 年 12 月,朔州的神头发电厂三期工程建成投产,成为山西省第一座百万千瓦大型电厂。1988 年,大同二电厂一期建设规模(山西第二座百万千瓦大型电厂)为总装机容量 120 千瓦机组,主要缓解京、津、唐地区的用电紧张局面。1991 年,漳泽电厂二期建设规模(山西第三座百万千瓦大型电厂)为总装机容量 104 万千瓦,主要服务山西化肥厂、太焦铁路和晋东南地区工农业生产生活用电。

表 3-7 国家投资新建的 10 项电力重点工程

名 称	建设时间	地理位置	功能设计与定位
大同第二发电厂	该工程于 1978 年 10 月 14 日开工,1988 年 11 月 25 日建成投产发电	位于大同市南郊七里村,距市中心 5 千米	一期工程建设规模为六台总装机容量为 120 千瓦机组,是华北电网的骨干电厂,电厂发出的电通过 500 千伏超高压输电线路向北京送电,缓解京、津、唐地区用电紧张局面,减轻晋煤外运压力
漳泽电厂一、二期工程	该工程于 1984 年 3 月 15 日正式开工,1991 年 7 月建成投产	位于长治市城区西北约 20 千米处,安昌村和临漳村之间,北距潞安矿务局的常村煤矿、王庄煤矿、石圪节煤矿 10 余千米	该工程设计总装机容量为 104 万千瓦,分两期建成。漳泽发电厂建成后,担负着向国家重点工程山西化肥厂、太焦铁路电气化供电,以及晋东南地区工农业生产和人民生活用电的重任
神头第一发电厂	该工程于 1973 年 10 月开工,1987 年 12 月建成投产	位于朔州市朔城区东边的神头镇	该电厂分三期建成,一期、二期、三期工程建设规模分别为 2 台容量为 7.5 万千瓦机组、2 台容量为 20 万千瓦机组、4 台容量为 20 万千瓦机组
神头第二发电厂	该工程于 1987 年 7 月开工,1993 年 3 月建成投产	与神头第一发电厂毗连	该项目工程设计容量为 200 万~220 万千瓦,分两期建设
阳泉第二发电厂	该工程于 1993 年 12 月开工,1999 年底建成投产	位于阳泉市平定县城南的南川河南岸、寇庄村东,距平定县城约 4 千米	该工程建设规模为 4 台 30 万千瓦机组,年发电量为 72 亿千瓦时
太原第一热电厂五期扩建工程	该工程于 1987 年 11 月 23 日正式开工,1992 年竣工投产	位于太原市城区西南的金胜村附近,距市中心约 15 千米	该工程建设规模为 2 台 30 万千瓦机组

续表

名称	建设时间	地理位置	功能设计与定位
太原第二热电厂四期扩建工程	该工程于1991年12月正式开工,1994年9月建成投产	位于太原城区北郊工业区,距市中心约15千米	四期扩建工程规模为2台国产空冷供热20万千瓦机组,该工程建成后,主要以220千伏电压等级通过距厂约6千米的赵家山开闭站接入太原市220千伏环网,同时以1675GT/H的供热能力向太原市区采暖热网供热
榆社电厂	该工程于1992年9月底开工,1994年12月建成投产	榆社县城南10公里的台曲村,距太焦线台曲站1千米	该工程建设规模为2台10万千瓦机组,年发电量为14亿千瓦时。该电厂建成后,用于缓解晋中地区电力紧张的局面
柳林电厂	该工程于1993年12月开工,1997年11月竣工	位于柳林县境内	该工程建设规模为2台20万千瓦机组,减少大电网向西郊山区的送电,缓和中南部缺电的局面
神头—大同—房山500千伏输变电线路	该输变电线路工程于1982年4月开工,1993年年底建成投入使用	西起大同二电厂,东至北京房山县变电所,其中,神头至大同500千伏输电线路途经朔州、山阴、怀仁、大同等县(市)	该工程设计能力为80万~100万千瓦,可使京、津、唐电网的供电能力提高16%~20%,缓解首都和华北地区用电紧张状况

资料来源:梁志祥,李茂盛.当代山西概览[M].北京:当代中国出版社,2003:79-82.

能源重化工基地发展战略取得巨大成就,但也使山西省经济结构由改革开放初的多元性转向以煤炭采掘工业为主的单一资源型经济。能源重化工基地实际包括能源工业、重工业和化学工业,但在实际建设过程中,更多的是能源工业的建设,虽然重工业和化学工业也得到发展,如山西铝厂(亚洲最大的氧化铝生产基地)和山西化肥厂(亚洲最大的以煤为原料的复合肥生产基地)等代表性重工业和化学工业开工建设和建成投产,但整体上看上述两大行业的发展规模和速度远低于能源工业[1]。与此同时,该时期过度重视煤炭工业,造成轻工业重视程度不够,投资力度较小,如"海棠"洗衣机、"春笋"电视机、"太行"缝纫机、"芳芳"洗衣粉、"华杰"电子表等山西知名的轻工业品牌在能源重化工基地建设时期逐渐走向没落,最终塑造了山西单一型、重型化的资源型经济结构。

二、农业开始遵从生态环境特点布局发展

能源重化工基地建设的顺利实施离不开基础农业的支撑,二者存在相互依存和相互促进的关系。立足工农业产值翻两番的奋斗目标,粮食产量稳步增长成为该时期农业发展的重要内容[2]。党的十一届三中全会以后,山西省全面总结了以往多年的农业发展经验和教训,

---

[1] 景世民,张文丽.山西经济:改革开放四十年[M].北京:社会科学文献出版社,2019:51.
[2] 1988年1月20日至2月2日,山西省第七届人民代表大会审议通过的政府工作报告。

改变过去以扩大复播面积、增产秋粮,以及扩大高产作物玉米、高粱为主要内容的作物种植结构,对全省作物结构调整和布局进行了合理统筹。为发挥各地优势,促进商品生产的发展,满足国民经济发展和能源重化工基地建设的需要,根据农业生产所具有的整体性、适宜性和有序性的特点,1980 年以原来的公社为单位,初步将山西省划分为三个一级综合农业经济区,即东山农业经济区、中部盆地农业经济区、西山农业经济区(见表 3-8)。三大农业经济区是山西历史上自然条件与社会经济发展相结合而形成的综合农业经济区,反映了山西自然地理、农业生产和国民经济发展上明显的地域差别。

表 3-8　一级综合农业经济区

名　称	覆盖区域	基本环境特征
东山农业经济区	北至广灵,南至垣曲广阔的恒山、五台山、太行山、太岳山、中条山及山前丘陵和上党、泽州等山间盆地	该区土地面积占山西省土地总面积的 38.4%。其中山间盆地占 3%,土石山区占 56%,丘陵山区占 41%。本区耕地比较狭窄破碎,丘陵面积比西山地区大,光秃裸露的土石山区面积大,是山西省降水量最多的地区,水土流失的严重程度次于西山地区,农业"四化"水平较西山地区高,群众有精耕细作的习惯,农业生产水平较高,中部和南部的一些县是秋杂粮生产基地。目前采取加强现有耕地整治建设,封山与造林相结合,加快荒山绿化,大力营造用材林,发展改造天然草场,加快畜牧业生产基地建设,努力提高养殖业产值。本区南北两端地带盛产桑蚕丝、黄芪、党参、红果、核桃、花椒等特种经济作物和名贵中药材,要发挥资源优势,建立土特名产基地,搞好产品加工,发展商品生产
中部盆地农业经济区	运城、临汾、太原、忻定、大同五个断陷盆地	山西省主要农业经济区,全区土地面积占全省土地总面积的 25.5%,地势平坦,地下水资源较为丰富,经济文化和交通运输比较发达,农业"四化"水平较高。百亩农机总马力、亩均用电量和化肥施用量较高,山西省近 80% 的水浇地,90% 以上的商品棉花,60% 以上的商品粮食,还有近半数的猪、牛都集中分布在这个地区,随着农村产业结构和种植业结构的调整,以农副产品为主的加工业开始发展起来
西山农业经济区	北起右玉,南至乡宁的吕梁山及其两侧的黄土丘陵广大地区	全区土地面积占山西省土地总面积的 36.1%。本区是山西省黄土丘陵地区,黄土层深厚,沟谷分布最多,也是水土流失最严重的地区。历史上由于过度垦殖,缺乏植被覆盖,土壤贫瘠,广种薄收,农业生产水平很低,加之交通运输不便,部分地方人畜吃水困难,群众收入少,生活水平低。本区各地已逐步采用生物和工程措施,开始将 25° 以上的陡坡地退耕下来,种草种树,发展林牧业和多种经营生产,同时修建基本农田,努力生产粮食,逐步从历史上以粮食生产为主转向发展畜牧业和多种经营生产为主。努力提高畜牧业和林业产值,加快水土保持林、防风固沙林和牧草的营造种植进度,改善生态环境条件,大力发展干果生产,建立牧业、干果、桑蚕等生产基地,积极发展加工业,促进商品生产的发展,尽快使山区农民脱贫致富

资料来源:郭展翔,杨五云. 山西农业志(山西省志丛稿)[M]. 太原:山西省地方志编纂委员会办公室,1987:53-55.

为使农业发展能够服务能源基地建设,山西省深化改革,狠抓水利建设,创新水土保持，增加农产品产量。在农田水利方面，面对1958—1978年水利工程质量差、设计标准低、年久失修等问题①，山西省委逐年增加水利基本建设投资，用于现有水利工程设施的维修、配套、改造和更新。从"六五"后期到"七五"的七年间，山西省水利建设在不断调整、巩固和改革中稳步发展。到1988年，省委、省政府投入大量人力、物力，对汾河、册田、漳泽、文峪河、关河、郭庄、郭堡、屯绛、观上、曲亭、申村、子洪、吕庄、米家寨等14处重点大中型水库进行除险加固，总计投资2.07亿元，增加调蓄库容2亿立方米，提高供水能力0.8亿立方米②。该时期山西省大力发展能源工业，水资源的开发利用由上一阶段的服务农业全面转向服务经济社会各个领域，加之工业、城乡用水加大，农业水浇地面积呈现递减趋势(见表3-9)，由1978年的1686万亩减少到1990年的1685.57万亩，水浇地面积的变化造成人均有效灌溉面积减少，1990年山西省人均有效灌溉面积较1978年减少了0.11亩。

表3-9 1977—1991年山西农田水利建设情况

年 份	耕地面积(万亩)	水浇地(万亩)	水浇地占耕地比重(%)	总人口平均耕地(亩)	人均有效灌溉面积(亩)
1977	5881.59	1686.08	28.67	2.45	0.71
1978	5885.11	1620.11	27.53	2.43	0.70
1979	5885.61	1662.72	28.25	2.41	0.69
1980	5882.19	1651.74	28.08	2.38	0.68
1981	5840.97	1642.94	28.13	2.33	0.66
1982	5820.25	1631.68	28.03	2.29	0.65
1983	5807.58	1634.15	28.14	2.24	0.64
1984	5778.87	1637.84	28.34	2.20	0.63
1985	5641.63	1602.89	28.41	2.11	0.61
1986	5597.69	1566.39	27.98	2.06	0.58
1987	5579.03	1601.75	28.71	2.02	0.59
1988	5559.94	1632.16	29.36	1.98	0.59
1989	5552.67	1656.05	29.82	1.95	0.59
1990	5538.76	1685.57	30.43	1.91	0.59
1991	5531.93	1707.57	30.87	1.88	0.58

资料来源：①山西统计局. 山西统计年鉴(1992)[M]. 北京：中国统计出版社，1992：10. ②中国财政年鉴编辑委员会. 中国财政年鉴(1992)[M]. 北京：中国财政杂志社，1992：303.

继续加强水土保持仍是农业基本环境建设的重要手段。该时期，山西省水土保持工作进入迅速发展阶段，1978年山西省水土保持治理面积为4 833.18万亩，增加到1990年的6 607.59万亩，净增长1774.41万亩(见表3-10)。

---

① 王铭，李洪建. 山西能源基地水资源整治问题初步研究[J]. 山西大学学报(哲学社会科学版)，1989(2)：105-108.
② 梁志祥，李茂盛. 当代山西概览[M]. 北京：当代中国出版社，2003：61-62.

表 3-10 1978—1990 年水土保持治理情况

年份	总面积（万亩）	水平梯田（万亩）	沟坝地（万亩）	旱平垣地（万亩）	滩地（万亩）	水保林（万亩）	种草（万亩）	封山育林（万亩）
1978	4833.18	920.77	234.07	813.54	146.04	1354.81	219.16	1144.79
1979	4755.86	895.21	218.01	797.39	137.59	1411.94	196.57	1099.15
1980	4934.81	899.91	221.21	797.70	137.20	1545.93	233.41	1099.15
1981	5076.45	899.22	223.18	787.18	140.70	1678.55	236.26	1111.36
1982	4343.63	718.30	210.41	585.97	142.32	1719.15	213.70	753.78
1983	4815.96	735.26	216.57	597.39	141.27	2108.05	235.58	781.84
1984	5169.45	754.91	221.59	605.55	144.74	2394.12	248.58	799.96
1985	5522.98	772.38	223.36	610.48	145.86	2666.36	290.45	814.09
1986	5778.08	790.75	228.27	617.46	148.02	2851.08	310.94	831.56
1987	6003.94	815.05	230.27	622.24	152.59	3028.98	314.18	840.63
1988	6192.23	818.23	228.00	618.24	154.09	3199.95	324.77	848.95
1989	6379.44	847.07	231.08	624.59	158.04	3341.89	324.45	852.72
1990	6607.59	887.11	234.58	630.48	167.41	3506.35	326.36	855.30

资料来源：山西省农村社会经济调查队.山西农村统计资料概要(1949—1990)[M].太原：山西经济出版社，1992：29.

从水土保持的类别来看，水平梯田、旱平垣地、封山育林的治理面积出现递减现象，沟坝地、滩地、水保林、种草的治理面积呈现递增态势，其中水保林是整个时期水土保持治理面积递增的主力，从 1978 年的 1354.81 万亩增加到 1990 年的 3506.35 万亩，增长 2151.54 万亩，超过整个时期水土保持治理面积增加值，三北防护林工程(见表 3-11)就是在该时期实施的重点水土保持工程。在水土保持治理工作中，户包治理小流域是该时期山西人民治理水土流失的创新之举。20 世纪 80 年代初，户包小流域在水土流失最严重的吕梁地区、忻州山区出现。到 1982 年年底，上述两个地区有 2462 个大队、7.7 万户农民承包了 14.7 万条山沟，面积达 95.4 万亩①。户包治理小流域的成功经验引起省政府的重视，1983 年 1 月，山西省委召开全省山区工作会议，决定全省推广户包小流域的做法。同年 8 月，省委、省政府颁发《关于户包治理小流域的几项政策规定》，极大鼓舞了山西人民治理水土流失的热情。此后，小流域治理迅速在山西省得到发展。截至 1987 年年底，山西省小流域承包户发展到 39 万户，占全省山区总农户的 11.3%，共承包治理面积 1785 万亩，累计治理 1074 万亩，占承包治理面积的 60%。其中建成梯、坝、滩等基本农田 122 万亩②。除做好农田生态环境外，大量施用化肥也是该时期农业增产的主要举措，山西省农业化肥施用量 1978 年为 1 753 644 吨，到 1990 年增加到 2 512 392 吨，增加 1.42 倍。化肥的大量施用使亩均化肥

---

① 中共山西省委、山西省人民政府：《关于加强山区建设的报告》(1983 年 3 月 9 日)。
② 郭峪怀：《坚持改革，发动群众，把小流域治理推向新阶段——在全省户包治理小流域工作会议上的讲话》(1988 年 9 月 9 日)。

量实现大幅增加，主要表现在1978年亩均化肥为29.8公斤，1990年达到45.4公斤[①]，在不到15年时间内亩均化肥量增加52.3%，而化肥的大量施用带来生态环境的污染和破坏。

表3-11 三北防护林体系建设总体规划

合计	一期小计	一期工程(1978—1985)建设县(市、区)	二期小计	二期工程(1986—1995)增加建设县(市、区)	三期小计	1996年后增加建设县(市、区)
7地市49县区	6地市32县区	大同市： 阳高县、天镇县、新荣区、左云县、大同县 朔州市： 平鲁区、右玉县 太原市： 娄烦县 忻州地区： 宁武县、静乐县、神池县、五寨县、岢岚县、河曲县、保德县、偏关县 吕梁地区： 方山县、离石县、石楼县、中阳县、柳林县、临县、岚县、兴县、交口县 临汾地区： 永和县、隰县、大宁县、吉县、乡宁县、蒲县、汾西县	6地市43县区	大同市： 南郊区 朔州市： 怀仁县 太原市： 古交区 忻州地区： 原平市、忻州市 吕梁地区： 孝义市、文水县、汾阳县、交城县 临汾地区： 临汾市、襄汾县	7地市49县区	太原市： 北郊区、清徐县 运城地区： 河津市、稷山县、万荣县、新绛县
总面积	513.32万公顷		670.07万公顷		715.87万公顷	

资料来源：王文德，王德玉. 山西西部防护林体系建设历程[M]. 太原：山西人民出版社，1997：2.

第三节 生态环境急剧恶化与表现特征

改革开放以来，山西经济进入快速发展阶段，能源重化工基地建设的全面实施，加速了经济发展对生态环境的掠夺性开发。虽然该时期山西省出台了各种生态环境治理举措，如"三废"治理，"三同时"、环境保护法律法规等，但以经济建设为中心的指导思想，

[①] 山西省农村社会调查队. 山西农村统计资料概要(1949—1990)[M]. 太原：山西经济出版社，1992：38.

将生态环境视为经济发展的外在资源，导致治理力度难以跟上破坏速度，经济与生态环境关系呈现相制约状态，主要集中表现在水环境塌方式恶化、土壤环境全面破坏、大气环境污染加快、林产品供需紧张等多个方面。

一、水环境塌方式恶化

改革开放以来，山西经济飞速发展，各行各业对水的需求量与日俱增，主要表现在工业用水、城乡生活用水逐渐增加。工业用水方面，从1979年的$9.85×10^8$立方米增加到1991年的$13.01×10^8$立方米，13年间净增$3.16×10^8$立方米，年均增长$0.24×10^8$立方米，年均增长速度为2.35%；城乡生活用水方面，从1979年的$1.22×10^8$立方米增加到1991年的$2.91×10^8$立方米，13年间净增$1.69×10^8$立方米，年均增长$0.13×10^8$立方米，年均增长速度为7.51%(见表3-12)，上述用水量的增加，导致水位下降和水漏斗的形成。在水位下降方面，1979年山西省总取水量为$63.60×10^8$立方米，能源重化工基地建设期内，总取水量逐渐下降，到1991年总取水量为$56.77×10^8$立方米，13年间总取水量共减少$6.83×10^8$立方米。

表3-12 1979—1991年山西省取水量

年份	总取水量 ($×10^8$立方米)			生活用水 ($×10^8$立方米)			工业用水 ($×10^8$立方米)			农业用水 ($×10^8$立方米)		
	小计	地表水	地下水	小计	地表水	地下水	小计	地表水	地下水	小计	地表水	地下水
1979	63.60	37.32	26.28	1.22	0.06	1.15	9.85	3.45	6.4	52.53	33.81	18.73
1983	53.97	24.38	29.59	1.38	—	1.38	10.84	2.51	8.33	41.75	21.88	19.87
1984	52.88	28.05	24.83	1.95	—	1.95	10.36	4.50	5.86	40.57	23.55	17.02
1985	46.04	20.38	25.66	2.06	—	2.06	10.55	4.43	6.12	33.43	15.09	17.48
1986	52.76	24.82	27.94	2.26	—	2.26	10.99	5.37	5.62	39.51	19.45	20.06
1987	52.32	22.16	30.16	2.37	—	2.37	11.63	4.58	7.05	38.32	17.58	20.74
1988	49.72	19.71	30.01	2.67	0.25	2.42	11.88	3.52	8.36	35.17	15.94	19.23
1989	54.67	24.37	30.30	2.71	0.23	2.48	12.69	4.62	8.07	39.36	19.61	19.75
1990	54.37	23.09	31.28	3.03	0.45	2.58	12.81	3.85	8.96	38.53	18.79	19.74
1991	56.77	24.12	32.65	2.91	0.29	2.62	13.01	3.89	9.12	40.85	19.94	20.91

资料来源：张宗祜，李烈荣. 中国地下水资源(山西卷)[M]. 北京：中国地图出版社，2005：105.

为快速发展经济，山西省对地下水的开采进入激增阶段，如表3-12所示，进入20世纪80年代，全省总取水量中地下水开发量开始大于地表水取水量，且二者差距逐年拉大，1983年地下水取用量高出地表水取用量$5.21×10^8$立方米，1991年地下水取用量高出地表水取用量$8.53×10^8$立方米。从工业用水和生活用水来看，工业用水量中地下水与地表水使用量差额逐渐增大，1979年地下水取用量高出地表水取用量$2.95×10^8$立方米，1991年地下水取用量高出地表水取用量$5.23×10^8$立方米。生活用水中地下水与地表水使用量差额逐渐增大，1979年地下水取用量高出地表水取用量$1.09×10^8$立方米，1991年地下水取用量高出地表水取用量$2.33×10^8$立方米。可以看出，工业用水和生活用水中1991年地下水取用量高出地表

水取用量共计 $7.56×10^8$ 立方米，占当年山西省地下水取用量高出地表水取用量的 89%，成为此阶段地下水大量开发的主要原因。高强度的地下水开发，造成降落水漏斗大范围形成、泉水大幅缩减和部分河流出现断流，以及水污染急剧恶化。

1) 降落水漏斗大范围形成

改革开放以来，山西经济进入高速发展阶段，经济的快速发展伴随着水资源开发量激增。相关史料记载，1984—1990 年平均取水量为 52 亿立方米，山西省水资源开发利用率达 50%左右。除东、西山区及边境地带水资源开发利用较低以外，工业和人口相对集中的地区水资源开发利用率均达到很高水平。桑干河流域水资源开发利用率达 70%~80%，汾河上游、中游达 80%~90%，运城涑水河流域几乎达 100%，开发利用程度之高，在全国甚至全世界是少有的[①]。长期以来，由于缺乏统一的规划和管理，水资源开发利用中存在布局不合理、开采井群在平面位置和空间层位高度集中等多个问题，致使省内地下水开采量超过含水层可采量，特别是工业经济高度建设的城市，地下水采补不平衡矛盾更加突出。以太原、大同、榆次三个工业建设重点城市为例，太原城区地下漏斗于 1965 年出现在吴家堡、动物园地带，漏斗面积达 11 平方千米，到 1980 年扩大为 138 平方公里，年平均下降 3.8 米。1981 年，西张、北营出现降落水漏斗，1984 年北营地区漏斗已和城区漏斗贯通。随着经济高速发展对水资源的大幅开发使用，漏斗区中心水位降幅加速，1982—1988 年，年平均下降 4.64 米，进入 1988 年后，漏斗继续向西扩展至西山，向南扩展至武宿、小店以南一带[②]，1990 年北营一带水位最大埋深已达 150 米，下降率为 5 米/年[③]。由于地下水位连续大幅下降，市区内出现大面积水井抽空吊泵现象，尽管多次加长抽水泵管道、更新抽水装备、增加水井数量，但水资源开采总量仍在不断衰减[④]。大同市城西十里河水源地，经过 24 年的开采，水位平均下降 25.44 米，单位涌水量减少 92%，至 20 世纪 80 年代中期已处几近枯竭，承压水仅可供大同糖厂用水。20 世纪 90 年代，大同市地下水大量超采，水位下降率达 1.4 米/年，漏斗面积以 5.8 平方公里/年的速度继续扩大，形成 100 平方千米的漏斗区。降落漏斗面积的扩大引起地面沉降和地裂缝，较大的有 7 条，总长度达 20 公里[⑤]。1978 年，榆次市东部源涡水源开采量开始大于补给量，能源重化工基地建设期内，地下水位年均下降 7.38 米/年，水位急剧下降导致潇河水之前由其补给转为后来向其补给[⑥]。这种不合理的开采状况改变了地区地下水的天然流场，地下水位连年下降，最终形成较大范围的地下水位降落漏斗。20 世纪 70 年代初，山西省地下水降落漏斗仅 3 处，出现在太原市自来水公司二水厂与六水厂附近，运城涑水盆地及介休城区，面积为 885.6 平方千米。20 世纪 80 年代以来，经济快速发展造成山西省各地区高强度开采地下水，除上述三个漏斗区不断扩大外，形成以太原、大同、忻州、原平、侯马、临汾、榆次、祁县、太谷、汾阳、运城及交城等城市水源地为中心的降落漏斗，如见表 3-13 所示。只有大同地区水漏斗是浅、中层水，太原、忻州、运城、临汾、晋中、吕梁交城、文水、汾阳等多个地市漏斗均已涉及中、深层水。新

---

① 苗佩芳，郝永和. 山西水资源现状与战略研究[M]. 太原：山西经济出版社，1993：19.
② 李振吾. 自然物流的一角[M]. 太原：山西经济出版社，1996：142-143.
③ 山西省水利厅水旱灾害编委会. 山西水旱灾害[M]. 郑州：黄河水利出版社，1996：437.
④ 徐文德，曹万金. 中国水资源研究论文集[M]. 北京：中国科学技术出版社，1992：106.
⑤ 李振吾. 自然物流的一角[M]. 太原：山西经济出版社，1996：142-143.
⑥ 孟万忠. 河湖变迁与健康评价：以汾河中游为例[M]. 北京：中国环境科学出版社，2012：82.

形成的漏斗中，太原、大同、忻州、临汾、晋中、吕梁地区漏斗平均下降水位为35.65米、20.14米、12.73米、15.5米、24.7米、46.33米，水位大幅下降形成2966.18平方千米的漏斗面积。

表 3-13 山西省盆地地区地下水降落漏斗

漏斗名称		含水层性质	中心水位(米)		出现雏形年份	水位下降值(米)	下降速度(米/年)	漏斗面积(平方千米)
			埋深	标高				
太原	城区	中、深层水	87.30	695.59	1965	71.15	2.45	248.00
	西张	中、深层水	48.00	760.78	1969	46.01	2.00	160.00
	重机学院	中、深层水	77.88	738.48	1981	35.65	2.74	7.90
	清徐	中、深层水	32.00	—	—	35.00	1.50	60.00
大同	机车厂-柴油机厂	浅、中层水	53.69	999.68	1981	20.89	1.61	31.87
	御河铁路桥	浅、中层水	51.56	992.91	1984	36.68	3.67	31.09
	白马城-古店	浅、中层水	36.69	1034.3	1988	3.46	0.58	11.69
	智家堡	浅、中层水	33.16	1001.8	1988	19.54	3.26	18.33
忻州	城区	中、深层水	18.79	—	1981	4.24	1.06	71.00
	原平	中、深层水	29.40	—	1990	21.21	0.81	26.00
运城	永济	中、深层水	—	281.66	1961	53.35	1.72	1809.00
临汾	临汾地区	中、深层水	—	358.00	1976	36.80	1.94	85.00
	侯马地区	中、深层水	—	368.00	1978	15.5	0.97	87.00
晋中	榆次城区	中、深层水	48.90	758.10	1984	23.4	2.34	43.00
	祁县	中、深层水	—	—	1976	14.4	0.8	50.00
	太谷	中、深层水	—	—	1980	26.0	1.2	43.6
	介休	中、深层水	—	687.40	1967	46.49	1.94	130.00
吕梁	交城边山	中、深层水	94.00	—	1987	76.00	2.50	17.39
	文水汾阳	中、深层水	117.00	—	1987	53.00	1.08	25.11
	孝义边山	中、深层水	30.00	—	1987	10.00	0.61	10.20
合计								2966.18

资料来源：周永昌，郭晓峰，赵小平. 山西地下水资源与开发利用研究[M]. 太原：山西科学技术出版社，2013：673.

2) 泉水大幅衰减和部分河流出现断流

山西是水资源匮乏，能源重化工基地获批建设以来，全省在工业布局和高耗水产业发展上却无视此现实，错误地认为水是取之不尽、用之不竭的自然资源，既不考虑上下游、工农业之间的关系，也不考虑水资源供给的综合平衡。以古交矿区为例，古交矿区处于西山地下岩溶水的核心地带，其是太原市地下水的重要补充源，古交深层地下水与太原市主要水源地兰村泉、晋祠泉为一个涵水岩组，为其水源补给区。在古交煤炭工程上马之前，省水资委和有关方面曾多次提出过意见和建议，认为古交矿区开发要慎重、要防患未然。同时，在汾河流域用水规划中，无古交矿原本并未被纳入用水考虑之中，但后来古交大型矿区的上马，只单纯考虑煤炭工业的发展，结果使整个太原市供水紧张，最终导致兰村泉、晋祠泉的断流。又如，山西省北部的神头泉，位于桑干河上游，20世纪60年代平均流量为8立方米/秒，灌溉着下游80多万亩农田，20世纪70年代建神头电厂时，为保工业用水，舍弃部分农田灌溉，给电厂分两个水流量。但随着能源重化基地的建设，神头电厂、平朔露天矿等大型、特大型企业近水布点，因神头电厂的扩建和上游高耗水工业的无限制上马，使全部农田灌溉无水可用，神头泉不堪重负，桑干河断流[1]。进入20世纪80年代，工农业较快发展和城市用水量增大，山西省对水资源的开发利用量迅速增加，为保障经济发展，很多泉域建立或扩大水源地，采取群井抽水方式开采，农村开始在泉域的补给径流区找水[2]。由于缺乏统一规划，盲目开采，直接影响岩溶水的补给，致使岩溶泉水流量处于下降趋势，山西省岩溶大泉流量大幅下降，娘子关泉域、郭庄泉域分别下降6.34米^3/秒、4.28米^3/秒，兰村泉域、神头泉域分别下降3.03米^3/秒、3.24米^3/秒，柳林泉域、龙子祠泉域分别下降2.08米^3/秒、2.06米^3/秒，晋祠泉域、兰村泉域几乎接近断流(见表3-14)。晋祠泉域20世纪60年代平均流量为1.69米^3/秒，20世纪70年代平均流量为1.13米^3/秒，20世纪80年代平均流量为0.46米^3/秒，20世纪90年代平均流量降为0.05米^3/秒，太原化肥厂因向其供应水资源的晋祠泉水已无保证，从20世纪80年代开始在汾河两岸开发新的地下水自备井群，以维持其工业生产用水[3]。大范围开发水资源也带来河流湖泊的断流与干涸，以汾河中游为例，晋中地区较大河流潇河、太谷乌马河、汾河(流经祁县、平遥、介休、灵石)等均出现断流现象，介休小水库、祁县大小河系、太谷大小河流、平遥河道、榆次河道等也出现干涸现象[4]。

表3-14 山西岩溶大泉泉水流量

序号	名称	20世纪60年代平均(米^3/秒)	20世纪70年代平均(米^3/秒)	20世纪80年代平均(米^3/秒)	20世纪90年代平均(米^3/秒)	20世纪60年代至20世纪90年代净下降量(米^3/秒)
1	晋祠泉域	1.69	1.13	0.46	0.05	1.64
2	兰村泉域	3.03	1.41	0.28	0.00	3.03
3	娘子关泉域	13.92	11.15	8.97	7.58	6.34
4	神头泉域	8.35	7.50	5.97	5.11	3.24

---

[1] 侯秀娟. 2008山西发展研究报告[M]. 太原：山西人民出版社，2008：306.
[2] 范堆相. 山西省水资源评价[M]. 北京：中国水利水电出版社，2005：83.
[3] 中国人民政治协商会议山西省太原市委员会文史资料委员会. 太原文史资料 第18辑[M]. 1992.
[4] 孟万忠. 河湖变迁与健康评价：以汾河中游为例[M]. 北京：中国环境科学出版社，2012：77.

续表

序号	名称	20世纪60年代平均(米³/秒)	20世纪70年代平均(米³/秒)	20世纪80年代平均(米³/秒)	20世纪90年代平均(米³/秒)	20世纪60年代至20世纪90年代净下降量(米³/秒)
5	郭庄泉域	8.86	7.49	6.95	4.58	4.28
6	柳林泉域	4.22	3.74	2.87	2.14	2.08
7	延河泉域	3.64	2.39	3.12	2.37	1.27
8	坪上泉域	5.40	4.41	4.35	4.33	1.07
9	马圈泉域	0.96	0.73	0.93	1.00	-0.04
10	洪山泉域	1.45	1.11	1.16	0.98	0.47
11	龙子祠泉域	6.14	5.11	5.05	4.08	2.06
12	霍泉泉域	4.42	3.74	3.48	3.25	1.17
13	水神堂泉域	0.79	0.72	0.76	0.70	0.09
14	城头会泉域	2.89	2.63	2.76	2.18	0.71
15	三姑泉域	5.16	3.92	4.46	—	—

资料来源：周永昌，郭晓峰，赵小平. 山西地下水资源与开发利用研究[M]. 太原:山西科学技术出版社,2013：53.

3) 水污染急剧恶化

(1) 工业废水排放占据主导地位，废水处理量远小于排放量。20世纪80年代以来，伴随能源重工业经济的快速上马，山西省工业废水和生活污水排放量逐年增加，水污染问题日益突出。据山西统计年鉴数据测算，1985—1991年均废水排放量为69643.14万吨，其中工业废水排放量年均为54314.14万吨，占废水排放总量的77.99%，但是该时期工业废水处理量占工业年均废水排放量的比重不到20%，且呈现逐渐下降的趋势，如1985年工业废水处理率为24.71%，但1987~1991年的工业废水处理率均低于1985年，1991年工业废水处理率更是下降到极致，仅为1.23%(见表3-15)。这些废水绝大部分未做净化处理即入河道、农田、水库或渗入地下，致使山西省 87%的河道遭受污染，部分地下水源也受到污染，水质恶化日趋加剧[①]。

---

① 周永昌，郭晓峰，赵小平. 山西地下水资源与开发利用研究[M]. 太原：山西科学技术出版社，2013：645.

(2) 大型泉域遭到严重污染。以娘子关泉域为例，该大型泉域内有以煤炭、电力、冶金、化工为主体类型的不同规模的工矿企业和阳泉、平定、盂县、昔阳四个人口集中的城镇生活区。近年来，生产发展迅速，人口增加，用水量显著增大，由于污水处理率极低，其排放量很大。据不完全统计，1985 年泉域内污水排放量每日达 17×10^4 立方米以上。此外，每年还有 500 多万立方米工业和生活废渣堆放在地表。大量工业、生活污水的排放，通过渗坑、塌陷、岩溶裂隙、渗井等导水通道进入岩溶含水层，造成岩溶水污染[①]。

表 3-15　废水排放与处理

年　份	废水排放总量（万吨）	工业废水（万吨）	工业废水占废水排放总量的比重（%）	工业废水处理量（万吨）	工业废水处理量占工业废水排放量的比重（%）
1985	58697	45655	77.78	11281	24.71
1986	61488	49031	79.74	13308	27.14
1987	74384	60885	81.85	12601	20.70
1988	77303	61019	78.93	13560	22.22
1989	78862	60050	76.15	11604	19.32
1990	77340	58430	75.55	12453	21.31
1991	59428	45129	75.94	555	1.23
年均值	69643.14	54314.14	77.99	10766.00	19.82

资料来源：①山西省统计局. 山西省统计年鉴(1990)[M]. 北京：中国统计出版社，1991：712. ②山西省统计局. 山西省统计年鉴(1991)[M]. 北京：中国统计出版社，1992：732.

(2) 河段、河流污染物超标严重。根据环保部门 1985 年监测控制的 2100 千米长的河段结果可知，符合地面水一级至二级标准(即未受污染或水质尚好)的河段长为 527 千米，占 25%；符合地面水三级标准(水质尚可，是地面水规定的最低水质要求)的河段长为 55 千米，占 2.6%；其余 1 518 千米长的河段都遭受较严重的污染，占 72.3%。这些河流段主要为汾河中上游太原段、晋中段、临汾段，沁河高平段，运城涑水河永济段和桃河阳泉段等(见表 3-16)。

表 3-16　1985 年山西省主要河流污染状况一览

河流名称	污染河段长（千米）	接纳工业废水量（×10⁴ 吨/年）	接纳污染物量（吨/年）	主要污染物	严重污染河段	主要污染源
汾河	560	32544.88	207218.4	酚、氨氮、COD、石油类	太原段、晋中段、临汾段	太原钢铁公司、太原化工厂、太原化肥厂、洪洞焦化厂、太原造纸厂

[①] 韩行瑞，鲁荣安，李庆松，等. 岩溶水系统：山西岩溶大泉研究[M]. 北京：地质出版社，1993：135-136.

续表

河流名称	污染河段长(千米)	接纳工业废水量(×10⁴吨/年)	接纳污染物量(吨/年)	主要污染物	严重污染河段	主要污染源
沁河	75	715.39	3664.54	酚、COD、氨氮、悬浮物、硫化物	晋城、高平、沁源	高平纸厂、凤凰山煤矿、高平化肥厂、沁源化肥厂
涑水河	34	2416.63	8159.43	有机氯、有机磷、氨氮、COD	永济	永济农药厂、永济化肥厂、造纸厂，运城合成洗涤剂厂、临猗化肥厂、临猗造纸厂
三川河	20	484	2209.9	酚、氨氮、COD、硫化物	柳林、离石	柳林庄上煤矿、柳林兴无煤矿、柳林化肥厂，离石电厂
昕水河	0	172.23	654.59	氰化物、硫化物、悬浮物	蒲县	蒲县化肥厂、隰县电厂
桑干河	75	14477.3	133580.6	酚、COD、氨氮	朔县、固定桥段	神头电厂、应县化肥厂、应县造纸厂
滹沱河	190	3206.25	107.31	氨氮、酚、COD、硫化物、氰化物	原平、忻县、代县	原平钢铁厂、原平化肥厂、忻州造纸厂，代县化肥厂、定襄化肥厂
浊漳河	211	3863.36	38592.17	酚、COD、氨氮、BOD、硫化物	长治段	黎城造纸厂、长治纤维板厂、沁县造纸厂、长治钢铁厂
桃河	54	6450.26	11903.14	COD、氰化物、氨氮、悬浮物	阳泉段	阳泉矿务局、阳泉钢铁厂、阳泉化肥厂、娘子关电厂

资料来源：周永昌，郭晓峰，赵小平. 山西地下水资源与开发利用研究[M]. 太原：山西科学技术出版社，2013：647.

  1986—1988年主要河流代表断面化学需氧量监测结果可以看出，汾河、御河、滹沱河、桃河、桑干河、十里河、涑水河、沁河、浊漳河、丹河、三川河已全部被污染，其中汾河太原段、介休段和临汾段，丹河高平段和晋城段化学需氧量超标倍数高达50，汾河太原段胜利桥和介休段义棠断面超标倍数最高分别为372.2、408.5，丹河高平段高平河西和晋城段白水河断面超标倍数最高分别为118.5、98.8，且各大河流化学需氧量超标倍数还有继续上升的趋势(见表3-17)。1988年山西省11个地(市)的调查统计结果显示，山西省城市工业污水及有害物质总量的94%排向河流，排放大户前三名分别为太原市、雁北地区、临汾地区，三者共占全省污水排放总量的53.83%。从行业分布来看，各行业污水排放量占山西省污水排放总量的百分比前三名依次为电力工业(41.01%)、化工工业(16.96%)、煤炭及煤转化行业(11.04%)[1]，以上三类工业是能源重化工基地建设时期重点发展对象，三者污水排放量占全省污水排放总量的比重高达 69.01%。1989 年对全省主要河流重点河段的水质评价结果显示，全省无一处河段为一级水质，属于二级、三级的河段仅占评价河段总数的 22%，低于三级水质标准的河段占评价河段的 78%。山西省六条大河全部被污染，城市和矿区的河流，完全丧失自净能力。汾河及其支流的重污染和严重污染断面占 78%，每年排入汾河的镉为 0.78 吨，石油为 1 322 吨。在水质的各项污染物质中，以有机污染的化学耗氧量和酚超标最为严重。20 世纪 80 年代末，汾河沿岸大大小小的化工厂、焦化厂、化肥厂、造纸厂、染料厂、电厂等工业企业达 5000 多个[2]，接纳了山西省排污量的 1/2，经过处理的却不到 15%。其含酚量超过国家标准 462 倍，已成为名副其实的"酚河"了。涑水河入黄河处的蒲州段，6 项标准无一符合，已成丧失自净能力的排污沟，甚至号称山西"处女河"的沁河，在润城段也因受阳城等县污水影响而被污染。桃河阳泉段、浊漳河南源长治段北寨桥和御河大同段，某些指标的污染超标均在几倍到几十倍以上[3]。

表 3-17　1986—1988 年山西省主要河流代表断面化学需氧量监测结果

河流	河段	断面	年份	化学需氧量(毫克/升)	
				平均值	超标倍数
汾河	太原段	胜利桥	1986	2243.31	372.2
			1987	1520.3	252.4
			1988	312.70	51.1
		小店	1986	277.23	45.2
			1987	296.2	48.4
			1988	377.36	61.9
	介休段	义棠	1986	589.44	97.2
			1987	2456.8	408.5
			1988	1184.67	196.4
	临汾段	临汾	1986	158.28	25.4
			1987	399.8	65.6
			1988	585.09	96.5
	河津段	河津	1986	17.64	1.9
			1987	13.22	1.2
			1988	16.5	1.8
御河	大同段	利仁皂	1986	8.64	0.4
			1987	78.05	12.0
			1988	94.25	14.7

---

[1] 山西省科学技术协会. 山西省高产优质高效农业论文集[M]. 北京：中国科学技术出版社，1995：507-509.
[2] 行龙. 山西何以失去曾经的重要地位[M]. 太原：山西教育出版社，2011：24.
[3] 李振吾. 自然物流的一角[M]. 太原：山西经济出版社，1996：141.

续表

河流	河段	断面	年份	化学需氧量(毫克/升)	
				平均值	超标倍数
滹沱河	忻定段	定襄桥	1986	234.37	38.1
			1987	55.03	8.2
			1988	101.60	15.9
	五台段	济胜桥	1986	8.30	0.4
			1987	68.62	10.4
			1988	100.12	15.7
桃河	阳泉段	五渡吊桥	1986	262.63	42.8
			1987	210.5	34.1
			1988	226.4	36.7
	平定段	娘子关	1986	32.07	4.3
			1987	22.38	2.7
			1988	38.5	5.4
桑干河	朔州段	神头桥	1986	5.06	未超标
			1987	5.75	未超标
			1988	3.09	—
	阳高段	大白登	1986	27.60	3.6
			1987	—	—
			1988	364.01	59.7
	册田段	侧田水库	1986	5.75	—
			1987	5.84	—
			1988	7.04	0.2
十里河	大白登	616桥	1986	75.88	11.6
			1987	104.0	16.3
			1988	322.2	52.7
涑水河	永济段	张留庄	1986	17.98	2.0
			1987	19.95	2.3
			1988	37.0	5.2
沁河	阳城段	润城	1986	9.55	0.5
			1987	21.24	2.5
			1988	22.06	2.7
浊漳河	长治段	北寨桥	1986	21.12	2.5
			1987	90.2	14.0
			1988	76.3	11.7

续表

河流	河段	断面	年份	化学需氧量(毫克/升)	
				平均值	超标倍数
浊漳河	长治段	漳泽水库	1986	4.49	—
			1987	6.60	0.1
			1988	6.98	0.2
	平顺段	实会	1986	6.96	0.2
			1987	4.13	—
			1988	24.66	3.1
		王家庄	1986	3.12	—
			1987	3.9	—
			1988	6.76	0.1
丹河	高平段	高平河西	1986	—	—
			1987	716.9	118.5
			1988	708.97	117.2
	晋城段	白水河	1986	598.72	98.8
			1987	327.4	53.6
			1988	81.51	12.6
		水东桥	1986	—	—
			1987	50.97	7.5
			1988	24.54	3.1
	河南博爱段	后寨	1986	—	—
			1987	1.96	未超标
			1988	8.94	0.5
三川河	离石段	二师	1986	—	—
			1987	—	—
			1988	31.67	4.3
	柳林段	焦化厂	1986	2.76	未超标
			1987	3.27	未超标
			1988	36.14	5.0

资料来源：《中国环境年鉴》编辑委员会. 中国环境年鉴(1990)[M]. 北京：中国环境科学出版社，1990：282-285.

二、土壤环境全面破坏

能源重化工基地建设破坏了土壤生态环境，主要表现为地裂缝范围和程度显著扩大、土地污染程度以及水土流失问题日益严重，具体如下。

1) 地裂缝范围和程度加大

受煤炭大面积开采影响，地裂缝是该时期经济活动对土壤生态环境的最大扰动。地下煤层大面积开采，破坏了周围岩层的原有平衡状态，使上覆岩层发生冒落、断裂和移动，这种应力会延伸到地面，使地表发生沉陷、变形，进而出现坍塌和地裂缝。以山西省主要地裂缝为例，20世纪70年代末期，地裂缝主要有夏县地震台西北，南至石碑村，北至北张村，以及临汾鹅舍村西北，临汾梁村南村东等地方；而能源重化工基地建设时期，永济张营西吕村、万荣王亚薛店村南、万荣里望—蔡村、绛县安峪乡孙王村、垣曲皋落尾矿坝、垣曲沃头南坡村、临汾城南周家庄等多个地区出现了新的地裂缝，这些新出现的地裂缝在范围、深度和危害程度上均呈现逐渐加大的趋势(见表3-18)，正逐渐成为土壤生态环境恶化的重要因素。

表3-18 山西主要地裂缝出现情况

地裂缝位置	出现时间	走向	条数(条)	长度(米)	特征	危害
永济张营西吕村	1980年	—	1	100	宽为2~3厘米，东吕村也发生	—
万荣王亚薛店村南	1983年7月29日	NE83°NW70°	2	1500	裂面糙无位移，串珠状延伸，宽为1~14米，深160米处有显示	毁坏房屋320间，毁井一口
万荣里望—蔡村	1983年7月29日	NE45°NW60°	2	20000	宽为0.4~2.0米，可见深为4米，与下伏断裂一致	—
夏县地震台西北	1978年	NE	1	50	南至石碑村，北至北张村，宽为30~50厘米，可见深为3米，在农田中，平行于中条山断层	—
绛县安峪乡孙王村	1984年6月5日	NE	1	50	线状雁形排列，宽为40厘米	毁坏厂房十余栋
垣曲皋落尾矿坝	1983年3月28日	NE35°	1	150	宽为0.4米，坝下水渠堵塞引起	坝涌，软化
垣曲沃头南坡村	1982年11月	SN NE75°	1 1	300 60	宽为5~10厘米，沿SN断层裂开并有分叉，属煤矿塌陷	—
临汾鹅舍村西北	20世纪70年代中后期	NE65°	3	1190	三条地裂缝平行，分别长为450米、420米、320米，宽为5~20厘米，最宽达3米	切穿公路，农田开裂
临汾梁村南、村东	1979年雨季	NE74°NWW	2	600 40	可见宽为6~20厘米	农田开裂
临汾城南周家庄	1991~1992年	NE	1	60	雁行状排列	工厂围墙和农田开裂

续表

地裂缝位置	出现时间	走向	条数(条)	长度(米)	特征	危害
太谷曹庄—贺家堡	1975年，1990年	NE50°	1	3000	雁行状、锯齿状排列，断续分布，雨后活动	墙裂、混凝土渠断、农田下沉。
祁县张家堡—贺家堡	1978年，1992年	NE78°	1	11000	宽为10~70厘米，无位移	—
太谷北洸村	1988年7月20日	NE35°~55°	3	200	宽为0.9~1.2米，深为2.2米，有NE和EW两组	毁坏公路、铁路的路基
太谷阳邑四卦村	1983年9月下旬	SN转NNE	1	400	墙垂直错位达18~32毫米	5户房屋被毁坏
榆次市	1982年7月3日	近SN	7	6000	平行或雁行状排列，断续分布，主缝有7条，次级缝有2~4条，落差为2~3厘米，面直立	毁坏6.94万平方米，断路、断管有4处，并导致工厂停产等，总损失达6 600万元
阳曲县大孟镇东	1987年7月	NE80°	2	400	锯齿状排列，宽5厘米，沿缝喷砂冒水，暴雨诱发	房屋、公路开裂
潞城黄花沟	1980年6月28日	EW NW	5	1000	锯齿状有串珠沟，上宽下窄，宽为10~220厘米，深为8.3米	威胁化肥厂安全
潞城微子镇	1975~1996年	NW	1	800	1975年起每年秋后出现，宽为1~3厘米，开始长为150~300米	变电所毁坏，搬迁
潞城成家川	1982年8月			500	断续分布，单条长为5~10米，宽为1~20厘米，深5米	—
浑源官道村、井上村	1983年5月11日	NW70° NE65° NE30°	1 1 1	208 353 274	宽为3厘米，最宽达2.4米，局部拐弯弧形，处于黄土坡地上	穿村裂房，导致井、墙、菜窖坍塌
大同市	1977年 1983年 1984年 1986年 1989年 1992年 1993年	NE57° NE35°	7	20000	单条长为1000~5500米，各条断层又由右行排列的次级地裂缝组成带，左旋，东南盘下降	毁坏楼房33幢、房屋82间、墙82堵，公路24处，管道13处，总损失达63亿元

续表

地裂缝位置	出现时间	走向	条数(条)	长度(米)	特征	危害
大同市机车厂生活区	1983 年 4 月	—	—	—	新建街 6 栋、20 栋，剧场街 3 栋、9 栋、16 栋，企业街 10 栋等楼房墙体出现裂纹，房顶和地面产生裂缝	—
	1986 年 6 月至 1987 年 3 月	NE60°	—	1800	在新建街 8 栋、17 栋和企业街 9 栋楼房及职业高中食堂、第二子弟小学发现地裂缝	裂缝所经之处，楼梯过梁开裂、门窗变形、抗震加固梁离开墙体 8 毫米，加固梁钢筋横向错位，水管错位断裂

资料来源：①孙建中(黄土学)：下篇，黄土环境学[M]. 西安：西安地图出版社，2011：61-62. ②山西省水利厅水旱灾害编委会. 山西水旱灾害[M]. 郑州：黄河水利出版社，1996：438-439.

2) 土地污染加重

工业固体废物排放和农业化肥施用是该时期土壤环境污染的主要因素。以工业固体废物排放为例，自 1985 年起，不到 10 年的时间，工业固体废物堆存总量达 196 645 万吨，占地面积为 15 998 万立方米，农田被占用面积为 1 754 万立方米(见表 3-19)。1981—1987 年，山西省仅乡镇企业就发生较大突发性污染事故 60 余起，污染耕地为 105 万亩，损失粮食达 5 000 余万斤，棉花达 40 余万斤，果品达 100 余万斤，蔬菜达 2 000 余万斤，直接经济损失达 5 000 多万元。1988 年山西省生产土硫黄 3.5 万吨，污染农田数万亩，年损失粮食达 1 000 余万斤，经济损失达 400 余万元。山西省急性和慢性污染农田达 230 余万亩，年损失粮食达 5 亿斤，蔬菜达 4.5 亿斤。此外，还有因水污染而不能养殖的水面达 1.5 万亩，每年减少成鱼产量达 60 万公斤，经济损失达 240 万元。仅 1989 年一年就发生污染事故 39 起，事故越来越多，损失越来越重[①]。农业化肥施用也是土壤污染的一个重要原因，与 1977 年农业化肥施用量(1 077 675 吨)相比，到 1990 年山西省农业化肥施用量高达 2 512 392 吨，增长 1.33 倍，年均增长达 6.7%。每亩耕地平均化肥施用量也从 1977 年的 18.3 公斤增长到 1990 年的 45.4 公斤，增长 1.48 倍，年均增长达 7.2%(见表 3-20)，这些污染物的大量排放将山西省土壤生态环境污染推向高潮。

3) 水土流失问题突出

山西煤炭资源丰富，遍及全省各个地区。随着能源重化工基地建设加速推进，各地矿产开采活动日益增加，除国营大型煤矿对水土流失产生重大影响外，星罗棋布、遍地开花的乡镇企业也成为该时期水土流失的主要原因。例如，乡宁县 300 余处乡村小煤窑靠近山沟河岸而建，占地达 2020 公顷，每年向沟道、河道倾倒废渣 47 万立方米。加上铁矿、石

---

① 纪馨芳. 三晋经济论衡[M]. 北京：中国商业出版社，1993：500.

灰矿、石膏矿开采，废弃尾渣共计 62 万立方米。在兴县、岚县、静乐、忻州的各乡镇公路有 70%是沿山坡而修，山坡切土长为 190 千米，切土石方为 1550 万立方米，平均每千米废弃土石为 8.2 万立方米。太原至古交市镇城底镇修筑铁路 60 千米，均为沿沟河、山坡而建，废弃土石为 166 万立方米，沿铁路开山炸石，破坏了大片林草覆盖，坡面裸露，加剧了水土流失[1]。严重的水土流失带走了丰富的土壤有机物，20 世纪 80 年代，山西省坡耕地每年平均流失地表土为 1.89 亿吨，含氮素为 9.45 万吨，约占全省 1985 年施入化肥含氮量 39.8 万吨的 23.6%[2]。水土流失不仅带走了土壤中的氮、磷、钾、硼、锌、铜、锰、铁等主要养分，同时也使泥沙大量下泄，造成水库、河道和渠道等淤积，进一步影响山西省水利事业发展。据不完全统计，截至 1990 年，山西省共修建 67 座库容为 1000 万立方米以上的大中型水库，总库容为 36.14 亿立方米，已淤积 11.03 亿立方米，平均 30.5%。山西省最大的汾河水库从 1961 年拦洪到 1987 年的 27 年间，进入水库的泥沙达 3.3 亿立方米，已占水库总库容的 45%[3]。

表 3-19　1985—1991 年山西省工业固体废物排放、处理状况

年份	工业固体废物产生量（万吨）	工业固体废物处理量（万吨）	工业固体废物处置量（万吨）	工业固体废物综合利用量（万吨）	工业固体废物排放量（万吨）	排入江河的工业固体废物量（万吨）	历年工业固体废物堆存总量（万吨）	历年工业固体废物占地面积（万立方米）	历年工业固体废物占农田面积（万立方米）
1985	2261	627	—	248	—	1386	53119	2569	199
1986	2864	597	838	463	969	19	18985	1980	150
1987	2697	379	1199	483	787	45	20034	2260	157
1988	2918	399	1696	560	476	41	21952	2203	250
1989	3309	577	1762	777	405	45	23862	2477	253
1990	3196	284	2086	996	247	33	28904	2147	268
1991	3801	—	422	1337	353	26	29789	2362	477

资料来源：①山西省统计局. 山西省统计年鉴(1990)[M]. 北京：中国统计出版社，1991：712. ②山西省统计局. 山西省统计年鉴(1991)[M]. 北京：中国统计出版社，1992：732.

表 3-20　1977—1990 年山西省农业化肥施用量

年份	农业化肥施用量（吨）	每亩耕地平均化肥施用量（公斤）	年份	农业化肥施用量（吨）	每亩耕地平均化肥施用量（公斤）
1977	1077675	18.3	1984	1862370	32.2
1978	1753644	29.8	1985	1640347	29.1
1979	1560568	26.5	1986	1697495	30.3

---

[1] 山西省水利厅水旱灾害编委会. 山西水旱灾害[M]. 郑州：黄河水利出版社，1996：284.
[2] 王向东. 水土流失是山西自然灾害的根源[J]. 水土保持通报，1989(1)：28-32.
[3] 山西省水利厅. 汾河志[M]. 太原：山西人民出版社，2006：187.

续表

年份	农业化肥施用量（吨）	每亩耕地平均化肥施用量(公斤)	年份	农业化肥施用量（吨）	每亩耕地平均化肥施用量(公斤)
1980	1429020	24.3	1987	1779098	31.9
1981	1244356	21.3	1988	1926204	34.6
1982	1350635	23.2	1989	2160646	38.9
1983	1483507	25.5	1990	2512392	45.4

资料来源：山西省农村社会调查队. 山西农村统计资料概要(1949—1990)[M]. 太原：山西经济出版社，1992：38.

三、大气环境污染加快

随着能源工业的高强度建设，伴随大量乡镇企业快速形成，大气污染成为该时期山西省生态环境恶化的另一个重要标志。相关史料记载，山西省发电行业对所排二氧化硫(SO_2)和氮氧化物都未处理，污水、煤灰的排放也很随意[①]，民间流传着一句顺口溜，"烧了煤、留下灰，排气呛人耗掉了水"。山西省环保局资料显示，到1981年年底，山西省共有工矿企业9540个，当年全省工业耗煤为2256万吨，对应排放的二氧化硫为95.6万吨，二氧化氮为32万吨，一氧化碳为30.9万吨，烟尘为153.4万吨，这些污染物排放量约为全国排放量的7.3%，人均排污量为全国的2.9倍。在总体上超过全国平均水平外，个别污染物排放量更是位居全国前列，如SO_2排放量高于全国平均值6.5倍，烟尘排放量为全国平均值(按单位面积计)的7倍。如果要稀释山西省排放的大气污染物质使其达到国家三级环境标准要求，大约需要清洁空气2340万立方公里，这个距离相当于山西省从地表到500米高空大气总体积的300倍[②]，可以看出，山西省大气污染已到非常严重的地步。从1986—1988年山西省主要城市SO_2和悬浮颗粒物(TSP)监测结果(见表3-21)也可进一步看出，太原、大同、阳泉、长治、晋城、临汾、运城、忻州8地区两项排污年日均值均超过国家二级标准，其中，太原、大同、阳泉、忻州两项排污年日均值超过国家三级标准，成为山西省大气污染重灾区，且随着乡镇工业的发展，工业污染迅速向农村蔓延，严重危害农业生产的空间。

表3-21 1986—1988年山西省主要城市SO_2和TSP监测结果

城市		1986年			1987年			1988年		
		年日均值(毫克/米^3)	超二级标准倍数	超三级标准倍数	年日均值(毫克/米^3)	超二级标准倍数	超三级标准倍数	年日均值(毫克/米^3)	超二级标准倍数	超三级标准倍数
太原	SO_2	0.290	3.83	1.90	0.240	3.00	1.40	2.247	3.12	1.47
	TSP	0.970	2.23	0.94	0.89	1.97	0.78	1.041	2.47	1.08

---

① 张志仁，巨文辉. 山西改革开放口述史[M]. 北京：中共党史出版社，2019：185.
② 张维邦. 地理科学与国土整治及区域发展研究[M]. 北京：中国社会出版社，2009：337.

续表

城 市		1986年			1987年			1988年		
		年日均值(毫克/米³)	超二级标准倍数	超三级标准倍数	年日均值(毫克/米³)	超二级标准倍数	超三级标准倍数	年日均值(毫克/米³)	超二级标准倍数	超三级标准倍数
大同	SO₂	0.157	1.61	0.57	0.129	1.15	0.29	0.182	2.03	0.82
	TSP	0.676	1.25	0.35	0.674	1.25	0.35	0.854	1.85	0.71
阳泉	SO₂	0.113	0.88	0.13	0.148	1.47	0.48	0.123	1.05	0.23
	TSP	0.872	1.91	0.74	0.808	1.69	0.62	1.153	2.84	1.31
长治	SO₂	0.062	0.03	未超标	0.031	未超标	未超标	0.042	未超标	未超标
	TSP	0.421	0.40	未超标	0.359	0.20	未超标	0.440	0.47	未超标
晋城	SO₂	0.056	未超标	未超标	0.075	0.25	未超标	0.045	未超标	未超标
	TSP	0.889	1.96	0.78	0.846	1.82	0.69	0.681	1.27	0.36
临汾	SO₂	0.094	0.57	未超标	0.166	1.77	0.66	0.222	2.70	1.22
	TSP	1.336	3.45	1.57	0.982	2.27	0.96	1.479	3.93	1.96
运城	SO₂	0.086	0.43	未超标	0.174	1.90	0.74	0.111	0.85	0.11
	TSP	1.180	2.93	1.36	0.760	1.53	0.52	0.562	0.87	0.12
忻州	SO₂	0.206	2.43	1.06	0.241	3.02	1.41	0.304	4.07	2.04
	TSP	0.776	1.59	0.55	1.404	3.68	1.81	1.114	2.71	1.23
榆次	SO₂	0.184	2.07	0.84	0.162	1.70	0.62	0.165	1.75	0.65
	TSP	0.454	0.51	未超标	0.380	0.27	未超标	0.602	1.01	0.20
离石	SO₂	—	—	—	0.119	0.98	0.19	0.110	0.83	0.10
	TSP	—	—	—	0.552	0.84	0.1	0.859	1.86	0.72

资料来源：《中国环境年鉴》编辑委员会. 中国环境年鉴(1990)[M]. 北京：中国环境科学出版社, 1990: 281.

四、林业产品供需紧张

发展林业是山西建设能源重化工基地的需要[①]，煤炭产能的大幅提升和交通运输业的加速建设，均对林业资源产生巨大的需求。据相关计算，每开采1万吨煤需坑木130立方米；修建1千米铁路需枕木1800根，折合为木材200立方米；修建1万平方米混合结构建筑物需木材1300立方米[②]。1980年煤炭生产、其他建设和民需用材等共消耗木材达158.83万立方米，其中采煤消耗木材达136万立方米[③]。但是，1980年山西省木材生产量仅为13.07万立方米，而木材实际消耗量高达158.83万立方米，供需差额高达145.76万立方米，是山西省木材生产量的11倍。1985年木材生产量为13.41万立方米，木材消耗量猛增到242.6

[①] 1989年9月，省委、省政府在壶关县召开的第一次全省林业工作会议.
[②] 邹年根，罗伟祥. 黄土高原造林学[M]. 北京：中国林业出版社，1997：165-166.
[③] 中国林业区划研究会第一次学术讨论会. 论文集[M]. 北京：中国林业区划研究会，1983：63.

万立方米,使供需差额达到 229.19 万立方米,是山西省木材生产量的 17 倍。虽然 1990 年山西省木材产量实现了增长,达到了 1980 年的近 2 倍,但高额的木材消耗量使经济活动与林业生态的关系变得紧张,山西省当年木材供需差额为 193.32 万立方米,远远高于 1980 年的木材供需差额(见图 3-3)。即使各个煤矿建设自己的矿柱林(见表 3-22),也难以满足大规模的经济生产活动。严重的林木资源匮乏,不得不让出从能源经济获得的大部分经济收益用于从外部地区购买林产品。按 1990 年木材零售价计算就需耗资 6 亿多元,1992 年山西省生产建设单位木材类调入总值达 72 571 万元。可以发现,能源工业建设时期林业产品的短缺加剧了经济与林业生态环境之间的制约关系,同时也因购买外部地区林产品耗散了经济剩余。

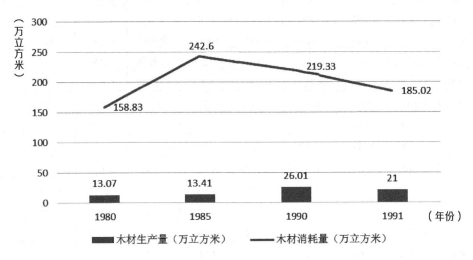

图 3-3　木材生产量、消耗量

资料来源:山西省生态经济学会;王龙,赵森新,张可兴,等.绿色文明录(第二册)——山西省首届生态经济建设论文集[M].太原:山西高校联合出版社,1994:230.

表 3-22　1982—1986 年重点煤矿矿柱林建设情况

名　称	建设时间	建设地点	建设成效
阳泉矿务局	1982 年	跨盂县的西潘、庄里 2 乡 32 村的土石山区	规划面积为 300 平方千米,宜林面积 5 万亩
	1984 年 10 月	平定县黄统岭、岔口、娘子关、巨城 4 乡 83 村的干旱石贫山区	建起黄统岭林场,规划面积为 236.7 平方千米,宜林面积为 5 万亩
	1986 年	落摩寺	新建落摩寺林牧场,规划面积为 3.87 万亩
大同矿务局	1981 年	平鲁县	接收原平鲁县县营坑木林场,成立了矿区林场
	1982 年	大同南郊区新平旺	建起矿区林场,下设 5 个作业区,宜林面积为 1.86 万亩
	1984 年	忻州地区定襄县	建起定襄林场,宜林面积为 2.44 万亩

续表

名　称	建设时间	建设地点	建设成效
西山矿务局	1982 年	忻州地区原平市	建起原平林场，宜林面积为 10.82 万亩
	1986 年	—	建起矿区林场，规划面积为 1.5 万亩
汾西矿务局	1985 年 4 月	吕梁地区汾阳市	建起汾阳林场，规划面积为 9.36 万亩
轩岗矿务局	1986 年		建起龙眼林场，规划面积 4100 亩

资料来源：《中国煤炭志》编纂委员会.《中国煤炭志·山西卷》[M].北京：煤炭工业出版社，1995：450.

第四节　经济与生态关系相制约的代价与应对

能源重化工基地建设时期，山西经济与生态环境是强烈相制约关系，这种关系的恶化进一步影响经济发展，主要表现为工农业水资源争夺加剧和居民生活用水日益紧张，以及生态恶化导致的农产品质量下滑人民健康等问题上，这些问题的出现进一步需要经济、社会去处理，处理的代价是从能源经济活动产生的剩余中拿出一部分来治理污染，以缓解经济与生态的强烈相制约状态。

一、工农业争水矛盾突出和居民生活用水紧张

随着能源重化工基地建设的加速推进，山西省城市取水量不断增加，地下水位持续下降，降落水漏斗面积逐渐扩大，水污染恶化等问题日益凸显，这进一步加剧了本已紧张的水资源供需矛盾，在工农业生产与居民生活之间引发了更为激烈的争夺。改革开放以来，随着工业和城镇建设的快速发展，大量高耗能、高耗水的煤电企业的相继建成，必然会产生更为庞大的水资源需求，在山西省水资源日渐紧张的形势下，工业用水开始大量挤占农田灌溉用水。自 1980 年以来，山西工业和城市用水以每年 2.6% 的平均速度增长，而农业灌溉水量却以 4% 左右的速度递减。仅太原、大同、朔州三市，每年由农业转让给工业的水量即高达 1.84 亿立方米，占山西省总转让水量的 60% 以上，导致这三个城市的农业水浇地面积减少 50 万亩，每年少收粮食达 1 亿公斤[1]。相关资料统计，自 1983 年以来，山西省共调整转让农业水源 3.7×10^8 立方米，供神头电厂、平朔露天煤矿、尖山铁矿及大同、临汾、榆次等市工业和城市用水[2]。1965—1990 年实测资料统计，汾河一坝灌区平均年引水达 1.73 亿立方米。由于太原钢铁厂、太原一电厂、尖山铁矿、古交工矿区等工矿企业的用水不断告急，只能挤占汾河一坝的农业灌溉水，年均挤占 5010.6 万立方米，减少灌溉面积 1.15 万公顷，减少粮食产量达 3 440 万公斤，减少产值达 6 880 万元[3]。此外，还有太原钢铁厂、太原化学工业公司、大同二电厂、运城盐池、太原北营工业区等企业也因严重缺水面临停产、减产的困境(见表 3-23)。以神头泉、晋祠泉两大泉域为例，神头泉历史上一直是桑干河

---

[1] 闫国平，陈仁禹. 引黄工程对沿线地方经济和社会发展的影响[J]. 水利技术监督，2003，11(5)：3.
[2] 任泽信，马志正. 论山西能源基地建设过程中的水资源问题及对策[J]. 生产力研究，1998(1)：54-57.
[3] 山西省水利厅水旱灾害编委会. 山西水旱灾害[M]. 郑州：黄河水利出版社，1996：435.

流域各灌区尤其是桑干河灌区的农业灌溉水源。为确保神头电厂、平朔露天煤矿等国家重点工程的建设，水源转给工业水量占20世纪90年代神头泉水流量的65.5%，造成灌溉面积减少1万公顷，粮食减产达2250万公斤，损失农业产值达2925万元。考虑当地工业建设，朔州市工业进一步挤占农业用水，以上两项共减少农业灌溉面积1.53万公顷，粮食减产达3450万公斤，损失农业产值达4485万元[①]。以晋祠灌区为例，20世纪70年代灌溉面积最大，为2973.33公顷；进入20世纪80年代后，晋祠灌区灌溉面积大幅下降，为2453.33公顷；20世纪90年代为1146.83公顷，已远远低于中华人民共和国成立初期灌溉面积1741公顷（见图3-4）。农业用水大量被挤占，使1979年农田水利取水量为52.53×10^8立方米，到1991年下降到40.85×10^8立方米，13年内净减11.68×10^8立方米（见本章第三节表3-12）。在城乡居民生活用水矛盾上，1985年山西省10个大中型城市每日缺水达60万吨，96个县城有40多个县城发生水荒，日缺水总量达26万吨。太原市在日超采地下水20万吨的情况下仍缺水10万吨，全市只能被迫进行低压、间断、限量和避峰供水。大同市因供水不足，矿区被迫饮用矿井水，人民生活受到严重影响[②]。1986年6~7月，山西省10个城市中有8个城市经常发生居民停水、断水现象，有的住宅是"一楼稀稀拉拉，二楼滴滴答答，三楼以上干巴巴"，群众只好半夜等水、接水，严重影响了人民的正常生活秩序[③]。

表3-23 省内部分重点企业受水资源短缺影响生产

企业名称	影响程度
太原钢铁公司	我国最大的特种钢生产企业，1986年冷却水减少到警戒水位，高炉生产面临停产威胁。特别是1987年夏季，低温水严重不足，影响到高炉的安全生产。自1988年以来，汾河水库供水不足，由此形成的缺水状况已严重影响了该公司的生产。为确保该公司安全生产，太原市水利局和北郊区水利局不得不从严重不足的农业用水中每日挤出1万~1.5万立方米的水量增供该公司，太原市自来水公司从兰村水源中每日增供该公司水量1.0万立方米，才使该公司勉强得以维持生产
太原化学工业公司	太原市工业第二大用水户，近年来，由于晋祠泉水的大幅衰减和孔隙水源产水量的不断下降，供水紧缺状况日趋严重，1988年供水严重不足，致使太原化肥厂部分车间被迫停产
大同二电厂	主要向北京、天津、唐山地区输电，因缺水，每天少发电达326万千瓦时，一年损失达1亿多元。大同市为保证电厂用水，对糖厂限制供水，迫使糖厂向农民买水
运城盐池	历来怕水，每年都在防洪问题上花费大力气，近年来破天荒地出现了湖中水少、无法生产的现象，只好求助于尊村引黄工程，从黄河提水回补盐池
太原北营工业区	分布在太原北营地区的东西宽2千米、南北长约12千米的狭长地带的砂轮厂、自行车厂、溶剂厂、肉联厂、肥皂厂、电池厂、灯泡厂、有机化工厂等，因为缺水，有50%的企业面临限产、停产的威胁，直接影响省城的经济发展和社会稳定

资料来源：李振吾. 自然物流的一角[M]. 山西：山西经济出版社，1996：153-163.

---

① 山西省水利厅水旱灾害编委会. 山西水旱灾害[M]. 郑州：黄河水利出版社，1996：435.
② 苗佩芳，郝永和. 山西水资源现状与战略研究[M]. 太原：山西经济出版社，1993：6.
③ 李振吾. 自然物流的一角[M]. 太原：山西经济出版社，1996：151.

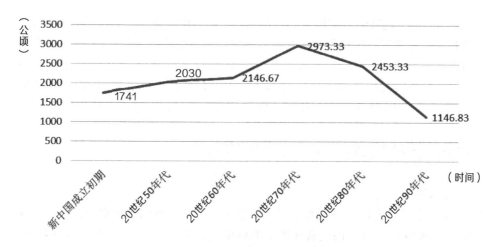

图 3-4　晋祠灌区灌溉面积

资料来源：孟万忠. 河湖变迁与健康评价:以汾河中游为例[M]. 北京：中国环境科学出版社，2012：50-51.

二、生态恶化影响农产品质量和人民身体健康

　　污水灌溉对缓解农业用水供需紧张关系能够起到一定的缓解作用，在山西省水资源日趋下降的态势下，省内很多地区利用污水灌溉农田、菜田。根据 1988 年对山西省 11 个地(市)统计，全省污灌区面积约为 125 万亩，占所调查 41 个县(区)总耕地面积的 6.5%，主要分布于大中城市近郊和大中型厂矿下游。首先是太原市的污灌区面积，达 40 万亩，为山西省第一，占山西省总污灌区面积的 32%；其次是临汾地区(15 万亩)、晋中地区(14.3 万亩)和大同市(12 万亩)；最后是阳泉市(9.9 万亩)、运城地区(8.0 万亩)、雁北地区(5.5 万亩)、吕梁地区(14.9 万亩)、长治市(3.0 万亩)、晋城市(2.4 万亩)[①]。但工矿企业排放的废水、污水中污染浓度超过灌溉标准，有毒物和重金属多残留在土壤耕作层内，使粮菜内含有大量中毒物。例如，太原市南郊区杨家堡和北瓦窑、北郊区向阳村等多采用未经处理的工业废水、污水进行灌溉，杨家堡稻米粒中汞含量超标为 0.2 倍，北瓦窑高粱中镉含量超标达 2.3 倍多，向阳村玉米中镉含量超标为 0.33 倍，高粱中镉含量超标达 1.16 倍。污水浇灌农田后，土壤结构遭到破坏，导致小麦、大秋作物等多数无法正常出苗，蔬菜多次栽植不生长，甚至出现农作物幼苗死亡的现象。例如，1984 年 8 月，太原市南郊区晋源镇用太原化肥厂污水废水浇地，使 50 公顷农作物死亡，直接损失达 15.5 万元[②]。1987 年，太原古城营村 960 亩水稻在抽穗期突然死亡；1988 年，稻米和小麦减产 30 万公斤，白菜变质腐烂 250 万公斤；1989 年，千亩稻苗烧死枯黄[③]。"三废"除影响农业经济活动外，还会通过地表渗透进入地下水，滞留在地表，扩散到空气中，污染居民生活环境。例如，太原化工区的大量废水、污水、废气、工业垃圾排放和倾倒在南郊区南堰村周围，5 年来，因癌症死亡的有 17 人，新生儿畸形的有 11 人，葡萄胎的有 4 人，因其他污染死亡的有 8 人。大牲畜死亡率也不断增加，

[①] 山西省科学技术协会. 山西省高产优质高效农业论文集[M]. 北京：中国科学技术出版社，1995：510.
[②] 山西省水利厅水旱灾害编委会. 山西水旱灾害[M]. 郑州：黄河水利出版社，1996：438.
[③] 李振吾. 自然物流的一角[M]. 太原：山西经济出版社，1996：164.

两年内死亡 12 头，牲畜经解剖均属心肺烂之故。在永济、孝义、介休、古交等县(市)污染较严重的村庄，连年新兵体检无一人合格的现象已司空见惯[①]。据太原市环境卫生监测站对清徐县汾河两岸乡镇的井水、污灌水及土壤进行调查，饮用水(井水)中硒、砷、锰超标率较高，砷的最大检出值为 0.21 毫克/升，超标 4 倍，31 份样品中有 27%超标。锰的含量最高值为 6.26 毫克/升，超标 61 倍，超标率达 90%。土壤中硒、砷、锰检出值也较高[②]。

三、环保政策的出台与污染治理的投入

1) 环保政策的出台

1978 年，山西省人民政府颁布了《关于新建、扩建、改建企业贯彻执行"三同时"的暂行规定》。1979 年 4 月，山西省环境保护局正式成立，全省有 11 个地、市和 50 个县成立了环境管理机构。省人大、省政府及有关部门制定了关于排污收费及建设项目环境管理的 4 个法规，同时对众多污染事件实施了赔偿或罚款措施，并总结、推广了一系列有效的治理技术。1980 年 3 月，山西省五届人大常委会第二次会议批准通过了《关于对排放有毒有害污染物超标单位实行收费和罚款的暂行规定》。1981 年，根据国家计委、国家经委、国家建委和国务院环境保护领导小组颁布的《基本建设项目环境保护管理办法》，省计委、省经委、省建委和省环保局共同制定了《山西省大中型建设工程和小型建设项目建立编报环境影响报告书审批制度规定》。1982 年，山西省开始着手进行环境规划，开展了能源基地环境保护规划研究，制定出台了《太原市"六五""七五"环境污染治理规划》。1983 年，山西省开始执行建设项目的环境影响评价制度。1984 年，山西省人民政府第 17 次常务会议批准了太原市污染治理规划，决定从 1984 年起列入年度计划，每年特发专项经费 2000 万元，用于资助太原市太钢工业区与河西化工区的污染治理项目，同时成立了环境保护委员会。1985 年，中共山西省第五次代表大会通过的《山西省国民经济和社会发展纲要》中将"环境和生态保护"列为山西省"七五"期间 5 个发展重点之一，并提出了环境保护的具体目标和任务。"七五"时期，山西省确定了重点治理区域为一河(汾河)、两市(太原市、大同市)、三小区(大同口泉沟、临汾广胜寺区、永济涑水河段)。1990 年，山西省完成汾河晋中段环境综合防治规划的编制，组建汾河流域水环境监测网络，加强对 26 项治污工程的监督服务。赵庄污水处理厂(日处理能力为 8 万吨)已试运行，太化南堰污水处理厂、介休造纸厂碱回收工程、灵石段的 5 个水套用工程可行性研究均在有序推进。同年又新建 60 平方千米烟尘控制区[③]。

2) 污染治理的投入

自 1985 年以来，山西省用在"三废"治理的资金总体上呈现增加态势，1985 年为 7 975 万元，到 1989 年达到该时期最大值(20 581 万元)，1990—1991 年虽然治理资金出现小幅下降，但仍高于"六五"时期治理力度(见图 3-5)。大量治理资金的投入减缓了生态环境的恶化程度。以 1985—1991 年为例，山西省工业废水总排放量为 54 314.14 万吨，累计处理量

---

① 李振吾. 自然物流的一角[M]. 太原：山西经济出版社，1996：165-166.
② 山西省水利厅水旱灾害编委会. 山西水旱灾害[M]. 郑州：黄河水利出版社，1996：438.
③ 山西省地方志办公室. 山西省志·发展改革志[M]. 北京：中华书局，2013：316.

达到 10 766 万吨。工业固体废物产生量为 21 046 万吨，综合利用量达 4 846 万吨。虽然治理资金不断增加，但相对于庞大的排污量仍显得微不足道。以固体废物综合利用来说，1985 年固体废物综合利用率为 10.96%，经过 7 年治理后，1991 年固体废物综合利用率仅达到 35%。

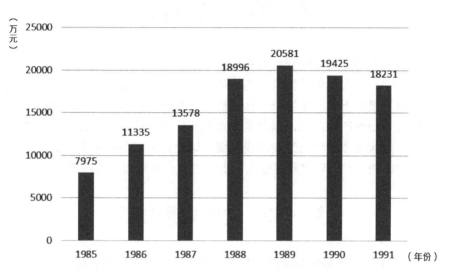

图 3-5 "三废"治理资金情况

资料来源：①山西省统计局.山西省统计年鉴(1992)[M]. 北京：中国统计出版社，1991：712. ②山西省统计局. 山西省统计年鉴(1993)[M]. 北京：中国统计出版社，1992：732.

第四章 山西经济与生态趋向协同发展 (1992—2011)

协同是指两个事物处于同向变动关系，意味着在这阶段，山西经济与生态的关系由上一阶段的相互制约开始向同增长转变。但这种同步变动并不是由于二者的相互促进推动，而是一种各自发展模式下的同步增长，具有被动性和独立性的特点。梳理史料发现，在此阶段山西开始着手调整产业结构，同时也重点强调生态环境建设，二者关系较上一阶段稍微缓和。但是，煤炭黄金十年的红利出现减缓，这使得经济与生态关系的协同步伐放慢，该阶段经济与生态关系对应着"既要绿水青山，也要金山银山"的理念。

第一节 宏观背景分析

1992—2011 年，经济与生态可持续发展成为全球共识，我国把科学发展作为经济可持续发展的头等大事。在此背景下，作为资源型地区的山西也开始通过加速调整自身产业结构，探索经济与生态可持续发展的道路。

一、国际背景：经济与生态可持续发展成为全球共识

生态与经济可持续发展是当今国际社会普遍关注的重大问题，也是人类生产和社会前进的永恒主题。面对资源、环境和经济社会发展过程中的多重压力，1992 年 6 月，联合国在巴西里约热内卢召开"环境与发展"地球问题首脑会议。各国政府共同探讨人类经济活动对生态环境的影响，并就经济与生态环境关系达成共识：经济发展必须与环境保护相协调，必须加强国际合作，全面实施全球的可持续发展战略。要想实现人类可持续发展，前提是要改变目前对生产和消费方式、生活和工作方式及决策方式的认识，关键在于满足人类需求的同时，全面和平衡地应对经济、社会和环境问题。同时，会议审议通过了《21 世纪议程》《里约环境与发展宣言》《气候变化框架公约》《生物多样性公约》《关于森林问题的原则声明》等一系列重要成果。进入 21 世纪，经济全球化趋势进一步发展，以信息化、数字化为主要特征的科学技术蓬勃发展，全球加快经济结构调整和转变经济发展方式，以破解生态环境制约经济发展的难题。2008 年，联合国环境规划署倡议"绿色经济"，呼吁"全球绿色新政"，鼓励和支持各国在经济发展的过程中重视绿色投资。随之，各国开始重视经济与生态可持续发展，美国把清洁能源产业作为新兴产业发展的重中之重。欧盟也在尝试将低碳经济的发展视为"新的工业革命"，采取强有力的措施推动欧盟经济向高能效和低碳排放的方向转型。日本从环境能源领域技术创新、低碳社会行动加快构建等方面启动了 4 项计划，并颁布相关配套政策，旨在助力环保产业和新能源产业实现良好发展。韩国政府以绿色低碳增长战略作为未来经济发展的基本方向和道路，制定出台了《绿色经

济五年计划》《绿色能源发展战略》《低碳绿色增长国家战略》《低碳绿色增长基本法》等一系列政策文件，旨在实现减排降耗、挖掘经济发展新动力、改善民生等目标。受国际环境保护大趋势的影响，我国在经济发展的过程中愈加注重与环境的可持续发展关系。

二、国内背景：科学发展成为经济可持续发展的头等大事

1994年3月25日，国务院审议通过了《中国21世纪议程——中国21世纪人口、环境与发展白皮书》，该书系统阐释了经济、社会与生态环境的辩证统一关系，明确提出走可持续发展道路是提升我国经济发展质量的有效途径。1997年9月12~18日召开的党的十五大会议，可持续发展作为现代化建设过程中的战略思想首次列入报告内容，会议提出，要正确处理好经济与生态资源之间的关系。1998年南方发生特大洪水灾害，再一次将全国生态环境建设提升到新的高度。从1998年起，中国将循环经济发展理念全面引入，旨在突出发展中"减量化、再使用、再循环"的"3R原则"。党的十五届三中全会(1998年10月12~18日)集中研究了农业和农村问题，审议通过《中共中央关于农业和农村工作若干重大问题的决定》，会议明确提出"要加快以水利为重点的农田基本建设，改善农业生态环境，为农业的可持续发展奠定更加坚实的基础"。会议召开后，全国范围大搞农田水利基本建设和生态环境建设的高潮再次兴起。2002年11月，党的十六大提出全面建设小康社会的奋斗目标，将"可持续发展能力不断增强，生态环境得到改善"作为重要奋斗目标之一。2003年3月9日、2004年3月10日胡锦涛总书记在两次中央人口资源环境工作座谈会上强调，"要加快转变我国经济增长方式，将循环经济的发展理念贯穿经济发展、城乡建设和产品生产中，使资源得到最有效利用""要广泛吸收社会各方面参与经济与环境的建设和保护，积极推动循环产业的发展"。2005年12月，国务院出台的《关于落实科学发展观加强环境保护的决定》(国发〔2005〕39号)提出"经济社会发展必须与环境保护相协调""促进地区经济与环境协调发展""大力发展循环经济""坚持保护优先"的战略性理念。2006年4月，国务院召开的第六次环保大会提出"从重经济增长轻环境保护转变为环境保护与经济增长并重，从环境保护滞后于经济发展转变为环境保护与经济发展同步"加快实现历史性转变的思想……。综上所述，该时期，我国在经济发展过程中，更加注重与生态环境的可持续关系，并从经济、生态环境两个层面出台了科学发展观、循环经济、环境保护规划等一系列重大政策和行动方案。

三、省域背景：产业结构加速调整探索经济与生态可持续发展

改革开放以来，我国经济保持长期高速发展。针对经济发展中出现的增长过热、通胀过高的局面，我国通过顶层宏观调控，使一般性的工业消费品由之前的卖方市场转向买方市场，这种市场供求格局的转变，开始对山西的能源工业产生了显著影响。1997年亚洲金融危机爆发，全国煤炭供大于求的矛盾进一步加剧，全国煤炭市场持续进入5年的疲软发展期。与此同时，20世纪80年代后期，我国实施的沿海地区先行开放战略、能源开发重心西移战略和西部大开发等重大区域发展战略，使大量资本、人力等要素向沿海和西部地区

转移，山西单一化、重型化、粗放型产业结构的各种弊端集中显现。自此，山西能源经济生产经营陷入困境之中，全行业出现了煤炭销量下降、效益下滑、煤炭货款巨额拖欠，企业亏损额增加、职工工资难以足额发放的困难局面①。此外，长期的能源重化工基地建设，造成全省生态环境急剧恶化，1998年9月11日，省委书记胡富国在全省生态环境建设广播电视动员大会上指出，全省水土流失面积多达10.8万平方千米，占土地总面积的69%。50个贫困县几乎都在水土流失严重区域。森林覆盖率比全国平均水平低2.2个百分点，排第22位。水资源总量位列全国倒数第2，人均水资源占有量不及全国平均水平的17%②。党的十五届三中全会(1998)胜利召开，全国范围大搞农田水利基本建设和生态环境建设，特别是中央把生态环境建设的重点放到中西部，进一步对山西生态环境建设提出更高要求。进入21世纪后，中国经济进入快速发展通道。2001年中国加入世界贸易组织，以及我国基础设施建设和城市化进程的不断加快、城乡居民收入的快速增长、社会消费结构的逐步升级，促使中国市场需求发生变化。在国内外对能源需求强劲增长的带动下，山西煤炭产业发展进入黄金阶段。2006年，中共中央、国务院颁布实施《关于促进中部地区崛起的若干意见》，对地区产业结构提升、增长方式转变、生态环境保护等提出新要求。2008年，国际金融危机爆发，国家启动4万亿元投资计划促进内需扩大，对山西省能源产品带来新一轮强大需求。在此背景下，山西开始在产业结构调整中寻找经济与生态环境可持续发展的模式。

第二节 资源型经济结构调整与复归

为使山西省经济再上新台阶，同时缓和经济与生态环境相制约关系，该时期全省集中精力多次对经济发展战略作出调整，但受市场环境变化和前期能源重化工基地建设影响，虽多次制定产业结构调整方案，但能源产业仍是经济发展的主要增长点，外在表现为资源型经济结构的多次调整与进一步反复。

一、经济结构调整的战略构思演变

1)"三基四建"部署下产业结构调整的初步构思

1992年，邓小平同志在南方谈话中，提出"发展才是硬道理"的论断，在山西省范围内迅速引发了关于经济上新台阶的大讨论，随着党的十四大召开，进一步把如何使全省经济上新台阶的讨论推向高潮、引向深入。1992年11月，中共山西省委、山西省人民政府印发了《关于促进经济上新台阶的意见》(晋发〔1992〕45号)，拉开了山西省产业结构调整的初步尝试。该意见指出，山西省今后经济发展过程中要积极优化调整产业结构，重视煤炭能源的深加工和二次能源开发，力争在能源重化工基地整体创新上求突破③。1993年9月，省

---

① 《中国煤炭工业年鉴》编辑部. 中国煤炭工业年鉴(2008增刊)：中国煤炭工业60年[M]. 北京：煤炭工业出版社，2010：277.
② 摘自山西省委书记胡富国1998年9月11日在全省生态环境建设广播电视动员大会上的讲话。
③ 景世民. 山西经济结构变革与发展[M]. 太原：山西人民出版社，2019：134-135.

委制定了"三个基础、四个重点"①的经济发展战略,并在当月作出开展"三项建设"的决定。1995年省委谋划了打胜"四大战役"、实现"五个一工程"②的总体部署。1996年,山西省委进一步抓产业结构,省委七届二次全会的顺利召开把调整产业结构作为山西省的"三件大事"之一,会议审议通过的《产业结构调整的实施意见》中,进一步提出要继续搞好"三基四重",搞好能源重化工基地,发展优势产业,全面调整产业结构。1997年,省委七届七次全会审议通过了《关于到2000年实现"三个基本"③目标的决议》,并于当年12月省委工作会议上再次强调经济结构调整的重要性,指出经济结构不合理是山西经济发展中的突出矛盾,要以市场为导向,依靠科技进步,发挥比较优势,解决产业结构雷同问题。1998年5月,山西省委在太原召开全省经济结构工作会议,会议提出要通过培育"四优",形成"两增"④,从大力调整产业和产品结构、推进科技进步、调整产业组织结构、发展第三产业和优化地区经济特色等五个方面抓结构调整。

2) 潜力产品培育掀起新一轮产业结构调整

1999年10月,山西省委在运城市重点研究结构调整重大问题并召开会议,会上指出,选准作为调整产业结构的切入点,是"十五"时期山西省经济发展的首要任务。为此,要将"一增三优"(新经济增长点,优势产业、优势产品和优势企业)作为山西省产业结构调整的主攻方向,立足转变经济增长方式,科学合理确定一批具有较大发展潜力的产品,此次会议的召开拉开了新一轮产业结构调整序幕。同年12月,省委七届九次全会通过《中共山西省关于贯彻〈关于国有企业改革和发展若干重大问题的决定〉的实施意见》,形成了"以经济结构优化调整为中心,以国有企业、农村经济、对外开放等改革开放为动力,抓好技术、金融、人才、环境、观念五项创新,全面实现经济增长的质量和速度、综合经济实力、人民群众生活水平三个提高"⑤的发展新思路。会后,省委正式印发了《关于培育"一增三优"发展潜力产品推进产业结构优化升级的实施意见》(晋政发〔1999〕63号),该意见聚焦新经济增长点,从清洁能源、特钢和铝镁、重矿机械、高新技术、建筑房地产和新型建材、特色农业和农副产品、旅游等七大方面培育优势产业,从太钢不锈钢、TZ牌起重设备、起山牌火车轴、净土牌汽车尾气净化器、杏花村牌名酒等20余个产品中筛选培育优势产品,从太原钢铁公司、山西南风化工公司、山西天脊煤化工集团、太原重型机械股份有限公司、山西杏花村汾酒集团等国有控股企业,海合钢铁集团、介休安泰集团等非国有控股企业,榆次经纬纺机股份有限公司、侯马电缆厂等中央企业中培育和扶持一批优势企业。2000年年初,省委以"一增三优"为重点,编制《山西省工业调产项目启动方案》,提出《山西省2000年"361"工业调产计划》(晋政发〔2000〕42号)。同年12月,省委七届十次全会审议通过《中共山西省委关于制定国民经济和社会发展第十五个计划的建议》,立足山西转型发展实际,该建议提出了传统产业优化升级、高新技术产业、特色农业、旅游产业、

---

① "三个基础"是指农业基础、基础工业和基础设施,"四个重点"是指挖煤、输电、引水和修路。
② "五个一工程"是指全省地区生产总值达1000亿元,县镇企业实现营业收入达1000亿元,农民人均纯收入达1000元,粮食产量达100亿公斤,地方预算可用财力达100亿元。
③ "三个基本"是指到2000年国有大中型企业基本走出困境、农村贫困人口基本解决温饱问题、全省农村基本实现小康。
④ "四优"指优势产业、优势企业、优势产品和优秀企业家。"两增"指新的增长极和新的增长点。
⑤ 高建民. 在加快转型跨越中实现山西崛起[M]. 太原:山西人民出版社,2008:25.

信息化、生态环境质量改善等"八大战略工程"及人才、金融、产权多元化、对外开放、社会保障、软环境等"六大支撑体系"的"十五"时期乃至之后一段时期结构调整的重点。为切实促进山西省经济结构调整，省委、省政府进一步细化"八大战略工程"和"六大支撑体系"结构调整方案，并于2001年9月提出《关于进一步推进经济结构调整实施"1311"规划的意见》(晋发〔2001〕38号)，该意见指出，山西省要全力谋划100个农业产业化龙头企业、30个战略性工业、10个文旅产业和100个高新技术产业项目，并配套印发了相应实施举措，以促进经济转型发展。为进一步延伸和展开"1311"规划，2003年年底，省将结构调整方向和重点转向行业，先后印发《山西行业结构调整方案》和《山西行业结构调整实施办法》等系列文件。

3) 新型能源和工业基地建设的结构调整新思路

2004年8月，山西省政府在太原组织召开全省经济结构调整会议，立足科学发展观，大会作出把山西建设成新型能源和工业基地的重要战略部署，并将能源、金属材料及其制品、化学医药、装备制造、新材料、农畜加工、文旅和现代服务列为全省重点发展的七大优势产业，同时将该发展决策作为2010年前全省结构调整和经济发展的总目标。2005年，省委、省政府提出升级改造"四老"优势产业、培育发展"四新"支柱产业的"八大支柱产业"的新发展思路，进一步深化建设新兴能源和工业基地的认识。2006年10月，省第九次党代会将建设新型能源和工业基地的认识提升到新的水平，提出走出"四条路子"，实现"三个跨越"[①]的发展战略。聚焦经济发展速度与质量、效益、结构等有机结合的新型工业化道路要求，2007年12月，省委提出建设"新基地、新山西"的奋斗目标。2008年，在深入学习实践科学发展观动员大会上，省委决定把实现"转型发展、安全发展、和谐发展"作为推动全省科学发展的战略重点和具体抓手。2010年7月29日，省委召开全省领导干部大会，会议作出了以转型发展为主线，以跨越发展为目标，再造一个"新山西"的战略部署。

二、传统产业迈出集约化、新型化步伐

在改革开放政策的影响下，能源重化工基地建设使山西省中小型煤矿飞速发展，尤其是"有水快流""大中小一起上，国家、集体、个人几个轮子一起转"政策的出台，进一步造成山西省小煤矿的过度和无序发展。20世纪90年代，山西省虽提出"输煤输电"发展战略，但仍以煤炭开采、外运为主，电力工业、煤化工业相对较为逊色(见表4-1)。到1997年，山西省小煤矿产量占当年原煤总产量的60%以上，小型矿产开采企业和炼焦企业数以千计，兴建的3000多个炼焦企业有85%以上是村办或个体经营的土焦小企业，这些高污染企业遍布各个村落，经济活动对生产环境影响较大，常常出现"村村点火，处处冒烟"的恶劣景象[②]。截至1999年年底，山西省共有采矿登记的各类煤矿5 831座，其中43.2%为年

---

① 走出"四条路子"指走出资源型地区创新发展、可持续发展、和谐社会、对外开放的路子；实现"三个跨越"指实现煤炭大省向新型能源和煤化工大省、老工业基地向新型工业基地和精品原材料基地、自然人文资源大省向经济强省和文化强省的跨越。
② 王龙. 山西能源工业的生态环境问题及对策研究[J]. 山西能源与节能，2004(2)：7-8.

产 9 万吨以下的小煤矿,而未办理采矿登记的年产量万吨以下的"黑煤窑"更是星罗棋布①。20 世纪末到 21 世纪初的一段时期,山西乡镇煤矿数量占全省煤矿总数的 90%以上,产量占 1/3~1/2,煤矿采区回采率不到 20%(山西重点煤矿采区回采率为 75%左右)②。针对山西省煤矿"多、小、散、乱"、安全事故频发、资源回收率低和生态环境破坏等严重状况,山西省委、省政府全力推进煤炭资源整合和煤矿企业兼并重组工作。从 1998 年开始,山西省取缔和关闭了一批布局不合理、生产能力落后、安全无保障的小型煤矿企业。到 20 世纪末,4 051 处小煤矿被关闭,每年压缩产能 7980 万吨,全然不顾经济发展过程对生态环境的破坏,随意布点、大肆开采乱采滥挖、越层越界的无序现象初步得到遏制③。进入 21 世纪,煤炭需求的日益扩大和价格的不断上涨,私挖乱采、资源浪费、环境污染等问题再次凸显。为使山西省煤炭工业走上可持续发展道路,2004 年,全省提出新型能源和工业基地发展战略,资源型经济与生态环境协调关系正在山西探索破题。立足能源优势重构,做大做强煤焦主业,山西省大力实施大企业、大集团战略。"十五"期间,在煤炭需求旺势中,山西省累计关闭布局不合理和不具备安全基本条件的小矿井 4 187 处,矿井个数由 7 998 个减少到 3 811 个,全部取缔、关停了土焦炉,并对 1000 多个煤矿进行整合,组建了山西焦煤、同煤、阳煤等 11 个大型煤焦集团,整合后的煤焦集团全部实现机械化开采与废弃物资源化改造④。2005 年 9 月,山西省煤炭行业发起了"治乱、治散、治本"的三大战役,第一场战役于 2005 年 9 月打响,当年 12 月结束,主要是关闭无证非法开采的煤矿;第二场战役于 2006 年年初发起,2007 年 6 月初结束,主要是实现煤炭资源整合和有偿使用;第三场战役于 2007 年第二季度开始,当年 12 月结束,主要是整合山西省煤炭资源,培育发展大型煤炭企业,让大型煤炭企业联合、兼并或收购中小煤矿,进行产能置换,提高煤炭资源的回收回采率(见表 4-2)。"三大战役"的实施使山西省煤焦产业集中度大幅提高,全省采煤矿点从原来的 9 000 多个压缩到 3 200 个左右⑤,焦化行业关闭 131 户生产方式粗放落后的企业,大机焦比重上升到 75.7%⑥,地方小煤矿的单井规模由原来的平均 7 万吨提升到 20 万吨,同煤、焦煤、潞安、平朔、晋煤、阳煤等六大煤炭集团产量占全省的 50%以上。煤炭资源的大力整合,使资源利用率和煤炭附加值大幅提高。2006 年,山西省煤炭资源回收率达 50%左右,煤炭洗选率达 58%,比 2002 年提高了 31 个百分点⑦。到 2008 年 9 月底,山西省共整合压减和关闭淘汰 1800 多座煤矿(井),全省煤矿企业资源结构和产能结构进一步合理⑧。2008 年 9 月 2 日,山西省政府颁发了《关于加快推进煤矿企业兼并重组的实施意见》,该意见明确提出,通过大型煤矿企业兼并重组中、小煤矿,形成大型煤矿企业为主的办矿体

---

① 《环评热点聚焦》编委会. 环评热点聚焦[M]. 北京:中国环境出版社,2014:106.
② 王昕. 2010 年:山西煤炭工业发展报告[M]. 山西:山西经济出版社,2009:25.
③ 牛建明,房世全,李元德. 建设大型煤矿,推动山西煤炭产业结构优化升级[J]. 中国煤炭,2009,35(12):10-13.
④ 郑建国. 环境与山西社会经济发展[M]. 北京:经济科学出版社,2007:3.
⑤ 2007 年 1 月 29 日,于幼军在山西省第十届人民代表大会第五次会议上作的政府工作报告。
⑥ 山西省 2011 年政府工作报告。
⑦ 赵峻青:《迎接党的十七大特别报道(二):三大战役带来六大变化——我省煤炭工业走出可持续发展道路》[N]. 山西日报,2007-9-27.
⑧ 王昕. 2009 年:山西煤炭工业发展报告[M]. 太原:山西经济出版社,2008:211.

制，提升煤矿整体开发水平。为加快整合步伐，2009年4月15日，山西省人民政府出台《关于进一步加快推进煤矿企业兼并重组整合有关问题的通知》。"十一五"时期，随着煤矿企业兼并重组整合的推进，煤炭企业集约化成效突出。2010年1月5日，国家发展改革委、山西省人民政府、国家能源局在北京联合举行的山西省煤矿企业兼并重组整合工作新闻通气会上通报了山西煤炭资源整合和煤矿企业兼并重组最新进展：截至2010年，山西省采煤矿井数量由之前的2 600座压减到1 053座，年产30万吨以下的小煤矿全部淘汰，年产90万吨的矿井规模占比达70%，形成4个特大型煤炭集团(亿吨/年)和3个大型煤炭集团(5000万吨/年)。"十一五"期间，国有重点煤矿和地方国有煤矿产量占山西省总产量的68%，单井平均规模超过30万吨/年，煤炭资源回采率提高到49.6%，原煤洗选率达60%①。煤炭资源回收率和循环利用率、原煤洗选加工率、主要污染源治理达标率的显著提高，进一步提升了产业技术水平，明显增强了煤炭产业的集约化和可持续发展能力，使经济对生态环境的负面影响得到了更为有序且可控的治理。

表4-1　20世纪90年代煤炭开采、外运再次受到重视②③

能源重化工基地 建设要点	具体内容
突出煤炭生产及 外运能力	20世纪90年代中期，山西能源重化工基地的建设仍然突出的是煤炭生产及外运能力。从1980年调往全国各省(市、自治区)0.74亿吨，到1994年调出2.24亿吨，约占全国跨省(市、自治区)调运量的80%。为了提升原煤外运能力，山西省大力开展公路建设，打通与外省的10个出口，除了对在20世纪80年代原有的石家庄—太原及太原—河南焦作、大同—风陵渡这三大干线进行双轨及前两条的电力化牵引改造外，还先后新建了3条运煤铁路专线(大同—秦皇岛、陕西神木—山西朔州—阳泉—河北涉县—黄骅港和山西侯马—河南月山—山东日照港)
电力、煤化工发展 几乎是停滞不前	与煤炭生产、外运如火如荼的状况相比，电力和重化工的发展就没有那么顺利了。山西省曾希望到2000年，能达到2000万千瓦左右的装机能力，规划中考虑了1600万千瓦；而实际上，受多方面因素影响，1980年为248万千瓦，1990年为584万千瓦，1994年为892万千瓦，2000年才达到1275.64万千瓦，到2000年，山西发电量仅占全国的4.85%，居第8位。虽然有大同、朔州大型电厂给北京、天津送电，阳城电厂给江苏送电，但并未达到"基地"的水准。而煤化工的发展，几乎是停滞不前。"挖煤为主，一煤独大"的畸形经济结构带来很严重的后果

资料来源：①张志仁，巨文辉. 山西改革开放口述史[M].北京：中共党史出版社，2019：183. ②吴达才：我所经历的山西改革开放的几件事[2019-1-13].https://www.thepaper.cn/newsDetail_forword_2849547.

---

① 山西省2011年政府工作报告。
② 张志仁，巨文辉. 山西改革开放口述史[M]. 北京：中共党史出版社，2019：183.
③ 吴达才：我所经历的山西改革开放的几件事[OL][2019-1-30]. https://baijiahao.baidu.com/s?id=1622518639743102873.

表4-2 煤炭行业"三大战役"

名称	时间	具体内容
第一场战役	2005年9～12月	依法关闭和整治所有无证非法、违法开采的煤矿。4个月先后关闭非法和违法煤矿4876座
第二场战役	2006年年初—2007年6月初	实现煤炭资源整合和有偿使用。在煤炭资源整合方面，淘汰和关闭所有9万吨以下的小煤矿，共计1300座。截至2007年上半年，山西省煤矿减少到了2700座左右。在实现煤炭资源有偿使用方面，依法开展了换证工作。2007年6月6日，山西省有偿使用换发采矿许可证工作全部完成，换证率达100%
第三场战役	2007年第二季度至12月	兴建一批现代化的大型煤矿和煤化工企业。在此战役中，晋城煤业集团、同煤集团、山西焦煤集团、潞安集团、平朔煤炭工业公司等大型煤炭集团，在当地政府的支持下，对地方中小煤矿进行了兼并和技术改造。到2007年年底，山西省煤矿数量由资源整合前的4389座减少到2810座，煤炭开采率从40%提高到60%多

资料来源：秦文峰，苗长青. 山西改革开放史[M].太原:山西教育出版社，2009：488-489.

三、旱作节水农业建设开始探索

随着经济社会的高速发展，山西省需水量出现较大幅度增加，加之能源工业粗放式发展造成的水污染和自身水资源总量天然不足劣势，工农业争水矛盾更加突出。山西省山丘占总面积的80%，分布在山丘上的农田远距离调水工程成本高、运行费用大，使农业节水建设迫在眉睫。作为山西省用水第一大户，旱作节水农业建设成为该时期调整、缓解经济与生态关系的重要手段。"八五"期间，省委、省政府确立了"西引黄河，东抓蓄调，腹部盆地节调并举，东西两翼全方位实施水保综合治理"的水利建设战略部署，1991年7月，省政府作出切实搞好农田水利基本建设的指示，确立了在发展水利的工程中要注重规划统筹、因地制宜、适当发展、注重效益、政策配套等指导思想。1993年，农田水利建设列入"三项建设"的范围，成为"水、煤、电、路"四个战略重点之一。1995年，山西省委、省政府下达了《关于进一步加强水利建设的决定》和《关于大力发展节水农业的决定》(该决定提出的目标是3～5年使山西省节水农业建设有大的发展，到20世纪末，山西省达标节水面积累计达到1100万～1250万亩[①])，并作出一系列强化农田水利基础的决策和措施，启动实施了农业"双千万亩"工程[②]建设和"123"节水工程[③]，全省农田水利建设速度进一步加快。该时期，山西省广大地区广泛开展了机修梯田、兴修水利、盐碱地改造、水土保持(见表4-3)等农田水利活动，万家寨引黄、汾河一库、引沁入汾、浪店引水、后河水库扩建、禹门口提水工程枢纽等一批大型水利工程开始建设，临汾沁河灌区等10项大中型灌

---
① 黄河水利科学研究院. 黄河引黄灌溉大事记[M]. 郑州：黄河水利出版社，2013：429.
② 1992年山西省开始组织实施以建设1000万亩水地、1000万亩旱地高产高效的农业"双千万亩"工程。
③ 每年发展管灌节水面积100万亩，平川微灌面积20万亩，以及山地微灌面积3万亩。

区改造、6 座大中型病险水库除险加固工程先后上马，启动实施了"三滩一碱"(汾河滩涂开发区、黄河滩涂开发区、滹沱河滩涂开发区和大同盆地盐碱地改造工程)开发改造工程(见表 4-4)。从节水角度出发，综合改造升级了汾西、阳武河、大禹渡等 20 多个大中型灌区，相继在大同南郊、介休洪山、临汾乔李、临猗北辛、万荣汉薛等地建成菜田微灌片、粮田喷灌片、经济作物微喷片、果园微机控制滴灌片、细管渗灌片 5 个省级微灌示范区[①]。1993 年后，连续三年因改善农田基本建设形成的水地达 900 多万亩，新增基本农田 227 万亩，初步治理水土流失面积 1200 多万亩[②]，山西省建设节水农田 79.9 千公顷，其中滴灌、喷灌、渗灌面积达 60 千公顷[③]。

表 4-3 "八五"时期水土保持重点项目

项目名称	建设内容
汾河水库上游及二库库区水土保持建设	汾河水库上游 4 县，10 年治理水土流失总投资为 2 亿元。1995 年治理面积初步完成 10.87 万亩，基本农田、植被分别为 2.62 万亩、8.25 万亩。其中，汾河二库上游基本农田、植被治理面积分别为 6160 亩、3.74 万亩，共计 4.36 万亩
黄土高原水土保持世界银行贷款项目	该项目包括忻州市偏关县、保德、河曲 3 县，吕梁市兴县，临汾市蒲县、隰县、大宁县。1995 年该项目投资总额为 5792.78 万元，治理梯田、滩地、乔木林、灌木林、经济林、果园分别为 4.2 万亩、0.3 万亩、0.4 万亩、0.4 万亩、0.4 万亩、0.7 万亩，58 座淤地坝建成
"3923"项目	该项目是世界粮食计划署援助山西省吕梁地区的水土保持项目，执行周期为 5 年。主要建设项目包括梯田建设、植树造林、果园建设、淤地坝修筑、河坝和防渗渠道修缮、饮水工程建设等内容，1995 年，完成建设 1.4 万亩梯田、2.7 万亩造林、1.08 万亩果园、15 座淤地坝、3 496 米河坝、3 200 米防渗渠道等内容，上述项目均超出年度计划标准
永定河、三川河国家重点治理区	该项目覆盖大同市新荣区、天镇、阳高、浑源 4 县(区)，吕梁市方山、柳林、离石、中阳 4 县，1995 年，水利部拨付资金 645 万元，合计完成 73.24 万亩的基本农田、小流域等治理
治沟骨干工程	全年完成 28 座骨干坝扫尾工程，完成工程量达 201.98 万立方米，坝控面积达 230.62 平方千米，总库容达 3387.5 万立方米。在该工程实施过程中，以农民参与为主的"四荒"拍卖成为一大亮点，为了顺利达到水土保持工程实施目标，山西省设立相应机构，加强水土保持监督工作

资料来源：孙文盛主编；《山西经济年鉴》编辑委员会编. 山西经济年鉴(1996)[M]. 太原：山西经济出版社，1996：100.

---

① 《中国水利年鉴》编辑委员会. 中国水利年鉴(1997)[M]. 北京：中国水利水电出版社，1997：221.
② 李旺明，苗长青. 当代山西经济史纲[M]. 太原：山西经济出版社，2007：439.
③ 《中国农业年鉴》编辑委员会. 中国农业年鉴(1996)[M]. 北京：中国农业出版社，1996：68.

表4-4 "三滩一碱"开发改造工程

项目名称	覆盖范围
大同盆地盐碱地改造工程 (1990—1993年立项)	大同市的南郊区、新荣区,雁北地区的左云、大同、阳高、天镇、浑源、广灵、灵丘和现划归朔州市的朔城区、右玉、平鲁、怀仁、应县、山阴,共15个县(区)
黄河滩涂开发区 (1994年立项)	永济、芮城、河津、平陆、万荣、临猗、垣曲、稷山、新绛、运城、夏县共11个县(区)
汾河滩涂开发区 (1995年立项)	尧都、洪洞、侯马、曲沃、襄汾、汾西、霍州、乡宁、翼城共9个县(市、区)
滹沱河滩涂开发区 (1996年立项)	忻府、原平、定襄、代县、繁峙、五台共6个县(市、区)

资料来源:《山西经济年鉴》编辑委员会. 山西经济年鉴(2006)[M]. 太原:山西经济出版社,2006:176.

1995年,山西省遭受了罕见的多种自然灾害,受旱面积达1523千公顷,其中成灾面积为760千公顷[1]。为此,山西省把兴水治旱,改善农业生产条件,同时把旱作农业和节水农业作为"九五"时期增强农业发展后劲的两大战略来抓。该阶段,山西省农田重点实施了"双千万亩"工程、节水农业工程、旱作农业工程、旱作玉米战略开发工程、种子产业化工程,以增加农业收入。1996年,山西省大力推行山地节水微灌,发展高产高效节水增产园区的农田水利基本建设热潮全面兴起。按照突出重点、讲求效益的原则,农业节水工程安排重点县43个,建设滴灌、微灌、渗灌等节水工程22处,全年完成节水灌溉面积达80千公顷。旱作农业工程继续抓长治、壶关、陵川、屯留、柳林、闻喜等12个旱作农业示范县和100个示范乡镇,山西省旱作农业工程田累计达826千公顷,其中机械作业面积为266千公顷。在大面积开展机修梯田的基础上,突出抓西山28县的基本农田建设,全年完成机修梯田65千公顷[2]。1997年,省委印发了《关于加快生态农业建设的决定》,先后编制完成《山西省1998年—2010年生态农业发展纲要》《山西省生态农业样板示范县建设规划》,以农业节水、河道治理、基本农田建设为重点的水利建设全面展开。1998年、1999年省委、省政府陆续下发《关于进一步加强农业和农村工作的若干意见》《关于加快全省生态环境建设的意见》《关于农村小型水利产权制度改革的意见》等系列重要文件,有效促进农村小型水利工程的发展。该时期,山西省不断提高山西粮食生产抵抗自然灾害的能力,探索以节水农业、旱作农业、径流农业为主要内容的生态农业之路。"九五"期间,山西省节水农业建设初具规模。山西省节水面积已累计发展到1080万亩,省固定渠道中累积防渗长度比例已由1990年的42.3%增长为52.2%,渠系水利用系数由0.59提高到0.66[3],年节水量可达8亿立方米左右[4]。新修梯田118.3万亩,平田整地648.9万亩,"三保田"

---

[1] 《中国农业年鉴》编辑委员会. 中国农业年鉴(1996)[M]. 北京:中国农业出版社,1996:68.
[2] 《中国农业年鉴》编辑委员会. 中国农业年鉴(1997)[M]. 北京:中国农业出版社,1997:34.
[3] 董玉秀. 山西省节水农业现状与发展对策[J]. 山西水利科技,2006(3):94-96.
[4] 曲青山,黄书元;《中国改革开放全景录·山西卷》编委会. 中国改革开放全景录(山西卷)[M]. 太原:山西人民出版社,2019:167-168.

建设 701 万亩，秸秆覆盖 351.8 万亩，地膜覆盖 735.9 万亩，地膜秸秆二元覆盖 45.65 万亩，秸秆还田 785.8 万亩，平衡施肥面积 1632.3 万亩，微量元素应用 671 万亩，叶面喷施 455 万亩，抗旱生物、化学制剂推广应用面积为 322 万亩。"九五"期间，旱作农业工程田平均每毫米降水生产粮食 0.55 公斤，自然降水利用效率提高 0.2 公斤/(毫米·亩)，减少水土流失达 73.5 万亩，减少泥沙流失量为 191.6 万吨[1]。1999 年，中共山西省委、省政府作出对全省经济结构进行战略性调整的决策，农业结构开始了新一轮调整。《山西省国民经济和社会发展第十个五年(2001—2005 年)规划纲要》中指出，"发展农村经济，要着重抓好蔬菜、干鲜果、优质杂粮、草食畜四大特色产业，其中优质杂粮侧重发展马铃薯、谷子、麦类、豆类等作物；草食畜重点建设肉牛、奶牛、肉羊、绒山羊和特种养殖等生产片区，大力发展草地；干鲜果重点发展苹果等 8 个水果品种和红枣等 6 种干果产品；蔬菜重点发展反季节蔬菜和延秋蔬菜"。2001 年，省计委制定了"十五"期间山西结构调整的"1311"规划及 5 个配套措施，正式启动农业产业化"百龙工程计划"，与此同时，继续抓好节水农业的建设，党的十五届五中全会召开，省委、省政府提出建设"节水山西""绿色山西"的重大战略决策。2003 年，山西省政府在全国率先制定了省域范围的节水型社会建设规划，2004 年出台《山西省节水型社会试点建设实施方案》等文件。"十五"时期，以东西山干果及优质杂粮、中南部无公害果菜、雁门关生态畜牧等为代表的特色农业经济区为基础的生产分工格局初步形成。发展节水灌溉面积 298 万亩，新增有效灌溉面积 81 万亩。完成建设潇河、汾河等多个大型灌区节水续建配套。在向渠系节水方面取得较大进展的同时，山西省农业节水灌溉继续扩大节水范围，推动渠系节水与田间节水同步建设，实现了农业过去大水漫灌式"浇地"向现在精准"浇作物"的转变，实现了小水、小站、井灌区向大中型灌区整合集中，推动过去的节水模式向管灌区喷微灌为主的现代农业转变，实现农业经济生产过程中对生态环境的最小扰动[2]。"十一五"期间，山西省农业建设按照"统筹协调发展、产业布局合理、区域特色明显、资源环境匹配"原则，划分了汾河平原、上党盆地、雁门关、太行山、吕梁山和城郊农业六大区域(见表 4-5)，同时展开了新一轮农田基本条件建设，立足改造修复旧灌区、用好老灌区、建设新灌区的指导思想，全省加快推动了百万亩大型灌区建设，如北赵引黄、夹马口北扩等两座大型灌区，同时升级改造完成六大泵站、十大灌区。5 年来，山西省实灌面积连创新高，引黄灌溉用水量由 2005 年的 1.2 亿立方米增加到 5.8 亿立方米，2010 年实灌面积达 1 713 万亩，较"十五"末净增 513 万亩[3]。出台实施了现代农业示范区建设和盐碱地改造等"七大强农工程"[4][5]，完成高标准旱作农

---

[1] 牛仁亮. 区域节水研究——案例：从"缺水山西"到"节水山西"[M]. 北京：中国科学技术出版社，2004：108.

[2] 《山西省人民政府办公厅关于印发〈山西省水利发展"十一五"规划〉的通知》(晋政办发〔2006〕90 号).

[3] 杨茂林主编，高春平，冯素梅等. 山西若干重大成就回顾与展望[M]. 太原：山西人民出版社，2019：130.

[4] "七大强农工程"指全面实施现代农业示范区建设、启动片区扶贫开发规划、启动大同盐碱地改造工程、启动西山沿黄地区黄河水利用工程、实施封山禁牧发展规模健康养殖工程、加大对农村现代流通体系建设的支持力度、推进农产品加工"513"工程。

[5] 《山西经济年鉴》编辑委员会. 山西经济年鉴(2011)[M]. 太原：山西人民出版社，2011：282.

田、节水灌溉农田、中低产田改造 2 000 万亩[①]，5 年来粮食产量年均超过百亿公斤，农业综合生产能力稳步提高。

表 4-5　农业六大区域布局

区域名称	主要任务
汾河平原区域	主要发展高效设施农业、优质水果、畜牧、蔬菜和农产品加工，范围包括山西中南部、汾河两岸、涑水河两岸，涵盖 27 个县(市)
上党盆地区域	主要发展道地中药材、优质杂粮和蔬菜，范围包括山西东南部(含漳河河谷盆地和沁河河谷盆地)，涵盖 11 个县(区)
雁门关区域	主要发展草牧业、优质杂粮、冷凉露地蔬菜(食用菌)，范围包括山西北部(含桑干河河谷盆地和滹沱河河谷盆地)，涵盖 36 个县(市、区)
太行山区域	主要发展优质杂粮、道地中药材、冷凉露地蔬菜，范围包括太行山低山丘陵地区和寿阳—昔阳—平定地区，涵盖 13 个县
吕梁山区域	主要发展优质干鲜果、优质杂粮和食用菌，范围包括吕梁山低山丘陵地区，涵盖 16 个县
城郊农业区域	主要发展高端高效、生态休闲、旅游观光、现代服务、精品功能等农业，范围包括太原都市圈、晋北、晋南、晋东南和晋东城镇群，涵盖 36 个区(市)

资料来源：景世民. 山西经济结构变革与发展[M]. 太原：山西人民出版社，2019：51.

四、新兴产业发展初见势头

受山西省经济结构调整战略影响，截至 2002 年，5 年内山西省 100 个高新技术项目中有 75 个项目实现了开工建设，其中，55 个高新技术项目已建成投产或部分投产。重点培育的新材料、生物制药、先进制造技术、环保技术、企业信息化等领域均有大进展；第三产业发展加快，10 个旅游景区被列入国家 4A 级旅游景区；云冈石窟继平遥古城之后，被列入世界文化遗产名录；鹳雀楼复建工程全部完成。传统服务业的规模和效益明显提高，现代化服务业的比重逐步上升，第三产业呈现主业突出、门类齐全、各业并举、协调发展的态势。"十五"时期，山西省积极推进新兴产业，装备制造、医药化工、新材料、文旅、信息咨询、金融保险、房地产和教育等现代新兴服务产业在转型发展的统筹部署下呈现良好发展势头。例如，"十五"末期，装备制造业销售收入达 364.4 亿元，与 2000 年相比，增长了 1.6 倍。文化产业增加值 2005 年达 100.7 亿元，占山西省生产总值的比重达 2.4%，高于全国 2.15% 的平均水平。新材料产业发展方面，纳米粉体材料、新型墙体材料等尤其以高性能钕铁硼磁性材料为主的工业成为我国三大制造基地之一[②]。"十一五"期间，山西省聚焦新型工业化发展目标，按照"一产巩固加强、二产优化提升、三产大力发展"的指导思想，制定出台"煤焦冶电"、装备制造、现代煤化工、新型材料、食品工业、文旅等 10 大产业调整振兴计划及覆盖的 28 个子行业具体形式实施方案，全面推进产业结构调整。在

[①] 山西省 2011 年政府工作报告。
[②] 成鹏登. "十五"期间山西经济结构调整成效明显[N]. 中国信息报，2006-07-31(002).

一系列转型政策支持下，山西省装备制造、新材料、文旅、现代煤化工、先进装备制造等新兴产业得到进一步发展。装备制造方面，大运二期5万辆重卡、晋城科技园一期5500台机器人、晋中吉利10万辆新能源汽车、大同协鑫多晶硅及光伏产业等一批项目布局建设。现代煤化工方面，投资226亿元的潞安180万吨煤基多联产、焦煤60万吨焦炉煤气制烯烃等项目加快推进或部分投产。文旅方面，云冈石窟、五台山等景区提质升级项目进展顺利[①]。可以发现，该时期，山西省高新技术产业发展出现良好势头。生物医药、现代农业、新材料占新型产业总规模的比重近70%，镁合金、硬质高岭土和钕铁硼等新材料产量分别占全国的30%～70%，高新技术产业增加值从2002年的23.3亿元增加到2007年的302亿元，年均增长55.74亿元，产值占山西省产值的比重也由2002年的1.15%提高到2007年的5.3%[②]。

五、产业结构调整中传统产业进一步加强

综观山西产业结构调整，全省经济结构始终围绕能源产业展开、深化。20世纪80年代，山西能源重化工基地建设过程中强调挖煤、采煤。进入20世纪90年代，产业结构调整转向强调"输煤、输电"并重。虽然该阶段提出经济上新台阶的产业结构调整方案，但山西省工作重点和投资方向更多集中于能源产业及公路、铁路建设等配套项目上，尤其是服务于煤炭开采、外运建设的相关项目。"八五"时期，山西省煤炭、电力投资占整个能源工业投资的64.3%。进入"九五"时期，煤炭、电力在整个能源工业投资中占比进一步增加，1996—1997年，山西省煤炭、电力占整个能源工业投资的76.5%[③]。1997年，山西省各类煤矿达到创纪录的10 971座，其中，中小型煤矿数量占比超过99%，但中小型煤矿产量仅占全行业煤炭产量的一半，焦炭、冶金和建材等行业中，中小企业也成为主要推动力量[④]。按1997年国内生产总值计算，山西省第二产业比重为53.3%，其中重工业比重为80.8%，重工业内部采掘工业比重为31.9%，原料工业比重为46%，加工工业比重仅为22.1%[⑤]。1998年，山西省工业接近一半是煤炭、冶金行业，高技术产业增加值占工业增加值的比重仅为3%左右，远低于全国平均水平(11%)[⑥]。第一轮产业结构调整并未达到预期效果，以煤炭为主导的单一化、低端化产业结构并未有效改善，行业规模化和机械化程度仍然较低。2001年加入世界贸易组织以来，我国经济进入高速发展阶段，煤炭等能源需求急剧增加。2002年1月，国家取消电煤指导价，煤价开始进入市场化阶段，从2003—2012年开启长达十年的煤炭黄金期，虽然其间金融危机爆发，但国家4万亿元经济刺激政策带来煤炭价格的新一轮反弹，煤炭价格一路高位运行，能源行业的高利润[⑦]使大量社会资本进入煤炭等领域，能源工业迅猛发展，重型化、单一化的产业结构更加夯实。2004年，山西出口煤炭达3929万吨，占全

---

① 《山西经济年鉴》编辑委员会主编. 山西经济年鉴(2012)[M]. 太原：山西人民出版社，2012：1-3.
② 郑延涛. 山西省情与发展概要[M]. 北京：中国商业出版社，2009：129.
③ 万田杰. 建国后山西产业结构的历史演进研究[D]. 太原：山西财经大学，2014.
④ 高春平，杨茂林. 建国60年山西若干重大成就与思考[M]. 太原：山西人民出版社，2009：202.
⑤ 马福平. 山西产业结构的现实考察与战略转变[J]. 经济问题，1999(8)：51-54.
⑥ 高建民. 在加快转型跨越中实现山西崛起[M]. 太原：山西人民出版社，2008：24.
⑦ 2005年，福布斯富豪榜上的10个山西富豪，其中6个涉及煤炭焦化产业。

国出口量的46%，同年，山西年产焦炭8000万吨，占全国焦炭产量的50%，出口量占全国的80%[①]。2006年，立足国家能源安全，国家发展改革委下发的《国家发改委关于大型煤炭基地建设规划的批复》(发改办能源〔2006〕352号)中13个亿吨级能源基地有3个列入山西省(晋北能源基地、晋中能源基地、晋东能源基地)。同时要求，"十一五"时期末，山西将达到7亿吨煤炭生产规模，电力总装机达4 700万千瓦(2005年为2 300万千瓦)，煤化工产业发展实现突破性进展，主导产品(化肥、甲醇、二甲醚、煤制油等)产量达1500万吨，进一步强化全省能源产业地位，产业结构调整步履维艰。煤炭在工业总产值中占25%左右，地位稳固，以煤炭为首的八大产业位置序列并未发生根本性变化[②]。虽然山西省大力进行产业结构调整，开展了煤炭行业"三大战役"，推进新型能源重化工基地建设，但以煤炭为主导的传统行业扩张势头强劲，旅游、新材料、装备制造、煤化工等新兴产业和接续产业比重偏低。通过考察1992—2011年"煤焦冶电"传统产业在山西省工业增加值的比重(见图4-1)可以发现，1992年，"煤焦冶电"占工业增加值的比重为60.86%，1998年比重上升到67.69%，进入21世纪，比重更是大幅上涨，从2001年的70.40%增加到2011年的83.67%。因此，以煤炭为主导的四大传统产业正在产业结构调整中复归，"一煤独大"的重型化经济发展格局仍在继续[③]。经济发展方式粗放落后，经济结构层次偏低，生态环境破坏的问题还很突出的现状尚未根本改变，其中占经济总量较大比例的"煤焦冶电"产业上下游关联度差、技术装备落后、产业初级化，在采掘、搬运、加工、转化过程中对矿产资源综合利用率较国内平均水平低10%，与国际先进水平相比更是差距甚远。例如，2005年，山西省万元地区生产总值中消耗能源2.95吨/标准煤，相当于国内平均水平的2.42倍，万元地区生产总值消耗水资源量超出国内先进水平1倍以上。煤炭等矿产资源平均开采率仅为44%。

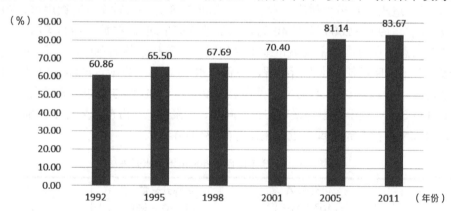

图4-1 "煤焦冶电"占工业增加值的比重

资料来源：山西省历年统计年鉴。

山西省工业固体废物产生量位居全国第一，但综合利用率仅为36.5%，低于国内平均水平15%，与先进水平更是相差约40%。此外，山西省废旧物资的资源化和再利用水平仍处于初级阶段，开发利用再生资源还未得到足够重视，城乡垃圾无害化处理率也低于国内先

---

① 王晓霞，王汉斌. 山西煤炭开采的问题与对策研究[J]. 山西煤炭，2006(4)：9-11.
② 高建民. 在加快转型跨越中实现山西崛起[M]. 太原：山西人民出版社，2008：31.
③ 王翠芳. 山西经济结构战略性调整问题的几点思考[J]. 中共山西省直机关党校学报，2011(6)：34-37.

进水平 53%[①]。在 2011 年山西省政府工作报告中也明确强调，当前山西省产业结构不合理，经济发展方式仍粗放，科技创新能力还需提升，节能减排面临较大压力。可以发现，山西省在经历多轮产业结构调整后，经济与生态环境关系的融洽程度所呈现的内在形势仍十分严峻。

第三节 生态环境质量整体曲折中向好

20 世纪八九十年代，山西省提出产业结构调整的初步思路。进入 21 世纪，新一轮产业结构调整浪潮再次掀起。研究发现，经过多轮经济结构调整后，山西省经济增长点仍然集中在能源、化工等重工业领域，经济发展对生态环境的压力并未得到本质解决。随着可持续发展、科学发展观的提出与贯彻执行，山西省委、省政府一方面着手经济结构调整，一方面狠抓生态环境质量提升。在环境压力极大的情况下，山西省生态环境质量在曲折发展过程后，整体呈现积极向上的态势，外在表现为经济与生态环境关系逐渐走向协同。

一、水资源短缺得到缓解

(1) 严重缺水问题的出现与凸显。长期粗放式、单一化能源重工业发展，造成山西省水资源超采、水位急剧下降，工农业用水矛盾突出，人畜饮水问题紧张。据 1994 年不完全统计，山西省有各类煤矿 6000 余座，遍及 11 个地市、74 个县(市)，采煤排水量、漏水量达 2.6 亿立方米，造成 700 多个村庄、72.5 万多人和 5.18 万头大牲畜没有饮用水，70 多万亩水地变成旱地[②]。1993—2003 年有 40 万亩水浇地变成旱地[③]。根据《1994 年中国环境状况公报》公布信息，在全国各主要城市地下水超采、严重超采的名单中，太原名列榜首。大同市在改造册田水库后使缺水有所缓解，但仍缺水 11.3 万立方米。同样，朔州市在超采地下水的情况下，日缺水达 2.4 万立方米[④]。1999 年，太原市与运城市开采程度分别达到 123.72%、137.84%，处于严重超采状态；大同市、阳泉市、临汾市开采程度分别为 109.8%、98.65%、94.62%，处于超采或接近超采状态(见表 4-6)。

表 4-6 1999 年山西省各地市地下水开采

地 市	可开采量 ($\times 10^8$ 立方米)	实际开采量 ($\times 10^8$ 立方米)	开采程度 (%)
大同市	3.185	3.4963	109.8
朔州市	4.4298	3.2647	73.70
忻州市	9.453	3.1936	33.78
太原市	3.5501	4.392	123.72

---

① 《山西省人民政府关于印发〈山西省循环经济发展规划〉的通知》(晋政发〔2006〕51 号)。
② 李振吾. 自然物流的一角[M]. 太原：山西经济出版社，1996：144.
③ 陈新凤. 经济转型期山西省可持续发展研究[M]. 太原：山西人民出版社，2010：71.
④ 李振吾. 自然物流的一角[M]. 太原：山西经济出版社，1996：151.

续表

地 市	可开采量 (×10^{8}立方米)	实际开采量 (×10^{8}立方米)	开采程度 (%)
吕梁市	3.7604	2.9605	78.73
晋中市	7.268	4.8327	66.49
长治市	5.279	2.0887	39.57
晋城市	5.587	1.4517	25.98
临汾市	6.101	5.7736	94.63
运城市	6.024	8.3033	137.84
阳泉市	2.271	2.2403	98.65
合计	56.9083	41.9974	73.80

资料来源：张宗祜，李烈荣. 中国地下水资源(山西卷)[M]. 北京：中国地图出版社，2005：130.

严重超采地下水引发了人口饮水困难问题，截至1999年年底，山西省有600万农村人口饮水困难，其中40%的人口处于严重缺水状况[①]。据史料记载，山西省内严重缺水的地方，群众常需前往几千米远的地方或者很深的沟谷中去挑水、拉水来满足用水需求，如遇到干旱年份甚至前往10多千米远的地方取水。有些地区饮用水水质差，水中氟、砷等有害物质含量严重超标[②]，常因争水、抢水发生矛盾和冲突，生态环境的恶化严重影响了经济社会的稳定。2000年，山西一度有430万人饮水困难，其中300万人靠异地运水维持生存[③]。为深入了解山西省水资源短缺状况，山西省于2001年开展了第二次全省范围内水资源评估，结果显示2000年，山西省总人口为3 245.8万人，人口总数占全国的2.6%，耕地面积为6 883.4万亩，占全国耕地总面积的3.5%，而水资源拥有量占全国总量的比重仅为0.5%，人均、亩均占有量分别为381立方米/人、180立方米/亩，远远低于全国平均水平值(2 200立方米/人、1 700立方米/亩)，是一个水资源与人口、经济极不平衡的地区[④]。截至2003年，完全断流的泉水有晋祠泉、兰村泉、古堆泉三眼，接近断流的有郭庄泉、洪山泉，较早期平均泉水流量减少40%的有娘子关泉、神头泉、辛安泉、柳林泉、水神堂泉，泉水流量减少30%以下的有马圈泉、城头会泉、天桥泉[⑤]。2004年，山西省水资源人均占有量为277.4立方米/人，仅为全国平均水平的15%，世界平均水平的4.5%[⑥]。根据《山西省人民政府关于印发〈山西省循环经济发展规划〉的通知》(晋政发〔2006〕51号)可知，山西省水资源支撑经济社会发展的能力十分薄弱，人均水资源占有量为381立方米，相当于国内人均占有量的16.67%，比国际公认的人均值(500立方米)还低119立方米，人均年供水量为170立方米，相当于国内均值的41%，是国内最严重的缺水地区之一。能源经济的复归强化进一步打破

---

① 刘振华. 实践"三个代表"，兑现"庄严承诺"，以新的水利建设成就迎接十六大胜利召开[J]. 山西水利，2002(6)：5-7，37.
② 秦文峰，苗长青. 山西改革开放史[M]. 太原：山西教育出版社，2009：377.
③ 刘颖秋. 干旱灾害对我国社会经济影响研究[M]. 北京：中国水利水电出版社，2005：28.
④ 范堆相. 山西省水资源评价[M]. 北京：中国水利水电出版社，2005：136.
⑤ 刘家宏，王浩，秦大庸，等. 山西省水生态系统保护与修复研究[M]. 北京：科学出版社，2014：7.
⑥ 谢胜波，阎永康. 山西水资源可持续利用分析[J]. 山西农业科学，2008(5)：3-6.

了经济与生态关系走向内在协同的步伐,省内七里河、小峪河、口泉河、清漳河、桃河、兑镇河、十里河、长河等出现断流现象,兰村泉、娘子关泉、辛安泉、神头泉、郭庄泉等12个岩溶大泉流量减少50%以上,地下水因超采严重水位大幅下降,山西省水资源总量呈现持续衰减趋势①。从1990—2005年年度最深饮水井深度变幅(见表4-7)可知,山西省饮水井深度最高已达1000米左右,主要以太原(迎泽、杏花岭)、吕梁(柳林)、晋中(襄汾)、忻州(原平)为主,15年内水位变化幅度平均为291米,相当于年均水位下降变化为19.4米。"十五"期间,山西省水资源可供给量不足60亿立方米,要想确保经济平稳发展,年供水量还差20亿立方米,工农业发展和城乡生活用水全面短缺,水资源供给量显然难以满足经济社会发展的需要②。

表4-7 1990—2005年山西省年度最深饮水井深度变幅

省(市、县)	年度最深饮水井深度(米) 最小值	年度最深饮水井深度(米) 最大值	相差幅度(米)	省(市、县)	年度最深饮水井深度(米) 最小值	年度最深饮水井深度(米) 最大值	相差幅度(米)
全省	711	1118	407	静乐	50	386	336
太原市	600	1118	518	神池	120	450	330
清徐	150	503	353	河曲	380	670	290
小店	150	858	708	保德	380	541	161
晋源	150	450	300	偏关	230	350	120
迎泽	250	1118	868	吕梁市	550	889	339
万柏林	450	550	100	兴县	260	730	470
杏花岭	600	1089	489	岚县	65	420	355
阳曲	120	690	570	交城	30	300	270
古交	20	712	692	文水	190	350	160
娄烦	200	460	260	汾阳	260	700	440
大同市	122	450	328	孝义	550	889	339
南郊	122	192	70	交口	189	502	313
新荣	50	150	100	石楼	80	400	320
左云	60	140	80	中阳	180	888	708
浑源	100	450	350	柳林	263	1113	910
广灵	110	180	70	临县	388	492	104
灵丘	90	150	60	方山	58	451	393
阳高	82	120	38	离石	37	580	543
天镇	70	120	50	晋中市	250	800	550
大同县	80	150	70	榆社	80	150	70
阳泉市	550	710	160	左权	30	230	200

---

① 山西省人民政府关于印发《山西省循环经济发展规划》的通知(晋政发〔2006〕51号)。
② 山西省人民政府办公厅关于印发《山西省水利发展"十一五"规划》的通知(晋政办发〔2006〕90号)。

续表

省(市、县)	年度最深饮水井深度(米)		相差幅度(米)	省(市、县)	年度最深饮水井深度(米)		相差幅度(米)
	最小值	最大值			最小值	最大值	
孟县	550	710	160	和顺	40	800	760
平定	477	680	203	昔阳	250	700	450
郊区	496	700	204	寿阳	180	700	520
长治市	711	810	99	榆次	180	600	420
城区	150	456	306	太谷	150	300	150
郊区	70	501	431	祁县	160	298	138
长治县	90	630	540	平遥	120	450	330
潞城	410	510	100	介休	150	518	368
屯留	40	170	130	灵石	242	601	359
长子	30	200	170	侯马	100	220	120
壶关	711	810	99	曲沃	70	210	140
平顺	600	625	25	翼城	260	650	390
黎城	300	571	271	襄汾	245	1000	755
武乡	70	210	140	洪洞	100	500	400
沁县	110	130	20	霍州	80	600	520
襄垣	450	560	110	古县	100	105	5
沁源	60	450	390	安泽	80	500	420
晋城市	480	793	313	浮山	110	300	190
城区	480	600	120	吉县	151	200	49
泽州	450	793	343	乡宁	410	710	300
沁水	210	600	390	蒲县	165	250	85
阳城	408	764	356	大宁	40	70	30
高平	403	761	358	隰县	410	700	290
陵川	150	560	410	汾西	150	800	650
朔州市	120	560	440	运城市	480	800	320
朔城	90	360	270	稷山	80	285	205
平鲁	120	500	380	河津	480	730	250
山阴	120	560	440	平陆	105	320	215
怀仁	82	150	68	盐湖	90	430	340
右玉	90	200	110	永济	80	350	270
应县	100	135	35	芮城	75	400	325
忻州市	380	1000	620	临猗	90	330	240
忻府	108	268	160	万荣	150	800	650
定襄	95	150	55	新绛	70	280	210
五台	250	550	300	闻喜	80	280	200

续表

省(市、县)	年度最深饮水井深度(米)		相差幅度(米)	省(市、县)	年度最深饮水井深度(米)		相差幅度(米)
	最小值	最大值			最小值	最大值	
原平	260	1000	750	夏县	95	390	295
代县	136	158	22	绛县	85	230	145
繁峙	120	150	30	垣曲	70	230	160

资料来源：山西省水利厅. 山西省特大干旱年应急水源规划[M]. 北京：中国水利水电出版社，2009：55-57.

(2) 水供给严重缺乏困局开始破题。"三个基础、四个重点"经济发展战略提出后，为缓解工农业争水、城乡争水对抗关系，山西省布局了万家寨引黄入晋工程、滹沱河南庄调水工程、沁河灌区工程、汾河二库工程、引沁入汾工程、浪店引水工程、禹门口提水工程等大型水利工程(见表 4-8)，其中万家寨引黄入晋工程是中华人民共和国成立以来山西最大的水利工程。该工程从中华人民共和国成立初期提出，经过近几十年的酝酿、考察、论证、立项，于 1993 年 5 月 22 日正式奠基开工。随着工程的相继动工、建成投入使用，山西省的供水状况开始得到初步改善。以引黄工程为例，太原市经济社会的快速发展引发需水量急剧增长，导致地下水长期大量无序超采，年超采量达 9 000 万立方米，地下水水位平均每年以 3~5 米的速度下降[①]。为充分发挥引黄工程效益，科学配置水资源，保护地下水，2003 年南干线正式供水后，同年 11 月太原市政府启动"关井压采工程"，用引黄水置换地下超采水、优质水(见表 4-9)。从 2003 年 11 月 11 日至 2005 年 12 月全市累计关闭了 125 个单位的 245 眼水源井，压缩地下水开采量为 24.98 立方米/天，太原盆地孔隙水出现了近 20 多年来首次停降转升的可喜局面。与 2003 年同期相比，西张水源地中心水位上升了 15.17 米，平均每年以 5.06 米的速度回升。城区孔隙水水位平均上升速率达 3.05 米/年，使超采地下水造成的环境问题初步得到遏制，标志着全市连续 20 多年超采地下水，以牺牲水生态环境为代价来维持经济社会发展的局面开始扭转[②]。截至 2009 年，全市共关闭 336 个单位的 593 眼自备井，压缩地下水开采量为 44.58×10^4 立方米/天。截至 2010 年全市共压缩地下水开采量达 46.26×10^4 立方米/天，孔隙水水位普遍回升[③]。

以能源为主的重工业粗放式发展，水资源短缺问题在治理过程中出现反弹现象。以农村饮水为例，受煤矿开采影响，建设好的农村饮水工程频频报废，使农村饮水困难问题陷入"死循环"。根据史料记载，"十五"时期建设的农村饮水工程，因开采煤炭资源引起 810 个村、37 万人陷入饮水困难状态。此外，随着山西省地下水位的不断下降，增加打井深度，选择井位和打井的难度让农村饮水问题变得更加复杂和艰巨[④]。在经济与生态关系恶化的严峻形势下，省内各地市纷纷开展地下水恢复工作，立足"压缩超采，控制发展"的控制目标，从替代水源工程、节水措施、污水回用及矿井水再生水源工程三个方面布局地下水超采区调控方案(见表 4-10)。

---

① 许一友，胡春耕，陈江峰. 神秘的黄土地——太原物产资源[M]. 太原：山西人民出版社，2009：93.
② 山西省水利厅. 山西省特大干旱年应急水源规划[M]. 太原：中国水利水电出版社，2009：33.
③ 周永昌，郭晓峰，赵小平. 山西地下水资源与开发利用研究[M]. 太原：山西科学技术出版社，2013：91.
④ 山西省水利厅. 山西省特大干旱年应急水源规划[M]. 北京：中国水利水电出版社，2009：57.

表4-8 重点建设的水利工程

名 称	设计效益
万家寨引黄入晋工程	山西省有史以来最大的水利工程，引黄工程位于山西省西北部，途经偏关、平鲁、朔州、神头、宁武、静乐、娄烦、古交8县，穿过吕梁山区。经过地区的河流有黄河水系的偏关河、县川河、朱家川河、汾河和海河水系的恢河。引黄工程输水线路总长为452.4千米，年引水量达12亿立方米，引黄工程分两期实施。其中，一期工程主要是对总干线、南干线和连接段的建设，设计标准为年引水量6.4亿立方米，引水流量20.5米^3/秒，解决制约太原市可持续发展的水资源紧缺问题，一期工程于2003年10月26日向太原市正式供水。二期工程是建设向朔州和大同输水的北干线，长为166.9千米，引水流量为22.2米^3/秒，设计引水量为5.6亿立方米/年。其中通过管道向朔州市的平鲁区、朔城区、山阴县、怀仁县和大同市区城市生活供水、工业供水3.0亿立方米。通过河道向桑干河沿线生态、农业供水达2.6亿立方米。北干线起点为偏关县下土寨的总干分水闸，途经平鲁、朔州、山阴、怀仁等区(县)，直至大同市的赵庄小村水库止，二期工程于2009年2月27日开工建设，2011年9月16日建成，并正式向大同、朔州供水
滹沱河南庄调水工程	以解决太原、忻州工业和城市生活用水为主的大型引水工程，也是充分利用该省境内水资源的关键项目。从滹沱河南庄附近调水，经五级提水到忻州、太原，总扬程达467米，输水线路达130多千米，年引水达1亿立方米
沁河灌区工程	山西省农业发展战略中的骨干水利工程，可自流灌溉古县、安泽、洪洞、临汾、浮山、翼城、曲沃等7县50万亩土地，改善老灌区30万亩土地，同时还可发电、供水，保障临汾用水。1992年9月已开始一期工程的草峪岭隧洞的建设，主洞掘进75米
汾河二库工程	确保太原市防洪安全和缓解供水矛盾的重点项目，位于太原市北郊区和阳曲县交界的玄泉寺水库，建成后可使太原市的防洪标准由现在的20年一遇，提高到100年一遇。与汾河水库联合运用，可调节区间径流，年增供太原市水量4400万立方米，有利于汾河水库水沙调度，延长使用寿命，兼有发电和旅游等综合效益，该工程将与引黄入晋工程配套，作为引黄向太原供水的调蓄水库。1992年11月23日，水利部水利水电规划设计总院已审查通过了汾河二库工程可行性报告。10月28日，进库公路投入建设，到1992年年底已完成3.15千米。共完成投资800万元
引沁入汾工程	为解决汾河下游尤其是临汾盆地的缺水困境，实现汾河下游常年清水复流，山西省高平市正式启动了引沁入汾工程。引沁入汾一期工程即马房沟提水工程于2004年9月已完工，目前工程年供水能力达5900万立方米。引沁入汾二期工程即马连圪塔引水工程，年引水量达7000万立方米
浪店引水工程	解决夹马口、小樊、尊村电灌站的黄河水源脱流问题和泥沙处理问题，解决后可改善水浇地200余万亩
禹门口提水工程	该工程位于山西省运城市河津市，主要用于向山西铝厂(国家重点工程)、大型火电厂、王家岭煤矿等工矿企业供水，同时也提供河津、稷山和新绛三县汾河以北台地的49.8万亩农田灌溉用水

资料来源：①陈新凤．经济转型期山西省可持续发展研究[M]．太原：山西人民出版社，2010：52．②李元平．山西地域文化[M]．太原：三晋出版社，2014：137．③《中国水利年鉴》编辑委员会．中国水利年鉴(1993)[M]．北京：中国水利水电出版社，1994：206-207．④山西省县域村镇体系规划编制研究课题组．县域村镇体系规划——山西省浮山县规划案例与理论研究[M]．北京：中国城市出版社，2009：153．⑤阎文斌，姚建民，常廉方，等．山西食物发展战略研究[M]．太原：山西经济出版社，1992：282．⑥朱学工．利用振冲桩提高软弱地基承载力及地基抗液化能力[J]．山西水利科技，1996(4)：76-77．

表 4-9 引黄水置换超采水、优质水方案

干线名称	建设内容
南干线	根据汾河流域水资源情况,南干线用水实行水资源统一管理和统一配置,分质供水,将优质岩溶水和地下水用于城镇生活,将引黄水简单处理后用管道输送到太原市北部、西部和西南部工业区,主要供给太钢集团、太原一电厂、太原二电厂、西山煤电集团、太原化工集团、太原重机集团、太原煤炭气化公司等用水量大的企业;继续关闭城区工业自备井,扩大引黄水的市场,并在实施优惠电价、补贴水价等政策后,将引黄水供水对象扩大到生态用水(包括置换超采地下水及河道内用水)和农业用水。到 2010 年引黄工程南干线可向汾河流域增加供水量 2.0 亿立方米,净引水量达 2.7 亿立方米(其中,工业供水 1.2 亿立方米,生态供水 1.5 亿立方米),毛引水量达 3.2 亿立方米,达到一期工程设计供水能力。通过向太原市区工业供水,置换 1.2 亿立方米的地下水开采量(其中,超采量 1.04 亿立方米);扩大引黄供水范围向太原盆地输送生态水,在一定程度上渗漏补给地下水,置换一部分农业机井的开采量,起到涵养盆地地下水的作用
北干线	因该线路没有汾河水库等类似大型水库稀释净化超过水质标准的黄河水,分质供水、优水优用显得尤为重要。目前朔州的神头一电厂、神头二电厂和大同市的大同二电厂占用了 1 亿立方米的优质泉水和地下水作为发电用水。规划方案拟将引黄水用于工业、生态用水,将目前作为发电生产用水的神头泉水和深层地下水置换出来,供给朔州市区、平鲁区、山阴县城、怀仁县城和大同市区的城市生活(2015 年两市城镇生活需水量为 0.83 亿立方米/年,其中居民生活需水量为 0.5 亿立方米/年)。这样不仅保证了 130 万人口的饮水安全,也可以降低引黄水的处理成本,延长引水时段。引黄工程北干线在城市工业供水量中,安排置换大同市区超采区地下水 0.80 亿立方米、朔城区超采区地下水达 0.1 亿立方米、山阴县超采区地下水 0.02 亿立方米、怀仁县超采区地下水 0.08 亿立方米,合计置换超采区地下水量达 1.0 亿立方米。向大同煤田同煤集团采煤影响区补偿供水 0.33 亿立方米,向平朔矿区采煤影响区补偿供水 0.21 亿立方米,合计向采煤影响区供水 0.54 亿立方米,其余为城市生活、工业发展用水。向桑干河沿线生态、农业供水量中包括补偿恢河灌区、桑干河灌区被工业占用的灌溉用水量 1.0 亿立方米

资料来源:山西省水利厅. 山西省特大干旱年应急水源规划[M]. 北京:中国水利水电出版社,2009:108-109.

表 4-10 2010 年山西省地下水超采区调控方案

| 行政分区 | 超采区名称 | 超采量(万立方米/年) | 2010 年 | | | | |
			控制目标	调控措施	压缩超采量(万立方米/年)	关闭井数(眼)	压缩率(%)
大同	大同城郊	12372	压缩超采,控制发展	①替代水源工程为册田水库引水工程;②节水措施;③污水回用及矿井水再生水源工程	1470	98	11.9

续表

行政分区	超采区名称	超采量(万立方米/年)	2010年 控制目标	2010年 调控措施	2010年 压缩超采量(万立方米/年)	2010年 关闭井数(眼)	2010年 压缩率(%)
朔州	朔城区	971	同上	—	—	—	—
朔州	山阴	177	同上	—	—	—	—
朔州	怀仁	719	同上	—	—	—	—
忻州	原平	118	同上	—	—	—	—
忻州	忻府区	368	同上	—	—	—	—
太原	兰村泉域	2126	同上	①替代水源工程为汾河水库、汾河二库、引黄工程南干线；②节水措施；③污水回用及矿井水再生水源工程	9908	661	55.6
太原	晋祠泉域	1694	同上				
太原	太原城郊	13993	同上				
晋中	榆次、太谷、祁县	3389	同上	—	—	—	—
晋中	介休	1226	同上	—	—	—	—
吕梁	交城边山	1041	同上	—	—	—	—
吕梁	文汾边山	485	同上	—	—	—	—
吕梁	孝义边山	1974	同上	—	—	—	—
临汾	尧都区	0	同上	①替代水源工程为马房沟提水工程、龙子祠泉；②节水措施；③污水回用及矿井水再生水源工程	705	141	38.0
临汾	侯马	1545	同上				
临汾	古堆泉域	309	同上				
运城	汾河谷地	4955	同上	①替代水源工程为夹马口等沿黄提水工程、黄河滩地下水开发工程；②节水措施；③污水回用水源工程	12257	1362	51.4
运城	涑水盆地	18908	同上				
晋城	高平城区	122	同上	①替代水源工程为张峰水库、下河泉及郭壁泉提水工程；②节水措施；③污水回用及矿井水再生水源工程	1470	163	60.0
晋城	泽州城区	2327	同上				
合计		68819	—		25810	2425	37.5

资料来源：山西省水利厅. 山西省特大干旱年应急水源规划[M]. 北京：中国水利水电出版社，2009：132.

为应对水资源短缺对经济社会发展带来的危机，2007年3月21日，山西省政府审议通过了《关于加强水利建设实施兴水战略的决定》，启动实施了农村饮水安全、农田灌溉、城乡节水、地下水及水源地保护、应急水源、水土保持淤地坝六大战略工程，再次将水利建设推向高潮。"十一五"期间，山西省完成水利投资380亿元，是1949年中华人民共和国成立以来全省历次五年规划中水利投资额之最。在此背景下，大同市唐河水电站、孤山水库、文瀛湖水库防渗改造工程，朔州市海子湾水库、东石湖水库，忻州市坪上应急引水工程等35项应急水源工程[①]基本完工(见表4-11)，新增供水11亿立方米。相继建成北赵引黄、夹马沟北扩两个大型灌区，续建配套十大灌区和有序推进更新改造了六大泵站，引黄灌溉用水量由"十五"时期的1.2亿立方米增加到1.5亿立方米，较"十五"末净增灌溉土地513万亩。农村饮水安全实现全覆盖，1188万群众的饮水安全问题得到解决。关井压采措施的实施，使地下水开始止降回升。实施了汾河清水复流工程，实现了汾河全河段不断流。城乡节水工程的实施，使山西省万元地区生产总值用水量大幅下降，由2005年的155立方米降至2010年的80立方米，农田灌溉水利用系数从0.47提高到0.5，2010年与2005年相比，全省地下水位平均上升0.56米[②]，水生态环境明显改善。"十一五"期间兴水战略的实施，全省大部分地区初步形成覆盖城乡的供水网络，水源工程实现了"短板制约型"到"基本保障型"的转型[③]。

表4-11　山西省"十一五"期间重点新建的8座大中型应急水库

水库名称	所属流域	地理位置	设计标准	建设效益
吴家庄水库	海河流域	长治市黎城县境内的浊漳河干流，水库坝址距黎城县约25千米，距长治市约50千米	坝址以上控制流域面积为9 410平方千米，其中与关河水库、后湾水库和漳泽水库三座大型水库的区间面积为3 189平方千米，是一座以工业供水、向下游沿河村庄补水为主，同时兼顾防洪、灌溉、水力发电等综合利用的大型水利建设工程	工程建成后，工业供水能力达5 900万立方米/年，包括向沁水煤田潞安矿区采煤影响区补偿供水，向以长治市城区为中心的4个县(市、区)提供城镇和工业用水，置换辛安泉域岩溶地下水开采量2 665万立方米/年；改善黎城县境内现有的勇进渠、漳南渠、漳北渠3个灌区14.21万亩灌溉面积的灌溉，多年平均灌溉供水量为1 900万立方米/年；并调节改善下游河道的生态基流

---

① 2010年及以前完成27项应急水源工程：大同市唐河水电站、孤山水库、文瀛湖水库防渗改造工程，朔州市海子湾水库、东石湖水库、忻州市坪上应急引水工程、西岁兴水库续建工程、河曲引黄灌溉工程，晋中市泽城西安水电站(二期)工程、双峰水库续建工程，吕梁市柏叶口水库、横泉水库、千年水库，阳泉市龙华口水电站、晋城市张峰水库、东焦河水电站、磨河供水改扩建工程、湾则水电站、围滩水电站、西冶水电站，临汾市引沁入汾和川取水输水工程、五马水库、西梁水库，运城市夹马口灌区北扩、北赵引黄灌溉、温峪引水、石门引水等工程。2011年完成8项应急水源工程：松塔水电站、禹门口东扩工程、八泉峡水库、石膏山水库、恋思水库、西里水电站、清峪水库、汾河下游防洪工程。
② 潘军峰. 实施兴水战略 打造民生水利 为山西转型跨越发展提供有力保障[J]. 山西水利，2011，27(01)：1-3.
③ 缺水山西持之以恒谋求水问题治本之策[EB/OL]. [2012-2-21]. https：//news. ifeng. com/c/7fbUoCjYxAq.

续表

水库名称	所属流域	地理位置	设计标准	建设效益
恋思水库	海河流域	晋中市和顺县义兴镇恋思村附近的清漳河东源主流张翼河上游	坝址以上控制流域面积为113平方千米,多年平均径流量为838万立方米,是一座以工业供水和城乡生活用水为主,同时兼顾防洪、灌溉等综合利用的中型水利建设工程	工程建成后,年均供水量为422万立方米,其中为和顺县提供工业、生活用水281万立方米;改善灌溉面积1.05万亩;确保水库下游沿河两岸的30多个村庄和5万亩耕地免遭洪涝灾害的侵袭,同时承担和顺县城防洪保护生态功能。补偿沁水煤田、和顺煤矿采煤影响区的水资源,解决和顺县因采煤引起的饮水困难问题
坪上水库		忻州市定襄县境内的滹沱河干流上,距定襄县城约56千米,距忻府区约76千米	坝址以上控制流域面积为11 996平方千米,多年平均径流量为8.1亿立方米,是一座以工业供水和城市生活用水为主,同时兼顾防洪、水力发电等综合利用的中型水利建设工程	工程建成后,可向高氟区居民生活供水2 000万立方米,工业供水5 500万立方米,其中包括置换超采区地下水开采量500万立方米,补偿采煤影响区供水1 110万立方米。水库的工业供水用户主要为鲁能晋北铝业公司,按照规划,该公司生产总用水量中的3 200万立方米暂从滹沱河流域的阳武河洪积扇取地下水,坪上水库建成以后置换为地表水
大保水库		忻州市繁峙县岩头乡大保村附近的滹沱河支流峨河上	坝址以上控制流域面积为415平方千米,多年平均径流量为5 850万立方米,是一座以供水、发电为主,同时兼顾防洪、养殖等综合利用的中型水利建设工程	工程建成后,年总供水量为1 668万立方米,其中生活、工业供水为500万立方米,灌溉供水为1 168万立方米,改善灌溉面积9.18万亩,发电量达239万千瓦时,此外还可发展旅游、养殖等。该水库供水区域包括繁峙县西部(山西煤产地)和代县的峨口镇(太钢集团峨口铁矿的所在地)。水库建成以后可以补偿因煤炭开采、铁矿开采引起的繁峙县、代县饮水困难问题,并作为繁峙县、代县的抗旱应急水源。水库的灌溉面积属于原有的峨河灌区,全部为改善灌溉面积

续表

水库名称	所属流域	地理位置	设计标准	建设效益
柏叶口水库	黄河流域	吕梁市交城县会立乡柏叶口村上游约500米处的汾河一级支流文峪河干流上	坝址以上控制流域面积为875平方千米，多年平均径流量为0.95亿立方米，是一座以工业供水和城市生活用水为主，同时兼顾防洪、灌溉和发电等综合利用的中型水利建设工程	工程建成后，通过与文峪河水库联合运用，可将文峪河水库的校核洪水标准提高到2000年一遇。此外，该水库具有较高的水位(正常蓄水位为1 133米，比文峪河入汾河水位高370米)，可以高水高用，向太原盆地西边山(吕梁山脉东麓)的交城、汾阳、孝义、文水四县(市)供水4400万立方米，置换交城、汾阳、孝义城区等超采区的地下水开采量，向霍西煤田的交城、汾阳、孝义影响区应急供水，解决因采煤引起的饮水困难问题
海子湾水库	黄河流域	朔州市右玉县海子湾村附近黄河支流红河上游段苍头河上，距右玉县城约35千米	坝址以上控制流域面积为2 022平方千米，多年平均径流量为5 912万立方米，是一座以供水、发电为主，同时兼顾防洪、拦沙、养殖、旅游等综合利用的中型水利建设工程	工程建成后，每年可向右卫镇工业园区供水720万立方米，补偿大同煤田右玉地方煤矿采煤的影响破坏，接替已接近淤满报废的滴水沿水库、常门铺水库，解决右玉县因采煤引起的饮水困难问题，同时具有一定的旅游、防洪、养殖和生态效益。水库与苍头河河谷地下水联合调度可以成为右玉县的应急水源
松塔水库		晋中市寿阳县境内松塔镇西草庄附近的汾河一级支流潇河干流松塔河上	坝址以上控制流域面积为1 174平方千米，多年平均年径流量为4 693万立方米，是一座以工业供水和城市生活用水、发电为主，同时兼顾防洪、灌溉等综合利用的中型水利建设工程	工程建成后，城市生活及工业年供水量达2 200万立方米，主要向寿阳县工业园区供水，解决因采煤引起的饮水困难问题，置换、恢复榆次地下水超采区的开采量；改善潇河灌区旱灌面积17.57万亩，多年平均年供水830万立方米；年发电量为349万千瓦时；配合沿河工程对晋中市城镇及农田提供防洪保护。水库正常蓄水位为1 027米，寿阳县城区地面高程为1 010～1 030米，高出汾河晋中段260～280米，可成为寿阳县和榆次东山地区涵养地下水和抗旱应急供水的主要水源

续表

水库名称	所属流域	地理位置	设计标准	建设效益
五马水库	黄河流域	临汾市古县五马村附近的汾河一级支流洪安涧河上	坝址以上控制流域面积为348.8平方千米，多年平均径流量为2 281万立方米，是一座以工业供水为主，兼顾灌溉、发电、防洪、生态和养殖等综合利用的中型水库	工程建成后，每年工业供水量达562万立方米，主要为古县及洪洞县甘亭工业园区供水，补偿因霍西煤田采煤影响引起的农村饮水困难问题；改善本流域原有1.2万亩灌溉面积，多年平均年供水274万立方米；年发电140万千瓦时；并具有防洪、改善生态、养鱼等多项效益。此外，该水库还可调蓄引沁入汾工程水量1 229万立方米。在遭遇特大干旱时，可以为东部山区16万人口提供应急生活水源

资料来源：山西省水利厅. 山西省特大干旱年应急水源规划[M]. 北京：中国水利水电出版社，2009：95-103.

二、水质总体状况趋向好转

(1) 粗放式发展仍在继续，重工业成为主要排污大户。根据山西省历年环境保护公报可知，2001年太原、运城、大同、临汾、长治废水排放量依次位列全省前5，电力、化工、冶金、采掘和造纸行业废水排放量占全省工业废水排放量的71.0%，依次位列山西省行业前5。化工、冶金和焦化行业工业废水中氨氮化合物(NH_3-N)排放量占全省工业排放量的90.4%，依次位列山西省前3。2006年，晋城进入废水排放量前5城市行列(长治退出)，运城超越太原成为废水排放量第1名，运城、晋城、临汾、大同、太原五城市工业废水排放量占山西省的73.86%，依次居山西省前五位；化工、电力、冶金、煤炭、造纸行业废水排放量占山西省工业排放量的75.66%，依次位列全省废水排放量行业前5。"十一五"末期，临汾、太原退出工业废水排放量前5行列，运城、大同、吕梁、晋城、长治依次成为全省前5城市工业废水排放量大户，煤炭采选、化工、焦化三大行业占全省工业废水排放量的65.2%，依次位列行业前3。该时期，受煤炭黄金十年影响，山西省能源工业发展在结构调整大背景下并没有受到限制，导致整个时期煤炭采选、化工、焦化、电力、冶金行业始终占据行业废水排放量前5。从废水结构来看，该时期，随着城镇化建设的高速推进，生活废水也高度影响水质情况。根据山西省环境保护历年公报，21世纪以来，山西省废水总量呈现稳步上升趋势，废水排放量2001年为9.01亿吨，2010年为11.83亿吨，年均增长率为3.4%。通过考察2001—2010年统计数据可以发现(见图4-2)，该时期，生活废水占比较大，在整个废水结构中始终保持在60%左右，其中2001—2005年生活废水占比高达66%。

值得注意的是，该时期山西省一方面重视经济总量的提升，另一方面平衡经济发展过程中生态环境的改善问题，使二者处于一种协调发展状态，然而这种协调发展状态的背后既有经济层面的调整，但更多的是行政环保手段下的环境强势治理。为防治水污染，"八五"时期编制完成了汾河、浊漳河、桑干河、滹沱河、丹河、涑水河和三川河等8条河流的水污染综合治理计划，同时将工业废水处理率、工业固体废弃物综合治理率和万元工业产值废水排放量等指标作为以太原、大同、阳泉、长治、晋城、朔州六城市为主的城市环境质量控制计划，纳入山西省国民经济和社会发展年度计划。"九五"时期，山西省政府将汾河流域污染治理列入全省环保工作重点，制定《汾河流域污染防治规划》，编制了由259个项目组成的《山西省跨世纪绿色工程项目规划》。"十五"时期，山西省以推进资源节约、综合利用和清洁生产为重点，实施了煤炭可持续发展基金①和矿山环境治理恢复保证金②等一系列经济政策，清理整顿焦化企业，关闭取缔污染严重的土焦、改良焦，编制《山西省海河流域水污染防治"十五"计划》《山西省海河流域水污染防治"十五"计划实施意见》③，实施了城市污水处理厂项目。"十一五"期间，山西省狠抓节能减排和循环经济建设，高度重视城镇生活污水、垃圾处理厂建设。5年来，山西省316万千瓦小火电机组全部关停，淘汰5397万吨落后钢铁产能、4761万吨焦炭产能、2586万吨水泥产能和142万吨电石产能。全面启动生态建设，深入实施"蓝天碧水工程"、造林绿化工程、"2+10"生态环境综合治理重点工程④、严格实行节能减排目标责任制⑤。上述举措的顺利实施，使在发展重工业的同时，山西省水资源质量呈现总体状况趋向好转的局面。

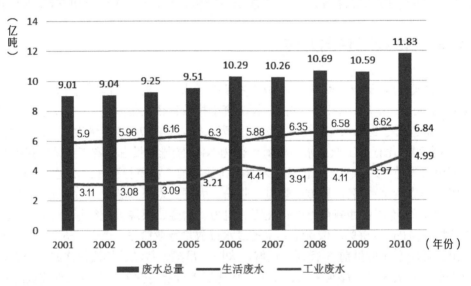

图4-2 废水结构变化趋势

资料来源：山西省历年环境保护公报。

---

① 该基金主要解决因煤炭开采造成的水生态破坏(水系破坏、水体污染、水资源损失)、土壤生态破坏(水土流失、土地破坏和沉陷引起的地质灾害、植被破坏、生态退化等)、大气环境污染水系、水资源等治理资金问题。
② 用于解决企业自身产生的生态环境问题。
③ 山西省地方志办公室. 山西省志·发展改革志[M]. 北京：中华书局，2013：320.
④ "2"指汾河流域、太原西山地区生态修复工程；"10"指以大同口泉区，阳泉市桃河流域，长治浊漳河流域，晋城市丹河流域，朔州市桑干河上游，忻州市南云中河，吕梁市三川河流域，晋中市潇河流域，临汾市塔儿山和二峰山，运城市盐湖为重点的生态环境综合治理工程。
⑤ 山西省2011年政府工作报告。

(2) 水质呈现波浪式向好状况。地表水水质趋好方面,根据山西省水环境监测中心的监测结果,1998年评价河长3178千米的水质状况中,70%水质已受到不同程度的污染,57.2%河长已遭到严重污染,河流水土已完全丧失使用功能[①]。21世纪初,针对水资源污染破坏日渐严重等问题,山西省委、省政府启动实施了为期两年的全省第二次水资源评价(第一次评价是1982年立足能源重化工基地建设进行的)。评价结果表明,21世纪的山西省水资源形势更加严峻。山西省对11个地市范围内的5583.4千米河长水质进行评价,结果显示,超过Ⅲ类水(已污染)的河长度为3755千米,占整个评价长度的67.25%,其中,劣Ⅴ类水河长为2555千米,占污水评价长度的68%,主要集中在大同市、长治市、晋城市、忻州市、吕梁地区、晋中市、临汾市。在评价河长的Ⅰ类水中,仅长治市、晋城市、吕梁地区、运城市存在小段河流,其他地市均未监测到Ⅰ类水质(见表4-12)。2001年山西省环境保护历年公报进一步表明,2001年,山西省地表水水质恶化严重,劣Ⅴ类水占比高达65.30%,Ⅱ～Ⅲ类水仅占3.00%(见图4-3);2004年山西省地表水污染仍很严重,监测的26条河流的106个断面中,符合《地表水环境质量标准》(GB 3838—2002)Ⅰ～Ⅱ类水质标准的断面有3个,符合Ⅲ类水质标准的有5个,Ⅰ～Ⅲ类水占7.50%,不到10%,符合Ⅳ类水质标准的断面有18个,符合Ⅴ类水质标准的断面有13个,Ⅳ～Ⅴ类水占比为29.30%,大部分水质处于劣Ⅴ类行列,占全部水资源的63.20%(见图4-4)。2008年山西省监测的103个断面中,符合《地表水环境质量标准》(GB 3838—2002)水质优良(Ⅰ～Ⅲ类)的断面共有16个,占监测断面总数的15.50%;轻度污染(Ⅳ类)和中度污染(Ⅴ类)的断面共有27个,占监测断面总数的26.20%;大部分水资源处于重度污染(劣Ⅴ类),占比达58.30%(见图4-5)。截至2011年,山西省水质实现良好转变,重度污染(劣Ⅴ类)水资源量占比大幅下降,水质优良(Ⅰ～Ⅲ类)占比显著提升。其中,劣Ⅴ类水资源从2001年的65.30%下降到27.80%,Ⅰ～Ⅲ类从2001年的3.00%上升到45.40%(见图4-6)。综上所述,山西省地表水水质总体有所好转。

表4-12 2000年山西省各地市地表水水质综合评价

行政区	评价河长 km	Ⅰ类		Ⅱ类		Ⅲ类		Ⅳ类		Ⅴ类		>Ⅴ类	
		河长 km	百分比/%	河长 km	百分比/%	河长 km	百分比/%	河长 km	百分比/%	河长 km	百分比/%	河长 km	百分比/%
太原市	286	0	0.0	56	19.6	62	21.7	67	23.4	0	0.0	101	35.3
大同市	641.5	0	0.0	58	9.0	28	4.4	160	24.9	28	4.4	368	57.3
阳泉市	286.5	0	0.0	0	0.0	68	23.7	58.5	20.4	37	12.9	123	42.9
长治市	665.8	18	2.7	173	26.0	143.5	21.6	30	4.5	43	6.5	258	38.8
晋城市	485.8	46.9	9.7	65	13.4	0	0.0	0	0.0	29	6.0	345	71.0

---

① 仇文俊,张建国,陈卫东. 山西水环境问题及对策探讨[J]. 山西水利,2004(2):33-34.

续表

行政区	评价河长 km	Ⅰ类		Ⅱ类		Ⅲ类		Ⅳ类		Ⅴ类		＞Ⅴ类	
		河长 km	百分比/%	河长 km	百分比/%	河长 km	百分比/%	河长 km	百分比/%	河长 km	百分比/%	河长 km	百分比/%
朔州市	122.5	0	0	0	0	55	44.9	61	49.8	0	0	6.5	5.3
忻州市	847	0	0	117	13.8	172	20.3	170	20.1	130	15.3	259	30.5
吕梁地区	679.1	10	1.5	208	30.6	56	8.2	170	25.0	0	0	235	34.6
晋中市	702.6	0	0	142.5	20.3	60.5	8.6	49	7.0	0	0	451	64.1
临汾市	615.1	0	0	34	5.5	97.8	15.9	144	23.4	23	3.7	316	51.4
运城市	251.4	33.5	13.3	30	11.9	95	37.8	0	0	0	0	92.9	37.0
全省	5583.4	108.4	1.9	883.5	15.8	837.8	15.0	910	16.3	290	5.2	2555	45.8

资料来源：范堆相. 山西省水资源评价[M]. 北京：中国水利水电出版社，2005：172.

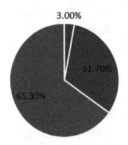

图 4-3　2001 年地表水水质情况

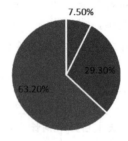

图 4-4　2004 年地表水水质情况

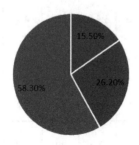

图 4-5　2008 年地表水水质

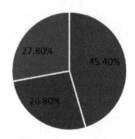

图 4-6　2011 年地表水水质

地下水水质趋好方面，根据山西省环境保护历年公报显示，2001—2008 年山西省地下水污染在 2001—2003 年呈现上升阶段，2003 年达到峰值，地下水污染占比为 63%，之后山西省水污染进入快速下降期，从 2003 年的 63%下降到 2006 年的 23.2%，之后随着经济社会的快速发展再次出现小的上升，但与 21 世纪初相比，山西省 2006—2008 年上升后的水污染占比小了很多，最高达到 40.4%(见图 4-7)。之后，山西省地下水水质进入良好期(见表 4-13)，2009—2011 年，山西省地下水水质多为良好状态，其中，2009 年朔州地下水为优良状态，太原、大同、长治、晋中、晋城、吕梁 6 个城市为良好状态，阳泉、临汾为较差状态。与 2009 年相比，2011 年水质再次出现提升，除太原、大同、长治、晋城、吕梁继续保持 2009 年的良好水质状态外，晋中市地下水水质由良好转向优良，临汾市由较差转向较好。

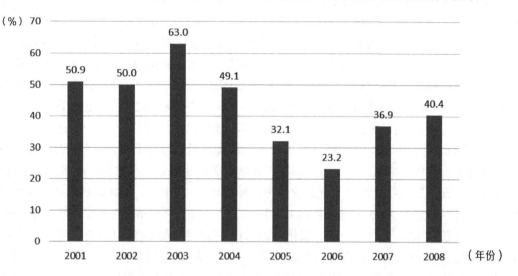

图 4-7　2001—2008 年地下水水污染占比情况

资料来源：山西省历年环境公报。

表 4-13　2009—2011 年山西省各地市地下水水质情况

年　份	太原	大同	阳泉	长治	临汾	朔州	晋中	晋城	吕梁
2009	良好	良好	较差	良好	较差	优良	良好	良好	良好
2010	优良	良好	较好	良好	较好	优良	良好	良好	良好
2011	良好	良好	较差	良好	较好	优良	优良	良好	良好

资料来源：山西省历年环境公报。

三、大气环境质量实现反转

作为全国的能源和重化工基地，随着 20 世纪八九十年代"输煤输电"战略的大力实施以及 21 世纪以来煤炭黄金十年宏观经济背景下煤价一路飙升背后的高暴利，以煤炭为主导的能源重化工产业高速增长，伴随而来的大气环境恶化问题也逐渐增大。1998 年，山西省城市大气环境呈现以尘和二氧化硫为主要污染物的煤烟型污染。三项主要污染物污染负荷最大的为总悬浮微粒占 52.3%、二氧化硫占 32%。在山西省 18 个城镇大气环境中，总悬浮微粒日均值的年平均浓度为 0.506 毫克/米^3，超过Ⅱ级标准，超标倍数为 0.18～1.42。其中，省辖 6 个城市平均浓度为 0.514 毫克/米^3。18 个城镇二氧化硫日均值年平均浓度为 0.146 毫克/立方米，超过Ⅱ级标准的有 8 个，其中太原、临汾超过Ⅲ级标准①。步入 21 世纪，大气环境问题再次恶化，根据山西省环境状况历年公报可知，2002 年我省城镇环境空气污染仍较重，监测的 16 个城镇的二氧化硫、总悬浮颗粒物污染浓度均超过国家Ⅱ级标准，其中总悬浮颗粒物超过Ⅲ级标准的城镇占 87.5%，二氯化硫超过Ⅲ级标准的城镇占 68.8%，二氧化氮均未超过国家Ⅱ级标准。2004 年 7 月，环保总局对外发布的《2003 年度国家环境保护重点城市环境管理和综合整治年度报告》中，113 个国家环境保护重点城市中空气污染最重的 10 个城市中山西临汾、阳泉、大同位列第一、第二、第三。2004 年山西省环境空气污染指数大于 4 的城市涵盖忻州市、临汾市、晋中市、运城市、阳泉市、大同市、吕梁市、晋城市(8 个)，占比达 72.27%，其中临汾、晋中、运城、吕梁污染指数位于 6 左右，朔州市、太原市、长治市虽然污染指数低于 4，但基本也处于接近状态②。"十五"末期，二氧化硫、COD、烟尘、工业粉尘和固体废物排放强度均高于国内平均水平 2 倍。相比全国 31 个省份，山西烟尘、粉尘、工业固体废物排放强度在全国位列第 1，二氧化硫、COD 分别位列第 3、第 11③。党的十五大以来，针对经济发展与大气环境质量的极度不协调，山西开始把生态环境建设放在重要位置来抓。"九五"时期，开展了关停小炼铁、小选煤、小造纸、小炼油、小炼焦等"五小"企业活动和工业企业排污达标活动④。"十五"期间编制的《山西省环境保护"十五"计划及 2015 年远景目标》中规划了"5356"环保战略工程，即重点抓好五市环境质量改善(太原、大同、阳泉、长治、临汾)、三河污染防治(汾河、桑干河、浊漳河)、五区环境综合治理(黄河中游吕梁山生态恢复区、环京津晋北风沙防治区、重点风景名胜区、小浪底水库周边综合治理区、晋陕蒙资源开发监管区)、六行业污染防治工程(冶金、焦化、电力、化工、造纸、建材)⑤，在煤炭行业实施"三大战役"，并于 2006 年正式启动实施了蓝天碧水战役和循环经济，出台并实施了 20 多项新环境经济政策(见表 4-14、表 4-15)，建设污染源自动监控系统，推进实施工业"七大节能工程"和"双百家"企业节能工程⑥，同时环境问题作为政治问题被提到空前高度，并在全国首创实行党政领导干部科学考评机制：环境保护问责制⑦、环保政绩考核制⑧、环保一票否决制⑨，"三制"严考推动环境保护，进一步强化环境保护。

---

① 张根虎，雷仲敏，宋焕才. 清洁能源示范区规划建设研究[M]. 北京：中国环境科学出版社，2006：139.
② 笔者根据 2004 年山西省环境状况公报整理所得。
③ 董沛文. 山西能源经济可持续发展之路[J]. 中共山西省委党校学报，2009，32(1)：124-125.
④ 李旺明，苗长青. 当代山西经济史纲[M]. 太原：山西经济出版社，2007：462-464.
⑤ 郭彩，高斌旗. 科学发展与全面小康：山西省全面建设小康社会研究[M]. 北京：中国社会出版社，2007：11.
⑥ 关于 2008 年国民经济和社会发展计划执行情况与 2009 年国民经济和社会发展计划草案的报告——2009 年 1 月 11 日在山西省第十一届人民代表大会第二次会议上。
⑦ 2006 年 6 月，山西省监察委员会和山西省环境保护局联合出台《山西省环境保护违法违纪行为处分暂行规定》。
⑧ 2007 年 2 月，山西省人民政府发出《关于印发山西省领导干部环境保护工作实绩考核暂行办法的通知》。
⑨ 2007 年 7 月，山西省委组织部出台《山西省关于市县(市、区)党政主要领导干部科学考评暂行办法》。

表 4-14 污染淘汰项目经济制裁政策

制裁政策	举措
银行停贷	2006年8月，山西省环保局和中国人民银行太原支行联合发出的《关于落实国家环境保护政策控制信贷风险有关问题的通知》规定，对在项目建设前未执行环境影响报告审批制度、项目建设过程中未按环保要求进行设计施工、项目完成后环保工程没有配套完工的项目分别执行不予贷款、停止贷款、不提供流动资金贷款的措施
电力停电	2006年8月，山西省政府修订完善《山西省工业企业环境保护供电管理暂行规定》，该规定要求，供电部门要按照地方政府和环境保护行政主管部门的行政裁决，对环境违法建设、排污项目或企业，采取不予供电、拆除供电设施等强制措施；对政府限产、逾期未完成限期治理任务的排污企业采取限制供电、不予供电的措施，直至停止供电
铁路停运	2006年8月，山西省环保局和太原铁路局联合发出的《关于对环境违法企业产品实行铁路限运的通知》规定，对被责令停止建设或生产、限期拆除设施、限期补办环境影响评价和环保审批手续的违法建设项目，被逾期未完成限期治理任务和被处罚后仍未完成治理后依法取缔、淘汰、关闭的排污企业，采取运输限制措施，彻底切断环境违法企业的产品运输

资料来源：李景平.山西环保新政观察研究[M].太原：山西省环境保护宣传教育中心，2009：69-71.

表 4-15 环保项目经济扶优政策

扶优政策	举措
金融扶优	以建立罚劣扶优的绿色金融机制为目标，2007年7月，山西省环保局与国家开发银行山西分行签订合作协议，环保部门对不符合环保要求的产业项目实行一票否决，对符合国家产业政策和环保要求的项目择优推荐；金融部门对环保部门推荐项目应优先提供融资支持(给予短期、中长期贷款)，并积极引导商业银行资金和其他社会资金投入，对诚实守信的企业给予奖励
物价扶持	根据国家产业政策和电价政策，2008年9月，山西省物价局和山西省环境保护局联动，以推动二氧化硫减排为重点，对建设脱硫设施并符合脱硫标准的企业，实行脱硫电价加价政策，执行每千瓦时提高1.5分脱硫上网电价的措施；对拒不建设脱硫设施的企业，实行惩罚收费。脱硫电价政策极大调动了企业的积极性，使总装机容量1037.8万千瓦的机组脱硫步伐加快，提前完成了脱硫任务
财政支持	2007年4月，山西省财政厅和山西省环保局联合出台《2007—2010年山西省级环境保护专项资金项目申报指南》，省级环境保护专项资金重点支持蓝天碧水工程建设项目、环境监管能力建设项目、饮用水源地污染防治项目、区域环境安全保障项目、重点流域污染源治理项目、新农村小康环保行动项目、污染防治新技术新工艺推广应用项目，为落实环境保护"十一五"规划提供财力支持和物质支持。2009年5月，山西省财政厅和山西省环保局联合发出的《关于缓缴焦炭生产排污费的通知》规定，对全省焦化企业焦炭生产排污费实行3个月缓缴；对擅自停运环保设施或超标违法排污的焦化企业一律取消其缓缴的资格，并仍按原规定征收其焦炭生产排污费；对未批先建、非法建设及环保设施不完善的焦化企业仍按原规定标准执行，继续征收其焦炭生产排污费

续表

扶优政策	举措
环保重奖	2007年8月，山西省人民政府出台《关于对空气质量改善工作成效显著的重点城市给予奖励的意见》，对重点城市空气质量指数位次前移城市实行奖励。退出全国污染最严重城市前5名的奖励100万元；退出全国污染最严重城市前10名的奖励200万元。奖励对象为市、县、区委政府主要负责人和分管领导、环保部门领导及有关人员、相关部门领导和有关人员及企业领导和有关人员。2008年12月，山西省人民政府出台的《山西省环境污染治理考核及奖惩暂行办法》规定，每年拿出专项奖励资金，对大气综合污染指数排名第一且与上年比保持稳定，完成污染减排任务的省辖市政府奖励300万元，并给予1000万元环境保护能力建设奖励基金；对于比上年大气综合污染指数下降幅度排名第一的城市，给予100万元奖励和1000万元环境保护能力建设奖励基金

资料来源：李景平.山西环保新政观察研究[M].山西：山西省环境保护宣传教育中心，2009：65-72.

随着高强度环保措施的实施，山西省11个重点城市环境空气污染指数均开始呈现下降趋势，2006年，阳泉率先摘掉污染严重的帽子，临汾、运城、大同、阳泉、晋城5市退出污染指数4以上行列。11个重点城市中，环境空气质量均未达到国家二级标准，其中太原、长治、晋城、朔州4城市环境空气质量达到国家三级标准，其余7个城市均劣于国家三级标准。环境空气污染程度由重到轻的排序依次为：忻州、吕梁、晋中、临汾、运城、大同、阳泉、太原、晋城、朔州、长治。2007年，山西省11个地市环境空气综合污染指数全部集中到3左右，临汾、大同一举摘掉污染严重的帽子。2008年，山西11个省辖城市环境空气质量二级以上天数，全部突破302天，累计达到3679天，空气质量优良率达90%以上，阳泉、长治、晋城、忻州、晋中、临汾、运城、吕梁8市环境空气质量首次达到国家二级标准[①]，实现了城市环境空气质量过去没有一个达到国家二级标准零的突破。至此，山西重点城市全部退出全国污染严重之列，完全摘掉了全国污染第一的黑帽子。2011年，11个省辖城市中空气污染指数进一步下降，集中到2左右(见表4-16)，大同、朔州、忻州、阳泉、晋中、临汾、吕梁、长治、晋城、运城10个城市环境空气质量达到国家二级标准，太原市达到国家三级标准。

表4-16 2011年环境空气污染指数

指标城市	SO_2污染指数	NO_2污染指数	PM_{10}污染指数	综合污染指数	由重到轻名次
太原	1.07	0.29	0.84	2.19	1
大同	0.65	0.39	0.72	1.76	3
阳泉	0.90	0.39	0.82	2.11	2
长治	0.45	0.34	0.78	1.57	6
晋城	0.85	0.24	0.62	1.71	4
朔州	0.70	0.18	0.65	1.53	7
晋中	0.60	0.20	0.65	1.45	10

① 山西省地方志办公室.山西省志·发展改革志[M].北京：中华书局，2013：323.

续表

指标城市	SO$_2$污染指数	NO$_2$污染指数	PM$_{10}$污染指数	综合污染指数	由重到轻名次
运城	0.60	0.19	0.72	1.51	8
忻州	0.57	0.29	0.57	1.42	11
临汾	0.63	0.23	0.84	1.70	5
吕梁	0.60	0.16	0.69	1.45	9

资料来源：《2011年山西省环境状况公报》。

四、地质灾害仍很严重

1992—2011年，山西省进行了多轮产业结构调整，但以煤炭为主导的能源产业仍然占据工业主导地位，随着煤炭产业的不断发展，与地下矿产开采直接和衍生的地质灾害继续扩大。虽然山西省针对煤矿开采破坏生态环境实施了一些举措，如启动实施重点煤矿、地方煤矿采空塌陷治理和矿区绿化及综合治理等工作。根据煤炭工业可持续发展政策措施试点工作安排，编制了《山西省煤炭开采生态环境恢复治理规划》《山西省煤炭开采企业生态环境恢复治理方案》，提出了按照生态环境边采、边治、边恢复的原则，构建以"事前防范、过程控制、事后处置"为核心内容的煤炭产地生态环境保护新模式，但长期粗放式发展模式下的能源经济，使地质灾害问题仍很严重。截至2000年，山西省煤炭矿区形成采空区2080平方千米，塌陷区650平方千米，地面塌陷和煤矿废弃物堆放面积合计约100万亩。因采煤造成433处水利设施、40座水库、79万米输水管道毁坏。由于大面积开采，大同、阳泉等五大矿务局造成的塌陷面积为621 581亩，97 800万亩水浇地变为旱地，605个村庄的4 250户居民、96万平方米房屋需搬迁[1]。"十五"末期，虽然山西省各级政府及煤矿企业纷纷投入大量财力、物力进行整治，但由于生态环境历史欠账巨大，治理经费未能跟上破坏速度，矿区土地破坏现象仍十分严重。山西省因能源工业发展形成的采空区面积达5 115.25平方公里，造成2 978.25平方千米地表沉陷，65.887万人生产生活受到影响，其中65%的人需进行移民，未移民的人员也需对其房屋、公共设施进行加固[2]。山西省社会科学院李连济研究员主持的国家哲学社会科学基金重点项目(03AJY004)"煤炭城市采空塌陷及经济转型"的研究成果推算，2007年山西省煤炭开采造成的塌陷面积为20 790公顷，比2005年增加2 499公顷。截至2007年年底，西山集团的土地塌陷已破坏耕地面积3 330公顷、林地900公顷、其他(荒地、道路、坟地等)8 870公顷，形成井下采空区平面投影总面积为13 387平方千米，采煤沉陷区总面积为177.10平方千米，沉陷区地表累计最大沉值为5.85米，最大水平位移值为1.93米，导致13个自然村的1 248户人口搬迁。同煤集团产生地质灾害面积达500平方千米，占大同矿区井田面积的80%以上，采煤沉陷的农用地已超过3 333公顷，住宅受损户已达69 959户，建筑物受损面积为40公顷[3]。截至2009年年末，山西省崩塌(含潜在不稳定斜坡)、滑坡、泥石流、地面塌陷、地裂缝、地面沉降地质灾

---

[1] 王茂林. 山西新型能源基地发展研究[M]. 北京：中国科学技术出版社，2005：83.
[2] 山西省人民政府关于印发《山西省煤炭开采生态环境恢复治理规划》的通知(晋政发〔2009〕40号).
[3] 陈新凤. 经济转型期山西省可持续发展研究[M]. 太原：山西人民出版社，2010：72.

害(隐患)点共计 11 425 处。其中，崩塌(含潜在不稳定斜坡)为 6 235 处，占山西省灾害点总数的 54.57%；地面塌陷为 2 971 处，占山西省灾害点总数的 26.00%；滑坡为 1 263 处，占全山西灾害点总数的 11.05%，以上三项灾害类型占比共计 91.63%，为山西省地质灾害的主要威胁。从灾害规模来看，巨型、大型、中型、小型灾害点分别为 4 处、264 处、770 处、10 337 处，分别占到山西省总灾害点总数的 0.47%、2.31%、6.74%、90.48%，大型规模灾害点集中在崩塌(含潜在不稳定斜坡)、滑坡，两项共计 208 处，占大型(处)比重的 78.78%；中型规模灾害点集中在崩塌(含潜在不稳定斜坡)、滑坡、泥石流，三项共计 711 处，占中型(处)比重的 92.34%(见表 4-17)。

表 4-17　截至 2009 年年末山西省地质灾害情况

灾害类型	数量(处)	占灾害点总数的比重(%)	巨型(处)	大型(处)	中型(处)	小型(处)	破坏房屋(间)	毁田(亩)	人员死亡(人)	直接经济损失(万元)
崩塌(含潜在不稳定斜坡)	6235	54.57	35	109	267	5824	3276	—	115	15700.05
滑坡	1263	11.05	5	99	308	851	—	—	55	6855.77
泥石流	676	5.92	14	48	136	478	2778	—	366	72310.17
地面塌陷	2971	26.00	—	—	—	2971	181539	262578.5	750	55807.28
地裂缝	272	2.38	—	8	59	205	158742	—	288	2538.94
地面沉降	8	0.07	—	—	—	8	—	—	—	211.4
合计	11425	99.99	54	264	770	10337	346335	262578.5	1574	153423.61

资料来源：刘瑾. 山西省地质灾害防治研究[M]. 山西：山西科学技术出版社，2015：95-100.

从各市地质灾害分布情况看，太原市(0.119 处/平方千米)、长治市(0.092 处/平方千米)、吕梁市(0.087 处/平方千米)、晋中市(0.080 处/平方千米)、临汾市(0.103 处/平方千米)、运城市(0.090 处/平方千米)灾害点密度高于山西省平均水平(0.073 处/平方千米)，其余 5 地市灾害点密度均低于山西省平均水平，其中，大同市灾害点密度最小(0.034 处/平方千米)。从各地市灾害主要类型看，灾害点密度最高的太原市以崩塌、塌陷为主，占全市灾害点总数的比重为 81.8%，大同市、长治市、晋城市、朔州市也更多集中在崩塌、塌陷灾害，而忻州市、吕梁市、晋中市、临汾市、运城市中崩塌(含斜坡)灾害占比最大(见表 4-18)。地质灾害的大量存在引发房屋破坏、毁坏田地、人员死亡等灾情，从山西省地质灾害损失统计看，除地面沉降外其他地质灾害均造成人员死亡，地面塌陷造成人员死亡最大(750 人)，地面塌陷和地裂缝造成房屋破坏程度最大,共计 340 281 间,同时,地面塌陷毁坏田地 262 578.5 亩,也是唯一对土地产生破坏的地质灾害,上述地质灾害对经济社会活动影响巨大,直接经济损失共计 153 423.61 万元(见表 4-17)。截至 2010 年,山西省矿山采空面积约 5 000 平方千米,总开采沉陷面积约 3 000 平方千米,约 90%的沉陷区因煤炭开采引发。据 2011 年调查统计,山西省矿山企业占用破坏土地面积达 2 234.5 平方千米,其中,耕地为 338.43 平方千米,林地为 147.55 平方千米,草地为 961.71 平方千米,土地为 786.79 平方千米[①]。

表 4-18 截至 2009 年年末山西省各市地质灾害(隐患)点

城 市	面积(平方千米)	灾害点密度(处/平方千米)	滑坡(处)	崩塌(含斜坡)(处)	泥石流(处)	塌陷(处)	地裂缝(处)	地面沉降(处)	总计(处)
太原市	6909	0.119	115	367	17	303	13	4	819
大同市	14072	0.034	16	149	104	155	48	—	472
阳泉市	4570	0.038	27	35	9	101	1	—	173
长治市	13864	0.092	101	722	20	433	—	—	1276
晋城市	9419	0.049	112	167	10	172	—	—	461
朔州市	10602	0.041	10	168	76	181	1	—	436
忻州市	25135	0.052	162	811	154	169	—	2	1298
吕梁市	21125	0.087	226	1026	72	510	4	—	1838
晋中市	16300	0.080	163	644	104	330	69	2	1312
临汾市	20304	0.103	176	1370	49	471	20	—	2086
运城市	14000	0.090	155	776	61	146	116	—	1254
合计	156300	0.073	1263	6235	676	2971	272	8	11425

资料来源:刘瑾. 山西省地质灾害防治研究[M]. 太原:山西科学技术出版社,2015:96.

[①] 景世民,张文丽. 改革开放 40 年山西产业结构调整的实践与探索[M]. 北京:社会科学文献出版社,2019:70.

第五章 山西经济与生态迈向高质量发展 (2012—2022)

高质量是指事物相互作用的过程中高度协调发展，在相互促进中实现共同发展，是一种内在的和谐表达，更是一种高度螺旋上升的良性发展关系。梳理史料发现，此阶段山西开始探索建立生态经济发展模式，各领域布局绿色经济，全方位推进高质量发展，全面推动经济、生态二者耦合式发展，经济与生态关系由上一阶段的趋向协同开始向相互促进、相互转化的路径转换，这种关系特征对应"绿水青山就是金山银山"的含义。

第一节 宏观背景分析

2012—2022年，绿色发展成为经济发展质量的主标尺，全球资源环境问题凸显进一步强化了绿色低碳的发展主基调。"双碳"目标的提出与深化实施，使中国生态文明建设步入关键期。在此背景下，山西立足转型综改示范区、能源革命试点等国家战略，开始破解资源型经济与生态关系高质量发展的现实路径。

一、国际背景：全球绿色低碳转型成为不可逆转的发展趋势

当今世界正经历百年未有之大变局，国际政治、经济格局动荡变革，世界经济复苏进程风险持续累积，同时全球生态环境恶化，气候变化、生物多样性丧失、荒漠化加剧、极端气候事件频发、多地石油石化资源枯竭、城市赖以发展的支柱凋零，经济发展与生态环境互动问题已成为全人类发展的重大阻力。

2017年，国际货币基金组织对外正式发布的《世界经济展望》指出，全球平均气温在22℃基础上每提升1℃，将会降低发展中国家约0.9%～1.2%人均年度GDP增长率。在全球范围内，仅依靠物质产品消费带动经济增长，或者"先发展、后治理"的经济与生态互动模式已不再是一种可行的选择。相关数据预测显示，2017—2060年，全球物质材料的使用量将从当前的890亿吨上升到1670亿吨，伴随物质材料使用量几乎翻一番的现实背景，温室气体排放、采矿及其他污染物排放也将相应提高。当前经济发展模式已无法继续，支撑人类社会生存的生态环境可能出现不可逆转的衰退，社会层面不平等现象将进一步加剧，这将会使过去几十年所取得的经济成果出现大幅倒退。因此，国际社会比以往任何时候都更加关注经济与生态环境关系，发展低碳经济和循环经济、实现绿色复苏，已成为世界潮流。2015年9月25日联合国可持续发展峰会通过的《2030年可持续发展议程》进一步明确提出绿色发展与生态环保的具体目标。2019年12月11日欧盟委员会发布的《欧洲绿色协议》，推动欧洲社会向全方位绿色化、产业循环化、碳中和化方向转型。2021年2月，美国新一届政府重返《巴黎协定》等可以发现，国际社会对绿色发展和生态文明建设的重视程度前

所未有，尊重自然、顺应自然、保护自然的生态价值观深入人心，世界各国在绿色发展领域聚同化异、相向而行。

二、国内背景：经济全面绿色转型与生态文明建设进入关键时期

当前，我国社会主要矛盾已转化为人民日益增长的美好生活需要和不平衡不充分的发展之间的矛盾。在此背景下，生态文明建设程度已成为影响全面建设社会主义现代化国家的"短板"。促进经济全面绿色转型，深入推进生态文明建设是着眼新时代社会主要矛盾变化，聚焦人民日益增长的美好生活需要，最大限度提供更多优质的生态产品[1]。党的十八大以来，我们党把生态文明建设摆在全局工作的突出位置，坚持"绿水青山就是金山银山"的重要发展理念，全面推动经济社会发展全面绿色转型。2012年11月召开的党的十八大，立足中华民族伟大复兴中国梦的实现，强化生态文明建设，首次把生态文明建设上升到与政治、经济、文化、社会同等战略高度，列为中国特色社会主义建设过程中"五位一体"总体布局之一。同时，会议将"中国共产党领导人民建设社会主义生态文明"写入审议通过的《中国共产党章程(修正案)》并作为行动纲领。2015年5月，中共中央、国务院对外正式发布《关于加快推进生态文明建设的意见》，该意见赋予了生态文明建设全新的内涵，首次将"绿色化"与新型工业化、农业现代化、新型城镇化、信息化并列，进一步明确建设美丽中国的实践路径。立足经济与生态环境关系高质量发展，党的十八届五中全会创造性地提出创新、协调、绿色、开放、共享"五大新发展理念"，并将绿色发展作为"十三五"乃至更长时期关系我国经济社会发展全局的重要理念。党的十九大将"美丽中国"作为建成社会主义现代化强国的目标，将"坚持人与自然和谐共生"作为我国新时代坚持和发展中国特色社会主义的基本方略之一，将"绿水青山就是金山银山"的理念具体化为建立绿色生产和消费的法律制度和政策导向，并在党章中增加"绿水青山就是金山银山"等内容[2]。2019年10月28~31日党的十九届四中全会审议通过的《中共中央关于坚持和完善中国特色社会主义制度推进国家治理体系和治理能力现代化若干重大问题的决定》指出，加快推进生态文明制度体系建设是坚持和完善中国特色社会主义制度、推进国家治理体系和治理能力现代化的重要任务。党的十九届五中全会对可持续发展战略的深入实施、生态文明建设统筹协调机制的完善、绿色低碳发展模式的加快推动等内容作出重要部署，为我国深入推进美丽中国建设注入强大动力。立足新时代新征程背景下经济与生态关系的高质量发展，党的二十大报告将高质量发展列为全面建设社会主义现代化国家的根本要求和首要任务，指出必须站在人与自然和谐共生的高度谋划发展，统筹产业结构调整、污染治理、生态保护，应对气候变化，协同推进降碳、减污、扩绿、增长，推进生态优先、节约集约、绿色低碳发展，生态文明建设加速发展新局面正徐徐展开。

---

[1] 习近平生态文明思想引领"美丽中国"建设_央广网(cnr.cn). 2018年6月5日.
[2] 张波，温旭新. 我国工业绿色低碳发展水平的省际测度及比较[J]. 经济问题，2018(5): 68-74.

三、省域背景：积极探索经济效益与生态效益双赢的高质量发展道路

绿色低碳发展是该时期产业变革的鲜明特征，是推动经济社会全方位高质量发展的内在要求。党的十八大以来，以山西为代表的资源型经济绿色发展得到习近平总书记的重点关注。习近平总书记多次到山西考察调研，对全省经济与生态环境关系作出"牢固树立绿水青山就是金山银山的理念""一定要高度重视汾河的生态环境保护，让这条山西的母亲河水量丰起来、水质好起来、风光美起来""要坚持山水林田湖草一体化保护和修复，坚持治山、治水、治气、治城一体推进，再现锦绣太原城的美景""在转型发展上率先蹚出一条新路来"等重要指示。为进一步优化山西经济发展过程与生态环境关系，2010年12月13日，党中央赋予山西建设"国家资源型经济转型综合配套改革试验区"的重大任务。2012年，《山西省国家资源型经济转型配套改革试验区建设总体方案》[①]正式获批。2017年国务院出台《关于支持山西省进一步深化改革促进资源型经济转型发展的意见》。2019年5月29日，中央全面深化改革委员会第八次会议审议通过《关于在山西开展能源革命综合改革试点的意见》，进一步赋予了山西为全国能源革命示范引领的重大使命。此外，煤炭工业可持续发展试点、循环经济试点省、生态省试点、黄河流域生态保护和高质量发展及新时代推动中部地区高质量发展等多个重大战略的叠加，赋予了山西绿色发展时代新使命。综上所述，该时期，山西正处于经济转型发展的关键阶段，如何应对"碳达峰""碳中和"目标、做好能源经济大文章、构建现代产业体系、践行"绿水青山就是金山银山"来构建绿色经济，以走出一条生态效益与经济效益双赢的生态文明建设新路，进而实现高质量发展和经济转型跨越升级，是全省面临的一项重要任务。

第二节　山西经济发展绿色转型

围绕经济与生态关系高质量发展，山西积极转变经济发展方式内涵，多维构建能源绿色供给体系，加快谋划、培育战略性新兴产业，全面推动资源型经济由"黑"向"绿"转型。

一、转变经济发展方式内涵

经济与生态关系和谐共生的现代化，需秉承人口、资源与环境相均衡，经济、社会、生态相统一的原则，在经济开发的过程中科学规划生产、生活、生态三大空间比例关系，全面促进生产空间集约高效、生活空间宜居适度、生态空间山明水秀。该时期，山西省委锚定"人口、资源、环境相均衡和经济社会生态效益相统一"目标，以"五大新发展理念"为指导，深入实施国土空间"四大战略"(见表5-1)，控制开发强度，严控总量，盘活存量，深化产业结构调整，严守耕地红线，全面提高土地集约化程度。同时按照资源节约型社会的建设要求，大力发展循环经济(见表5-2)，推动能源供给绿色转型、战略性新兴产业快速

[①] 该方案使山西成为全国唯一的全省域资源型经济转型综合配套改革试验区。

发展，支持低碳产业，促进煤炭资源的低碳化利用，有序推进"四气"①产业一体化、集约化发展，推进基础设施的低碳化建设，促进生产、流通、消费过程的减量化、再利用、资源化，大幅降低能源、矿产、水、土地等消耗强度，全面推动资源利用方式的根本转变，最大限度降低经济发展对生态环境的扰动。

表 5-1 国土空间"四大战略"格局

名　称	发展重点
以"一核一圈三群"为主体的城镇化战略格局	按照"空间集聚、组群推进、城乡统筹、协调发展"的原则，引导人口和产业向发展条件好的河谷盆地相对集中，加快发展太原都市区和都市圈，培育壮大晋北(大同—朔州)、晋南(临汾—运城)、晋东南(长治—晋城)城镇群，构建"一核、一圈、三群、多点"的城镇化格局
以六大河谷盆地为主体的农业发展战略格局	汾河河谷盆地主要承担特色杂粮、优质小麦、畜禽、特色林果产品、油料、蔬菜、玉米等综合性农业发展任务；桑干河、滹沱河与寿(阳)—昔(阳)—平(定)河谷盆地主要承担以优质杂粮、优质肉乳产品、玉米、薯类、蔬菜等为主的农业发展任务；漳河、沁河河谷盆地主要承担以优质杂粮、林果、蔬菜、牧业、中药材等为主的农业发展任务
以"一带三屏"为主体的生态安全战略格局	以黄土高原丘陵沟壑水土流失防治区和京津风沙源治理区为主体形成一个生态治理带；以吕梁山为主体的黄河干流和汾河源区，以太行山为主体的海河主要支流源区，以太岳山、中条山为主体的沁河、涑水与黄河干流源区形成三大生态屏障带
"点状开发"的生态友好型能矿资源开发格局	能源富集煤炭开采需以保护生态、清洁生产为前提，实行集约有序、高效开发的发展思路；煤炭、煤层气分布范围较广区域，矿产开采坚持资源开发、生态环境修复与保护一体化发展，突出"小点上开发、大区域保护"；省内其他类型矿产资源分布比较集中，应强化技术和设备投入量，在坚持"点上开发、小区域保护"原则的基础上，缓解经济发展对生态环境的扰动

资料来源：《山西省主体功能区规划》(晋政发〔2014〕9号)。

表 5-2 山西省循环经济发展格局

名　称	涵盖范围	功能定位	园区、企业	项目布局
太原都市圈循环经济板块	以太原、榆次同城化为核心，辐射阳泉、忻定原、离柳中外层圈的大都市圈	以建设国家新能源服务中心、世界不锈钢和镁合金深加工基地、世界级煤机生产基地、华北和黄河中游地区重要的物流集散中心为产业基础，形成集现代循环型工业、农业和服务业为一体的综合性循环经济集聚区和应用发展区	根据区域产业布局和发展趋势，重点建设太原不锈钢产业园、新天地静脉产业园等循环经济园区，重点推进太原高新开发区、太原经济技术开发区、太谷现代农业示范区等重点园区的循环经济改造。着力培育太钢、焦煤、安泰、联盛、峰岩、大邦蓝天等30家循环型企业	抓好山西焦煤煤层气抽采、路鑫公司焦炉煤气制甲醇、阳煤煤层气综合利用、联盛生态农业园、宏特焦油深加工、康镁镁合金废料回收及深加工等重大循环经济项目

---

① 四气：煤层气、天然气、焦炉煤气、煤制天然气。

续表

名称	涵盖范围	功能定位	园区、企业	项目布局
大同—朔州循环经济板块	以大同、朔州盆地为重点区域的工业和城镇化集聚板块	全国重要的煤电能源基地，晋冀蒙接壤地区的交通商贸中心，以建材、机电、食品、医药和新型交通运输设备为主的工业集聚区，具有塞外风情的旅游经济区和生态畜牧区	依托晋北煤炭基地、雁门关生态畜牧区和桑干河流域生态资源，重点建设同煤塔山、金海洋、大同医药等园区。着力培育同煤、中煤平朔、云海镁业、山地阳光等15个重点循环型企业	抓好同煤钢铁公司余热发电、平朔粉煤灰制取氧化铝和白碳黑、国能神州高铝粉煤灰资源化利用、大同耐火轻型墙体材料、金海洋煤制天然气和粉煤灰综合利用等重大循环经济项目
临汾—运城循环经济板块	以临汾、运城、侯马构建的节点走廊式的循环经济开发格局	以能源电力、煤化工、新型化工、装备制造业、铝镁深加工、新材料、运输设备、特色农产品加工、文化旅游为主，打造集循环性工业、农业和服务业于一体的综合性循环经济建设区和向外拓展区	根据区域特征和产业布局，重点推进临汾、运城、侯马、风陵渡等经济开发区的循环化改造，着力培育山焦、建邦、银光镁业、华翔、海姿等30家循环型企业	抓好山西焦化甲醇制烯烃、中铝赤泥微晶玻璃、关铝集团公司煅烧炉余热回收利用及发电、洪洞小康宝通生态肥、夏县万亩生态农业示范园等重大循环经济项目
长治—晋城循环经济板块	以长治、晋城两个中心城市为核心，太焦综合运输通道为轴带的循环经济空间格局	全国重要的能源、煤化工基地和煤层气开发利用基地，以现代煤化工、轻工、冶金铸造、机电制造、高新技术产业为主的工业集聚区和循环经济示范区	依托晋东煤炭基地，重点建设武乡蟠龙、巴公、北留等一批循环工业园，着力培育晋煤、兰花、潞安、潞宝、天泽等循环型企业	抓好潞安煤制油、晋煤煤制油、兰花瓦斯液化、潞宝集团焦化、晋煤煤基烯烃和金鼎煤机制造等重大循环经济项目

资料来源：《山西省循环经济发展"十二五"规划》(2011—2015年)。

根据不同区域资源环境承载力、当前开发强度和发展潜力，以促进人口、经济、资源环境的空间均衡为主线，聚焦高质量发展，守住生态安全边界，留足山明水秀、林茂草丰的生态空间，用好集约、高效、绿色、低碳的生产空间，打造宜居、宜业、宜游、宜养的生活空间，全面推进以重点开发区域、限制开发的农产品主产区、限制开发的重点生态功能区、禁止开发区域为主要类型的主体功能区格局(见表5-3)。在主体功能区格局分布中，仅重点开发区域的面积就占山西省地理面积的51.2%，可以说，该时期，山西省将生态环境建设与经济发展放在同等重要的地位。

表 5-3　山西主体功能区区划

功能区区划	覆盖范围	功能定位
重点开发区域	太原都市圈	资源型经济转型示范区，全国重要的能源、煤化工、装备制造业、原材料和文化旅游业基地
	晋北城镇群	国家新型能源与先进制造业基地，首都经济圈产业转移的承接区，资源型城市低碳转型示范区，北魏文化和塞北风情旅游目的地，晋北地区人口和经济密集区
	晋南城镇群	国家资源型经济转型与区域协调发展综合试验区，晋陕豫黄河金三角承接产业转移示范区，现代农业、新型制造业与文化旅游产业基地，晋南地区人口和经济密集区
	晋东南城镇群	国家重要的新型煤化工基地和中西部新兴现代制造业基地，晋东南地区人口和经济密集区
限制开发的农产品主产区	汾河平原农产品主产区	以国家优质强筋、中筋小麦为主的优质专用小麦主产区，以国家籽粒与青贮兼用型玉米为主的专用玉米主产区，山西省农业现代化示范区域和优质、高效、高产的农业综合发展区域
	桑干河河谷盆地农产品主产区	山西省旱作节水农业重点实施区域，以肉、乳产品为主的畜牧业重点发展区域
	滹沱河河谷盆地农产品主产区	山西省优质玉米、杂粮生产重点区域
	寿(阳)—昔(阳)—平(定)农产品主产区	国家旱作节水多种经营农业示范区域
	漳河—沁河河谷盆地农产品主产区	国家和山西省农业综合发展重点区域，优质玉米、杂粮和特色农林产品的主要生产区域
限制开发的重点生态功能区	黄土高原丘陵沟壑水土保持生态功能区	黄河中游干流水土流失控制的核心区域，黄河中下游生态安全保障的关键区域，黄土高原水土流失治理的重点区域
	京津风沙源治理生态功能区	山西沙漠化严重区域，京津风沙源治理的主要区域之一
	吕梁山水源涵养及水土保持生态功能区	汾河、北川河、桑干河水源涵养区
	中条山水源涵养及水土保持生态功能区	涑水河流域水源涵养区，三门峡水库、小浪底水库的汇水区域
	五台山水源涵养生态功能区	滹沱河上游及其支流的水源涵养区
	太行山南部水源涵养与生物多样性保护生态功能区	海河支流漳河、卫河的主要水源涵养区

续表

功能区区划	覆盖范围	功能定位
限制开发的重点生态功能区	太岳山水源涵养与生物多样性保护生态功能区	沁河、丹河、漳河及汾河支流的水源涵养区
禁止开发区域	各级自然保护区、风景名胜区、森林公园、地质公园、自然文化遗产、重要水源地等	保护自然文化资源的重要区域,珍贵动植物基因资源保护地

资料来源:《山西省主体功能区规划》(晋政发〔2014〕9号)。

二、多维布局能源绿色供给体系

山西省是资源型省份,能源供给绿色转型是经济与生态关系迈向高质量发展的重要着力点。该时期,山西省能源经济以"生态文明"发展理念为指导,深入推进供给侧结构性改革,先行探索"减""优""绿"发展道路(减,即坚定不移化解过剩产能;优,即大力发展先进产能;绿,即走绿色、低碳、清洁、高效之路),努力改变"一煤独大"的产业格局,具体从加速升级改造传统能源和全面布局建设新能源两个方面着力构建经济与生态高质量发展的能源绿色供给体系。

1) 加速升级改造传统能源

推动能源生产和消费革命是保障能源安全、促进人与自然和谐共生的治本之策[①]。自2012年山西省被授予全国唯一的全省域、全方位、系统性的资源型经济转型综合配套改革试验区后,立足资源型经济全面转型,省委、省政府紧扣"综合配套改革""能源革命"两个抓手,大胆探索,先行先试"革命兴煤"之路,全面推动能源产业由"黑"向"绿"转变。2012年我国经济告别过去30多年平均10%左右的高速增长,全年国内生产总值增长7.8%,进入"新常态"。进入2014年,山西省经济遭遇前所未有的困局,煤炭价格下跌,工业生产和效益均持续下滑,工业增速从10%以上降至个位数,2015年甚至负增长,以煤炭为主导的山西工业处于改革开放以来最困难时期[②]。受经济周期、环境压力、产品供求结构失衡等因素制约,该时期山西省煤炭产业进入新的供过于求的阶段。为全面推动山西经济高质量发展,扭转资源型经济与生态环境的对抗关系,以煤炭为主的传统能源产业可持续发展转向供给侧结构性改革,也就是优化存量资源配置,扩大优质增量供给,实现煤炭由规模速度型向质量效益型转变。从2015年开始,山西拉开以"三去一降一补"(去产能、去库存、去杠杆、降成本、补短板)为重点的能源供给侧结构性改革帷幕。2015年1月,省

---

① 2019年中央全面深化改革委员会第八次会议内容。
② 山西省统计局. 山西工业踏上高质量发展新征程——中华人民共和国成立70年山西经济社会发展成就系列报告之三[EB/OL]. (2019-09-05)http://fgw.yq.gov.cn/fzgh/jjyx/201909/t20190905_918063.html.

委、省政府正式出台《关于深化煤炭管理体制改革的意见》(晋发〔2015〕3号),该意见提出,推动煤炭产业向"市场主导型、清洁低碳型、集约高效型、延伸循环型、生态环保型、安全保障型"六型转变,如表5-4所示,向"集约高效型"转变、向"延伸循环型"转变、向"生态环保型"转变均体现经济与生态关系优化思想。

表5-4 煤炭"六型"转变

类 型	建设目标
向"市场主导型"转变	由市场决定煤炭资源配置,让企业真正成为市场主体
向"清洁低碳型"转变	推动煤炭产业向低碳、绿色、清洁方向发展
向"集约高效型"转变	全力建设大基地、大集团,坚持推动煤炭产业走产业集中度高、经济效益好、科技含量高、资源消耗低、环境污染少、安全保障高的现代化之路
向"延伸循环型"转变	以煤炭为起点,推动煤炭产业链条式发展。以煤炭为中心,推动煤炭产业减量化、再利用、多联产,实现循环式发展
向"生态环保型"转变	加大煤炭产业采掘、搬运、加工、运输过程中的绿色度,实现煤炭产业由环境破坏型向环境友好型转变
向"安全保障型"转变	始终把安全生产放在首位,确保煤炭产业安全发展

资料来源:《山西省"十三五"综合能源发展规划》(晋政发〔2016〕67号)。

2016年山西省启动实施了煤炭去产能,同年4月,省政府对外发布《山西省煤炭供给侧结构性改革实施意见》(晋发〔2016〕16号),该意见明确提出,要优化存量产量,有效化解过剩产能,着力推动能源产业转型发展、创新发展、绿色发展。按照淘汰关闭、重组整合、减量置换、依规核减、搁置延缓、市场机制淘汰等要求,根据山西省的规划,到2020年全省有序退出煤炭过剩产能将超过1亿吨。该意见的颁布使山西在全国率先启动供给侧结构性改革。为提升先进产能占比,相继印发《关于省属煤炭企业提高先进产能占比的通知》(晋煤安发〔2016〕715号)和《关于各地提高煤炭先进产能占比的通知》(晋煤安发〔2016〕716号)等系列文件。2018年,煤炭行业实施"减、优、绿"发展战略。战略的深入实施意味着山西省将进一步继续大力化解煤炭过剩产能,积极发展先进优质产能。推动煤炭智能改造升级,探索煤炭绿色开采技术,以不可利用矸石全部返井为主线,拓展充填开采、无(小)煤柱开采等绿色开采方向,同时明确提出工业结构"反转"目标,要求山西省全年煤炭行业增加值占工业比重下降1个百分点,明确提出到2020年煤炭产量基本稳定在9亿吨左右,煤炭先进产能占比达到60%[①]。2019年12月23~24日,省委经济工作会议明确提出"四为四高两同步"[②]的总体思路和要求。自2019年起,山西试点推进煤与瓦斯共采、充填开采、保水开采等煤矿绿色开采,大力推进智能化建设。2021年以来,国际能源市场震荡,煤价再次飙涨,省委、省政府继续保持经济转型定力,深入推进能源革命综合改革试点,在坚决完成保供任务的同时,积极推动煤炭与煤电一体化、煤电与新能源一体化、煤炭与煤

---

① 杨茂林主编. 景世民,张文丽,等. 山西经济结构变革与发展[M]. 太原:山西人民出版社,2019:75-76.
② 四为指转型为纲、项目为王、改革为要、创新为上;四高指高质量发展、高水平崛起、高标准保护、高品质生活;两同步指到2020年山西省与全国同步全面建成小康社会,到2035年与全国同步基本实现社会主义现代化。

化工一体化、煤炭产业与数字技术一体化、煤炭产业与降碳技术一体化"五个一体化"(见表 5-5)发展,不断增强能源产业的含金量、含新量、含绿量。

表 5-5 "五个一体化"融合发展思路

类　型	建设目标
煤炭与煤电一体化	通过战略重组、长期协议、交叉持股等方式,推动煤炭与煤电企业联营、融合式发展,以坑口煤电一体化为发展重点,同步建设先进高效环保煤电机组和大型现代化煤矿,推动煤炭产业向集约高效、清洁低碳发展
煤电与新能源一体化	加快构建新型电力系统,协同推进风能、光能、水能等新型能源和储能项目建设,完善配套支持政策,实现传统能源与新能源优化组合
煤炭与煤化工一体化	立足煤炭产业高端化、多元化、低碳化发展目标,紧盯现代煤化工、碳基新材料等前沿领域,支持煤炭与煤化工企业联营,抢占煤化工生产、制造制高点,推动煤炭由燃料向原料、材料、终端产品转变
煤炭产业与数字技术一体化	聚焦能源领域数字化转型,围绕智慧矿山、能源互联网等内容,加快推动煤炭行业领域数字化改造升级
煤炭产业与降碳技术一体化	紧密跟踪碳捕获、利用与封存等技术应用前沿动态,因地制宜开展试点示范和技术攻关,努力探索资源型经济在"双碳"目标贯彻落实上的绿色发展路径

资料来源:太原能源低碳发展论坛组委会. 推动能源产业"五个一体化"融合发展[N]. 人民日报,2022-09-01。

围绕能源产业高质量发展,山西省坚持煤炭全产业链绿色发展,聚焦"高端化、多元化、低碳化"发展方向,精心布局了多条低碳产业链,加快煤炭由燃料向原料、材料及终端产品转变。开展煤炭分质、分级、梯级利用试点,积极探索"分质分级、能化结合、集成联产"的新型煤炭利用方式,推进高硫煤清洁利用油化电热一体化示范。推动国家绿色焦化基地建设,加快焦化转型升级和化产高端延伸。开展关闭煤矿剩余资源普查。推进煤矿瓦斯综合利用、工业尾气生产燃料乙醇等项目试点示范。大力推进碳纤维、碳化硅、石墨烯及其功能材料等相关产业发展,积极构建碳基新材料产业集群。依托晋煤、晋能集团、山西焦煤、潞安、阳煤等大型煤炭企业,布局建设晋北、晋中、晋东三大现代煤化工基地(见表 5-6)。

表 5-6 三大煤化工基地

基地名称	建设任务
晋北煤化工基地	聚焦煤基清洁能源、煤基高端石化产业两大前沿方向,重点利用煤制造油、天然气、烯烃、芳烃等
晋中煤化工基地	重点发展焦化产业
晋东煤化工基地	重点利用煤制造烯烃、天然气、化肥、煤基合成油、甲醇制汽油等

资料来源:汪家铭. 山西全力打造三大现代煤化工产业基地[J]. 大氮肥,2013,36(6):432。

围绕煤炭产业清洁利用,大力采用国内外一流先进技术和多联产技术,以煤制天然气、煤制乙二醇、煤制油、煤制烯烃为主导产品,延展煤炭产业深加工链,努力构建全循环的现代煤化工产业体系。一些代表性的绿色发展成果陆续出现,潞安 180 项目(潞安集团 180

吨/年高硫煤清洁利用油化电热一体化示范项目)一期实现全流程满负荷运行,山西钢科高性能碳纤维等一批项目建成投产,同时,阳煤集团的煤层气制金刚石等项目也相继开工建设[①]。阳煤"晋华炉"专"吃"劣质煤技术达到国际领先水平,朔州工业固体废物综合利用示范基地让煤矸石、粉煤灰等变废为宝,霍尔辛赫物联网增强现实平台戴上"眼镜"即可遍览整座矿山等(见表5-7)。该阶段,山西省大力升级改造传统能源产业,助力其向高端、高质、高效迈进,工业结构发生明显变化。"十二五"末期,全省规模以上工业中非煤工业占比首次超50%,与2010年所占比重相比,大幅提升10.8%[②]。与此同时,能源产业进入高质量发展阶段。截至目前,山西省已有66个综采工作面进行了智能化改造,占比达全省煤矿综采工作面总数的5%,已选定10座煤矿作为省级绿色开采试点煤矿,确定10座煤矿为智能煤矿建设试点,50个智能综采工作面为智能综采工作面建设试点。2016—2019年,山西省累计压减淘汰煤炭过剩产能11586万吨,总量居全国第一,煤炭先进产能占比达68%,绿色矿山达55座[③]。截至2022年,山西省煤炭先进产能占比提升至80%[④]。

表5-7 煤炭能源产业绿色发展成效典型事件

名 称	绿色发展成效
阳煤晋华炉	"专""吃"劣质煤技术国际领先:该技术对辐射式蒸汽发生器、膜式壁、水煤浆进行组合,将原气化炉改造升级为更高效、可靠的联产炉,开创了新型煤气化技术改造先河,获得美国、日本、韩国、加拿大、澳大利亚等多个国家的专利授权
朔州工业固废综合利用示范基地	该基地让煤矸石、粉煤灰等变废为宝:朔州市是工业和信息化部全国工业固废综合利用示范基地建设试点城市之一,是全国一流工业固废综合利用示范基地。依托国内多个科研院、省级企业技术中心、省级行业技术中心等平台,形成粉煤灰综合利用、煤矸石材料、煤矸石发电、脱硫石膏利用等四大固废综合利用产业集群
霍尔辛赫物联网增强现实平台	该平台戴上"眼镜"即可遍览整座矿山:该平台是国内首个应用于煤矿的物联网增强现实平台,也是首次将矿井信息呈现在具备增强现实感的"眼镜"中,具有预警、远程协助、随时掌控、培训、展示等功能

资料来源:刘瑞强. 山西:坚定走"减优绿"之路 做足"煤炭"文章[N]. 山西日报,2019-10-21。

2) 全面布局建设新能源

使传统能源努力变"绿"的同时,山西进一步增加能源产业的含绿量,大力发展新能源,相继出台《可再生能源产业发展"十三五"规划》《关于加快促进光伏产业健康发展的实施意见》等配套政策,加快推进太阳能、风能、水能、煤层气等新能源开发利用产业化进程,形成风电、光电、煤层气发电等多轮驱动的新能源供应体系,推动传统能源大省向新型综合能源大省迈进。

(1) 加快建设风力发电项目。山西省风能资源丰富,风能资源≥200 瓦/平方米的技

---

① 薛荣. 山西能源革命百问百答[M]. 太原:山西出版传媒集团,山西教育出版社,2020:20.
② 景世民,张文丽,著;杨茂林编. 山西经济结构变革与发展[M]. 太原:山西人民出版社,2019:74.
③ 薛荣. 山西能源革命百问百答[M]. 太原:山西教育出版社,2020:19-20.
④ 山西省2023年政府工作报告。

术可开发量在 3000 万千瓦以上①。省内北部区域大同市、朔州市、忻州市地处风能资源较丰富区域，具备规模化集中开发风能的天然条件。立足风能生态资源优势，山西省委秉承因地制宜、合理布局、科学规划、统一组织、分步实施的原则，在晋北地区(大同、朔州、忻州)重点打造了晋北千万千瓦风力发电基地。2016 年 12 月，国家能源局以国能新能〔2016〕389 号文批复《关于晋北风电基地规划建设有关事项的复函》，规划晋北风电基地风电总规模 700 万千瓦(忻州、大同、朔州分别为 300 万千瓦、200 万千瓦、朔州 200 万千瓦)，风电基地所形成的电量主要通过 800 千伏特高压直流输电网络输送至华东地区。与此同时，省委、省政府充分利用中南部等地区丘陵和山区较为丰富的风能资源，有序推进中南部低风速资源开发，按照可利用土地条件、就近按变电站用电负荷水平等情况，合理有序布置适当容量的风电机组。截至 2019 年 12 月，山西省已投产风电装机 1251 万千瓦，在全省能源结构中，风电已成为继火电之后的第二大电源，装机规模突破 1000 万千瓦，成为全国千万千瓦级风电大省之一(居全国第六位)，风电的装机容量占全省电力装机容量的 13.52%②。截至 2020 年 7 月底，山西省风电装机容量达 1341.60 万千瓦，占比为 14.08%③。

(2) 大力发展光伏发电项目。山西省光能资源充足，相关资料显示，全省年日照数为 2 200~2 900 小时，年日照百分率为 51.67%，有约 1/3 比例的地区年日照时间在 2800 小时以上，属于日照充足地区④，同时，山西省因长期开采煤炭资源，地下空间掏空过度，地质沉降、塌陷严重。虽然全省开展多轮针对"小、散、乱"煤矿的关停淘汰行动，并对废弃矿山进行初步回填改造，但煤矿生产引发的生态环境破坏度广，修复难度极大，需大量技术、资金投入。基于此，山西省集约经营闲置土地资源，大力推进采煤沉陷区光伏示范基地重点建设项目(见表 5-8)，通过地上绿色光电能源置换地下不可再生能源的开发。2015 年 9 月，经国务院同意，山西省成为采煤沉陷区治理试点省。2016 年 6 月，省委、省政府出台《山西省采煤沉陷区综合治理工作方案(2016—2018 年)》，拉开综合治理采煤沉陷区序幕。以大同采煤沉陷区光伏发电基地为重点，协同布局忻州、吕梁、阳泉、临汾、长治等市采煤沉陷区光伏领域示范基地。同时，山西省开展盐碱地、荒山荒坡等光伏基地项目建设，并有序推进屋顶分布式光伏开发试点建设。"十三五"期间，初步形成南有潞安，北有隆基、奥博，中有晋能的产业格局，涵盖铸锭/拉晶、切片、电池片、组件等光伏制造全产业链条的产业体系。截至 2020 年 7 月底，光伏发电装机容量达 1 224.30 万千瓦，占比为 12.85%⑤。

(3) 统筹开发煤层气、氢能。煤层气作为清洁能源，是山西省能源革命的重点，也是调整能源结构、促进煤炭能源向"减、优、绿"转化的重要方向。山西省煤层气储量丰富，2000 米以浅的煤层气资源总量约 10 万亿立方米，占据全国煤层气资源总量的 1/3⑥。为更好地开发煤层气新能源产业，该时期，省委积极在太原市、吕梁市、阳泉市和晋城

---

① 山西省人民政府办公厅：《山西省新兴能源产业发展"十二五"规划》，2013 年 3 月 1 日。
② 薛荣. 山西能源革命百问百答[M]. 太原：山西出版传媒集团，山西教育出版社，2020：105.
③ 薛荣. 山西能源革命百问百答[M]. 太原：山西出版传媒集团，山西教育出版社，2020：21.
④ 山西省人民政府办公厅：《山西省新兴能源产业发展"十二五"规划》，2013 年 3 月 1 日。
⑤ 薛荣. 山西能源革命百问百答[M]. 太原：山西出版传媒集团，山西教育出版社，2020：21.
⑥ 山西省人民政府办公厅：《山西省新兴能源产业发展"十二五"规划》，2013 年 3 月 1 日。

市等地区推进煤层气地面开采及热电联产项目建设，加快燃气电厂建设，推进低浓度瓦斯就近综合利用发电。积极建设河东、沁水两大煤层气基地，推进河曲—保德、三交—柳林、临县—兴县、永和—大宁—吉县、沁南、沁北等6个煤层气片区勘探开发。截至2020年7月底，沁水盆地和鄂尔多斯盆地东缘煤层气产业化基地建设完成，形成西山、柳林、阳泉、晋城、潞安5个年抽采瓦斯超过1亿立方米的矿区，煤层气勘探开发利用及装备制造全产业链基本形成，2019年煤层气地面抽采量达71.4亿立方米，占全国90%以上[①]。氢能具有热值高、低碳环保、用途广泛、前景广阔等优势，是山西省能源革命的重点，也是调整能源结构的重要方向，对山西省深化能源革命综合改革试点、推动能源结构调整等具有重要意义。我国大部分氢气来自煤炭炼焦的过程，作为全国能源重化工基地，山西省煤炭资源丰富，煤化工产业链发达，制氢资源足，成本低[②]，相关资料显示，山西氢气资源储备丰富，全省共有1.4亿吨焦化产能，可用于制氢的副产焦炉煤气约280亿标准立方[③]，焦炭生产的副产品焦炉煤气含氢量约60%，可年提取氢气140亿平方米[④]，大力发展氢能有天然优势。基于此，山西省委将氢能产业链列为重点推动的十大产业链之一，统筹布局制氢、储氢、加氢、运氢、用氢全产业链。在大同、朔州、忻州、吕梁等风光资源丰富地区，开展可再生能源制氢和储能示范。以不新增碳排放量为前提，在太原、吕梁、阳泉、长治等工业园区(矿区)集聚区域，充分利用工业副产氢，鼓励就近消纳，进而带动运输、焦化、化工、氯碱等行业转型升级。"十四五"期间，山西省委进一步将"打造氢能高地"列为全省碳达峰实施方案工作要点之一，提出探索可再生能源制氢，充分发挥山西焦炉煤气富氢优势，降低工业副产氢供给成本，逐步推动构建清洁化、低碳化、低成本的多元制氢体系。

(4) 有序推进抽水蓄能建设。加快发展抽水蓄能，对于构建新型电力系统、促进可再生能源的大规模高比例发展、实现"碳达峰""碳中和"目标、保障电力系统安全稳定运行、提高能源安全保障水平，以及促进扩大有效投资、保持经济社会平稳健康发展具有重要作用。山西省地处太行山与黄河北干流峡谷之间，山地、丘陵多，平原少，地势高低悬殊，河道比降较大，蕴藏着较丰富的水能资源。该时期，山西省加快抽水蓄能项目发展，推进能源革命综合改革试点。在山西省人民政府官网公布的2022年度省级重点工程建设项目中，有12个抽水蓄能电站项目(见表5-9)。截至2019年年底，山西省水电装机容量为222.81万千瓦[⑤]。"十四五"期间，争取开工10个以上抽水蓄能项目，同时加快储能规模化应用，推进电化学、压缩空气等新型储能示范[⑥]。

---

① 薛荣. 山西能源革命百问百答[M]. 太原：山西教育出版社，2020：21.
② 山西省发展和改革委员会、山西省工业和信息化厅、山西省能源局：《山西省氢能产业发展中长期规划(2022—2035年)》，2022年7月29日.
③ 山西氢能产业规划全新出炉 美锦能源助力山西转型发展[EB/OL]. (2022-09-20). tps://tech.chinadaily.com.cn/a/202209/20/WS632970c7a310817f312eef05.html.
④ 能源山西"氢"启未来[EB/OL]. (2022-11-30). https://new.qq.com/rain/a/20221130A01D8500.
⑤ 薛荣. 山西能源革命百问百答[M]. 山西：山西教育出版社，2020：109.
⑥ 关于完整准确全面贯彻新发展理念切实做好碳达峰碳中和工作的实施意见[EB/OL]. (2023-01-16). https://www.shanxi.gov.cn/zfxxgk/zfxxgkzl/fdzdgknr/lzyj/swygwj/swygwj1/202301/t20230116_7810650.shtml.

表5-8　采煤沉陷区光伏示范基地重点建设项目

项目名称	建设任务
大同国家光伏先进技术示范基地	大同市年均太阳能辐射总量为5 432.8MJ/m^2，属于太阳能资源丰富区域。大同采煤沉陷区光伏发电示范基地于2015年6月19日受到国家能源局批复支持建设，建设规模300万千瓦，涉及大同市南郊区(平旺、口泉、鸦儿崖乡、高山、云冈镇)5乡镇、新荣区(西村乡、上深涧乡)两乡、左云县(店湾镇、水窑乡、马道头乡、张家场乡、小京庄乡、鹊儿山镇)6乡镇，占总面积达1 687.8平方公里，是我国第一个以促进先进光伏技术产品应用的大规模光伏电站基地
阳泉采煤沉陷区光伏领跑技术基地项目	阳泉市年日照数为2 500～3 000小时，属于太阳能资源很丰富区域。阳泉采煤沉陷区光伏领跑技术基地项目规划总装机容量220万千瓦，分两期实施。2016年6月，阳泉市采煤沉陷区国家先进技术光伏发电基地建设获得国家能源局批复同意。项目建设主要利用郊区河底镇为界北部和南部地区(盂县、郊区、平定县)的采煤沉陷区、荒山荒坡、煤矸石山等土地，布局光电产业

资料来源：①山西大同采煤沉陷区国家先进技术光伏示范基地建设启动[EB/OL]. [2015-07-23]. https://news.solarbe.com/201507/23/75714.html. ②山西采煤沉陷区光伏项目——"领跑者"计划首个获批基地.[EB/OL]. [2015-07-01]. https://news.solarbe.com/201507/01/188388.html. ③《阳泉市国家资源型经济转型综合配套改革试验2016年行动计划》(阳政办发〔2016〕91号). ④山西阳泉市采煤沉陷区光伏示范基地开工建设[N]. 阳泉日报，2017-01-04. ⑤《大同采煤沉陷区国家先进技术光伏示范基地项目管理办法》(同政发〔2015〕53号)。

表5-9　2022年度山西省省级重点工程抽水蓄能项目建设情况

序号	项目名称	建设地点	建设内容及生态效益
1	浑源抽水蓄能电站项目	大同市	大同浑源项目(150万千瓦)于2020年9月30日核准，项目总投资为89.23亿元
2	垣曲抽水蓄能电站项目	运城市	运城垣曲项目(120万千瓦)于2019年12月16日核准，项目总投资79.6亿元。该电站项目与浑源抽水蓄能电站项目将于"十四五"末完成建设，并投入使用，预计两个电站每年能为当地提供超30亿千瓦时自由的调峰和清洁能源消耗电量
3	河津市抽水蓄能电站项目(前期)	运城市	该项目总投资为80亿元，装机容量为1200兆瓦。项目全部建成后，可实现年创税收约1亿元
4	绛县抽水蓄能电站项目(前期)	运城市	该项目位于大交镇续鲁峪村，电站规划总装机容量为120万千瓦(4×30千瓦)，总投资为78亿元，规划用地面积为14119.3亩，建设总工期为72个月。2021年12月，已正式启动绛县续鲁峪抽水蓄能电站项目预可研阶段及可研阶段地质勘探工作
5	垣曲抽水蓄能电站二期项目(前期)	运城市	该项目上水库位于黑石沟沟首，下水库位于黄河一级支流板涧河上，坝址位于板涧河水库下游约9千米处的槐坪村，总投资为79.6亿元，设计装机容量为120万千瓦

续表

序号	项目名称	建设地点	建设内容及生态效益
6	华电蒲县抽水蓄能电站项目(前期)	临汾市	该项目是我省"十四五"规划重点核准项目,总投资约为70亿元,电站建成后,预计年发电量为20亿千瓦时,年产值约为5亿元,对于推动临汾转型发展、改善生态环境、提升经济实力具有十分重要的意义
7	西龙池抽水蓄能电站二期项目(前期)	忻州市	该项目投资为80亿元,设计装机容量为140万千瓦
8	三峡能源盂县抽水蓄能电站项目(前期)	阳泉市	该项目位于盂县上社镇,总装机容量为140万千瓦,总投资约为73亿元,项目建成后年发电量约28.1亿千瓦时,年产值达10.2亿元,年可节约标准煤22.6万吨,节约燃料费用2.3亿元
9	沁源县抽水蓄能电站项目(前期)	长治市	该项目位于沁河镇,总投资为67.5亿元。项目拟装机容量为90万千瓦,整个项目建成后,年发电量达15亿千瓦时,年收入约为8.2亿元,上缴利税1亿元
10	沁水县抽水蓄能电站项目(前期)	晋城市	设计装机容量为120万千瓦
11	长子县抽水蓄能电站项目(前期)	长治市	该项目静态投资为46亿元,由上水库、下水库、地下发电厂房组成,规划年发电量为7.7亿千瓦时,年发电收入约为2.2亿元,每年可节省燃煤火电标准煤耗约为34万吨,相应地,每年可减少二氧化碳排放量约76万吨、二氧化硫排放量0.5万吨、一氧化碳排放量约2.0万吨、灰渣约6万吨
12	代县黄草院抽水蓄能电站项目(前期)	忻州市	该项目地处山西省代县东南部,电站枢纽建筑物主要由上水库、下水库、输水系统、地下厂房洞室群、地面开关站及永久公路组成。初拟安装4台单机容量为350兆瓦的可逆式水轮发电机组,总装机容量为1400兆瓦

资料来源:山西省人民政府办公厅关于印发《2022年省级重点工程项目名单》的通知(晋政办发〔2022〕15号)[EB/OL].〔2022-03-12〕. https://www.shanxi.gov.cn/zfxxgk/zfcbw/zfgb2/2022nzfgb_76593/d3q_76596/szfbgtwj_77838/202208/t20220816_6949818.shtml.

三、加快谋划、培育战略性新兴产业

战略性新兴产业具有知识密集度高、创新活跃度高、综合效益好、市场需求潜力大、带动力强、环境友好等特征。加快培育发展战略性新兴产业是面向未来支撑和引领经济社会全面协调可持续发展的重大战略选择,是推动山西省经济走上内生增长轨道的重要举措。全方位推动经济与生态关系高质量发展,关键是促进资源型经济转型发展。该时期,山西省统筹做好煤与非煤"两篇文章",坚持"创新为上",以"蹚出一条转型发展新路"为根本遵循,全面把握新一轮科技革命全球孕育和兴起契机,抢抓"一带一路"、京津冀协同发展、长三角一体化发展、长江经济带发展、粤港澳大湾区建设、黄河流域生态保护和高质量发展等重大国家区域发展战略的实施机遇，立足东部沿海发达地区和中西部地区连接的重要过渡带地理区位优势，在推动传统产业升级改造的同时，积极打造战略性新兴产业，努力探索"一煤独大"向"多业支撑"转变的山西路径。

1) 加快统筹布局建设战略性新兴产业

在新常态下[①]，山西省加快培育新兴产业和服务业。围绕装备制造、新材料、新能源、节能环保、食品医药、文化旅游和现代服务业七大非煤产业，山西省大力实施了新兴产业"512"重点工程，并设立了战略性新兴产业、文化产业及旅游文化体育产业三只投资基金。这些举措推动煤层气装备、新能源汽车等 7 个新兴产业的优化布局，同时加快了发展节能环保产业和现代服务业的发展[②]。进入"十三五"时期，山西省战略性新兴产业的发展步伐显著加快。2016 年 7 月 13 日，省委、省政府印发了《山西省"十三五"战略性新兴产业发展规划》(晋政发〔2016〕41 号)，立足全省产业发展基础和技术创新能力，确立了"十三五"期间重点发展现代煤化工、高端装备制造、新能源汽车、新材料、新能源、煤层气、节能环保、生物医药、新一代信息技术等九大战略性新兴产业的发展，并规划"一核两带四板块"的空间发展布局(见表 5-10)。2019 年，全省贯彻"巩固、增强、提升、畅通"八字方针，全力实施百项工业转型升级项目，着力推动高质量转型发展。同年 12 月，山西省委经济工作会议进一步强调，全省上下必须狠下一条心培育、壮大战略性新兴产业，着眼补链、延链、强链、提链，加快相关大项目、大企业、研发机构和高端紧缺人才的引进力度，全力打造具有标志性、引领性的 14 个产业集群，促进战略性新兴产业向集群化、高端化、智能化发展[③]。2020 年 6 月，中共山西省委十一届十次全会进一步提出，要实施换道领跑战略，在新兴产业、未来产业上抢滩占先[④]。同年 12 月，中共山西省委十一届十一次全会再次强调，要聚焦新兴产业、未来产业，实施非均衡发展战略，坚定不移推动 14 个战略性新兴产业集群化、高端化、智能化发展，加快大数据、生物基新材料、特种金属材料、信创、半导体等产业生态建设，持续做大做强战略性新兴产业，努力实现全省产业结构从"一煤独大"到"八柱擎天"转变。

表 5-10 "一核两带四板块"战略性新兴产业空间布局

名　称	空间布局
一核	以太原市、晋中市为中心，依托太原钢铁(集团)有限公司、太原重型机械集团有限公司、太重集团榆次液压工业有限公司、富士康等龙头企业和太原高新技术产业开发区、太原经济技术开发区、太原民营经济园区等重点开发区(园区)，充分发挥山西科技创新城的辐射和带动作用，将太原城市群打造成为高端装备制造、新材料、新能源、节能环保、新一代信息技术的发展和研发基地，成为引领山西转型发展的先行区

① 2014 年 12 月召开的中央经济工作会议指出，我国经济发展进入新常态阶段。
② 山西省地方志办公室. 山西年鉴(2016)[M]. 北京：方志出版社，2016：2.
③ 省委经济工作会议在太原召开[N]. 山西日报，2019-12-25(01).
④ 沿着习近平总书记指引的金光大道奋勇前进中共山西省委十一届十次全体会议在太原召开[N]. 山西日报，2020-06-30(01).

续表

名 称	空间布局
两带	围绕大西线、太焦线沿线重点开发区(园区)等产业优势、要素优势，努力打造"大西沿线战略性新兴产业发展带"和"太焦沿线战略性新兴产业发展带"，使其成为山西省战略性新兴产业的重要聚集带
四板块	一是依托大同、朔州、忻州风能、太阳能等新能源资源优势和现代煤化工项目基础，打造晋北新能源、现代煤化工、医药产业发展板块。二是依托长治、晋城在煤层气、生物医药等产业的发展优势，打造晋东南煤层气和生物产业板块。三是依托朔州、忻州、太原、吕梁等市的节能环保研发基础，打造节能环保产业发展板块。四是依托临汾、运城新材料研发与制造优势，打造晋南新材料产业发展板块

资料来源：《山西省"十三五"战略性新兴产业发展规划》(晋政发〔2016〕41号)。

进入新发展阶段，山西省委、省政府聚焦"六新"(新基建、新技术、新材料、新装备、新产品、新业态)率先突破，以抢滩占先、换道领跑的竞争姿态，围绕产业链、创新链、供应链、要素链、制度链配置健全完善，着力谋划战略性新兴产业发展的目标、方向、路径，奋力开创全省工业高质量转型发展的新局面。为尽快构建支撑高质量转型发展的现代产业体系，2021年4月，山西省正式对外发布《山西省"十四五"14个战略性新兴产业规划》(晋政发〔2021〕17号)，明确提出推动转型发展的四大支柱型产业、五大支撑型产业和五大潜力型产业，立足信息技术应用创新产业、半导体产业、大数据融合创新产业、光电产业、光伏产业、碳基新材料产业、特种金属材料产业、生物基新材料产业、先进轨道交通装备产业、煤机智能制造装备产业、智能网联新能源汽车产业、通用航空产业、现代生物医药和大健康产业、节能环保产业等14个新兴产业(见表5-11)，精准实现重大领域、细分领域的换道抢滩，并在创新平台建设、创新成果转化、企业主体培育、人才引进培育、市场开拓、开放合作方面给予系列扶持。为进一步加速战略性新兴产业发展，省委、省政府因地制宜将资源优势变为转型发展优势，通过创新电力交易机制，向用电电压等级110千伏及以上的14个战略性新兴产业用户提供0.3元/千瓦时的电价，以比较优势的电价"洼地"促进战略性新兴产业集聚。

表5-11　山西省"十四五"期间14个战略性新兴产业布局情况

名 称	发展重点
信息技术应用创新产业	重点发展计算机整机、核心芯片、数据存储、外设等硬件体系，数据库、操作系统、应用软件、安全软件等软件体系，加快建设适配测试验证、标准认定等产业发展促进平台，形成软云应用全面覆盖、硬件相互适配的新型信创产业格局，着力打造全国信创产业发展高地和应用示范基地
半导体产业	重点发展砷化镓、碳化硅等第三代半导体材料，扩展封装材料、靶材、高纯试剂、电磁屏蔽材料等半导体新材料领域，前瞻谋划第四代半导体材料研发布局。面向5G通信、人工智能、工业互联网、汽车电子、电力电子等关键应用，积极推进建设射频器件、功率器件、光电器件、短波红外相机等生产线建设，打造专用领域差异化竞争优势

续表

名　称	发展重点
大数据融合创新产业	重点加强大数据中心、5G 基站、数据平台(基于区块链)等信息基础设施建设，打造环首都数据存储中心、国家重要数据资源灾备中心、中西部算力中心和工业互联网大数据中心。不断完善存储—计算—标注—分析—应用—安全的大数据融合创新产业链条，形成能源流、数据流、业务流发展集合
光电产业	重点发展"光材料—光元器件—系统/设备/终端产品"光电产业链，加快形成半导体照明显示和电子白板产业链，全力打造全球最大的蓝宝石生产基地、LED 背光源和高端照明灯具供应基地，建设国家级光电产业基地
光伏产业	重点突破光伏玻璃、PERC、异质结 HJT 技术攻关，研发示范推进铜铟镓硒和钙钛矿等新型薄膜电池发展；构建以多晶硅—硅片—电池片(PERC 电池/异质结电池)—电池组件—应用为核心的光伏产业链条，打造全国重要的光伏玻璃生产基地和光伏制造基地
碳基新材料产业	重点构建煤—焦—煤焦油沥青—沥青基碳纤维—碳纤维复合材料、煤—煤基石墨—中间相炭微球—石墨烯/电容炭、煤—焦—焦炉煤气—费托合成蜡/润滑油等具有全国比较发展优势的产业链条，打造晋北、晋中、晋东南碳基新材料集聚区，建设国家级碳基新材料产业研发制造基地
特种金属材料产业	重点发展多元化特殊钢、高强高导高韧性铜合金、新型高性能镁铝合金、高性能软磁复合材料、高性能钕铁硼永磁材料等新产品，重点构建轮轴钢—高铁轮对，冷轧取向硅钢—机器人、无人机，电解铝、原镁—镁铝合金板带，铸件—汽车、轨道交通轻量化部件等具有全国比较优势的特色产业链条
生物基新材料产业	重点构建玉米加工—戊二胺—生物基聚酰胺—工业丝、民用丝，烷烃—长链二元酸—长链聚酰胺—特种尼龙，植物秸秆—木质素—生物树脂—生物碳纤维复合材料，农林废弃物—纤维素—乳酸—聚乳酸—生物降解塑料等特色产业链，形成生物基化学品、生物医用材料、生物环保材料 3 个产业集群，打造国内重要的生物基新材料产业基地
先进轨道交通装备产业	重点推进高速动车组车轴车轮批量示范应用，发展电传动系统、受电弓碳滑板、高性能转向架等关键零部件，引入刹车片、减速机等延链补链项目，构建"轮轴—高速轮对、摇枕侧架—走行、电传动系统—整车"产业链，打造全国轨道交通关键部件、装备、系统运营核心产业基地
煤机智能制造装备产业	重点发展综采装备、综掘装备、主辅运输装备、煤矿机器人和智能装备、信息驱动及管理系统，构建"智能芯片—核心零部件—三机一架—成套产品"产业链，打造国内最大、全球一流的煤机重要零部件与整机生产基地
智能网联新能源汽车产业	重点培育发展感知系统、决策系统、执行系统、通信系统、智能驾驶舱、自动驾驶解决方案、车联网等智能网联汽车全产业链。加快形成电池、电机、电控等核心部件及整车的纯电动汽车产业链条。建立氢能供应、车载储氢系统、燃料电池系统、电驱动系统、整车控制系统和辅助储能装置等氢燃料电池汽车产业链。加快建成全国性的智能网联大数据中心和氢燃料电池商用车运营示范基地
通用航空产业	重点发展中小型涡扇/涡桨公务机、多用途小型飞机、中型特种飞机，以及固定翼/旋翼无人机等通用航空装备。构建航空关键材料研发、关键零部件设备配套、中小型民用飞机制造、专用无人机制造、飞行运营、维修保障—拆解回收的通用航空装备全产业链，将山西省打造为全国重要的通用航空产业发展试验示范基地

续表

名　称	发展重点
现代生物医药和大健康产业	重点发展以原料药精深加工为主，下游制剂为突破的化学原料药及制剂全产业链；支持中成药经典制剂传承创新和现代中药研发，开发中药饮片产品，打造现代中药及大健康产业链；大力发展免疫疗法、细胞疗法，发展抗肿瘤药物、人源胶原蛋白、新型疫苗、干细胞药物等生物医药产业链；鼓励发展体外诊断试剂、智能化移动式医疗设备、高品质医学影像设备、远程诊断系统、康复器械等医疗装备。打造我国重要的原料药、中成药与新特药产业集聚区，建设中医药强省
节能环保产业	重点开发推广余热余压回收利用、能量系统优化等节能技术，推广高效节能电机、晋华炉等节能产品。加快研发重金属废水处理、膜处理、工业园区废水集中处理、污泥处理等环保技术和装备，大力发展新型环保建材产品，努力建设朔州、长治、晋城国家级工业资源综合利用基地，形成集技术研发、设备制造、产品开发、服务提供于一体的节能环保产业链，全力打造国家级节能环保产业示范基地

资料来源：《山西省"十四五"14 个战略性新兴产业规划》(晋政发〔2021〕17 号)。

2) 战略性新兴产业成为促进高质量发展的新动能

山西全力推动战略性新兴产业发展，产业结构调整稳步推进，新旧动能转换全面提速的格局正在构建。2016 年山西省政府工作报告指出，"十二五"时期，山西省非煤产业投资占工业投资的比重实现大幅提升，由"十一五"末期的 64.1%提高到"十二五"末期的 80.2%，大量资金转向非煤工业，进一步提升了战略性新兴产业在全省工业增加值的贡献度。该时期，非煤产业增加值占工业增加值的比重超过 50%，服务业产值占山西省地区生产总值比重由 37.3%提高到 53%，旅游总收入年均增长 26%[①]。"十三五"时期，新技术、新业态、新模式、新产品持续涌现，成为驱动新旧动能转换，引领山西高质量转型发展的重要力量。规模以上工业企业研发活动实现全覆盖，国家级重点实验室、工程技术中心以及省级制造业创新中心、省级制造业创新中心试点从无到有。手撕钢、高铁轮轴、新一代半导体、高端碳纤维等一批关键技术和产品取得突破，大数据、信创、半导体等 14 个战略性新兴产业集群加快形成，产业增加值年均为 7.8%，是规模以上工业的 3.2%，高端装备制造、数字产业等新兴产业营业收入突破千亿[②]。省级国家全域旅游示范区创建完成，4 个 5A 级景区获得国家批准，黄河、长城、太行等文旅品牌影响力持续扩大[③]。作为战略性新兴产业的主要集聚地，省级以上工业类开发区达 69 个，其中国家级有 6 个[④]。进入新发展阶段，山西省战略性新兴产业发展再次提速升级，对全省工业体系的支撑作用显著增强。2016—2021 年，山西省战略性新兴产业增加值年均增长 9.7%，快于规模以上工业的 3.8%[⑤]。2021

---

① 山西省 2016 年政府工作报告。

② 山西省人民政府：《山西省"十四五"14 个战略性新兴产业规划》(晋政发〔2021〕17 号)，2021 年 4 月 30 日。

③ 山西省第十三届人民代表大会第四次会议。

④ 山西省人民政府：《山西省"十四五"14 个战略性新兴产业规划》(晋政发〔2021〕17 号)，2021 年 4 月 30 日。

⑤ [奋进新征程 建功新时代——全方位推动高质量发展]战略性新兴产业不断发展壮大[N]. 山西日报，2022-10-24.

年，山西省 9.1%的经济增长中，7.1%是由非煤领域产业贡献的[①]。截至 2022 年，手撕钢、高端冷轧取向硅钢、新能源汽车、第三代半导体、高效单晶光伏电池等一大批新产品不断涌现，非煤产业增加值增速持续快于煤炭产业，工业战略性新兴产业(工业领域)、高技术制造业增加值年均分别增长 11.6%、11.7%[②]。整体来看，战略性新兴产业正成为山西省经济与生态环境迈向高质量发展的中坚力量。

第三节　生态环境高质量发展与价值转化

经济与生态关系高质量发展既要做好经济层面的绿色转型，还要加强生态环境建设与价值转化，以全面推进"绿水青山就是金山银山"。2012—2022 年，山西省统筹推进山水林田湖草沙全系统建设，同时探索"绿水青山"与"金山银山"双向转换通道。统筹谋划生态经济发展路径，让生态环境成为经济发展的内在要素和内生动力，推动生态要素向生产要素转变、生态财富向物质财富转变，实现生态资源保值、增值。

一、"水瓶颈"向"水支撑"全面转变

山西省土地面积 20%的平川集中了 83%的地区生产总值和 72%的人口，由于蓄水工程多建设在山区，而用水户多位居城市、平川和盆地，水资源分布与工农业生产、城市发展布局不相匹配的问题十分严重。进入新时期的转型发展阶段，山西省主要经济指标翻番，即使采取比较严厉的节水措施，经济社会正常运行总需水量仍将达到 85 亿立方米。根据山西省现有供水能力，仍需 25 亿立方米左右的水资源供给量[③]。聚焦山西省经济发展需要，立足山西水资源缺乏、人均水资源较少的实际，新发展阶段下，山西省委启动实施了大水网建设工程。大水网以纵贯山西南北的黄河北干流和汾河两条天然河道为主线(两纵)，以十大骨干供水体系(十横)为骨架，通过晋中东山供水工程、辛安泉供水改扩建工程、中部引黄工程、小浪底引黄工程等河库连通工程建设(见表 5-12)。

表 5-12　大水网建设重点实施的工程

名　称	建设内容
晋中东山供水工程	以漳河为水源地，向晋中南部平遥、太谷、祁县、介休和灵石 5 县供水。项目建设分两期进行。一期工程从石匣水库、关河水库取水，在满足调出区用水的前提下，经云竹水库、源神庙水库等流向 5 县，设计标准为年供水量 0.6 亿立方米。二期工程年供水量为 0.5 亿立方米，输水线路总长为 255 千米
辛安泉供水改扩建工程	工程从溯头水电站取水，向长治城区、郊区、黎城、潞城、平顺、屯留、壶关和长治 8 地区供水，设计标准为年引水能力 1.58 亿立方米，输水路线总长为 156 千米

---

① 赵东辉，晏国政，梁晓飞，等. 山西：新兴产业集聚新动能[N]. 经济参考报，2022-09-19(008).
② 山西省 2023 年政府工作报告.
③ 《山西经济年鉴》编委会. 山西经济年鉴(2012)[M]. 太原：山西经济出版社，2012：112.

续表

名　称	建设内容
中部引黄工程	从忻州保德县黄河天桥水电站库区取水，自北向南依次经过吕梁市西部的兴县、临县、离石、中阳、石楼到临汾市隰县，供水区范围辐射到吕梁市柳林、交口、汾阳、孝义，临汾市蒲县、大宁、汾西和晋中市介休、灵石16个地区。输水工程设计扬程为200米，年引水能力为6亿立方米，输水线路总长为384.5千米
小浪底引黄工程	从运城市垣曲县黄河小浪底水库取水，穿过中条山送到涑水河流域。工程主要解决：(1)运城市盐湖、夏县、闻喜、垣曲、绛县5县区工业用水和涑水河流域以东63万亩灌区的用水问题。(2)为涑水河上游提供生态用水。(3)必要时可为运城城区生活和工业用水补充水源。设计年引水能力为2.47亿立方米，供水线路总长为59.2千米
滹沱河连通工程	通过万家寨引黄南干线周家堡支洞口、滹沱河支流阳武河工程连通建设，将滹沱河与黄河连通，解决忻定盆地特大干旱年供水不足、阳泉市工农业生产生活用水问题
龙华口调水工程	通过滹沱河干流王家庄水库及输水工程，将滹沱河水调入龙华口水电站，在此基础上提水至盂县县城、阳泉市区。主要解决盂县供水能力和阳泉应急供水水源储备。该工程设计标准为年调水能力0.5亿立方米
吴家庄水库	该工程位于黎城县浊漳河干流，通过多水源联合调度，满足长治盆地用水需求。设计标准为年供水能力0.4亿立方米
西范灌区东扩工程	通过从禹门口一级站扩建工程提引黄河水，经北赵连接工程引水到西范灌区一级站。主要解决运城市闻喜北垣、稷山汾南灌区南部、万荣县东部、新绛阳王等干旱缺水问题，同时兼顾改善原西范灌区及汾南灌区农田灌溉缺水问题。工程建成后61.8万亩农田获益
油篓山拦河闸	该工程位于忻州市原平城区滹沱河干流上，主要服务城乡供水、农业灌溉。设计标准为年供水能力3000万立方米
黄河古贤水利枢纽和山西古贤供水工程	以黄河古贤水利枢纽为供水水源，主要面向临汾和运城盆地19个县、市、区供水，是一座以防洪减淤为主，同时兼顾发电、供水和灌溉的大型综合利用工程，是我国"十二五"时期水利部重点建设工程

资料来源：《山西水利"十二五"发展规划》。

将黄河、汾河等六大河流及各河流上的大中型水库相连通，形成以"两纵十横、六河连通，纵贯南北、横跨东西，多源互补、保障供应，丰枯调剂、结构合理，稳定可靠、配置高效"为主框架的供水网络(见表5-13)。根据《山西水利"十二五"发展规划》可知，大水网建成后，山西省地表水供水能力增加到61亿立方米，地下水开采量由原来的35亿立方米减少到30亿立方米，年供水能力达到91亿立方米，供水结构将实现由地下水为主到地表水为主的根本性转变。为确保大水网工程建成后如期发挥效益，山西省启动与大水网相配套的小水网工程建设，一批既调蓄当地地表水和洪水资源，又调蓄大水网调入水量的"双调"水库进入建设，全面实现水资源开发利用由"水瓶颈"向"水支撑"的转变。为有效破解"水少、水脏、水远、水漏、水失"问题，加快构建与全面建成小康社会目标任务相衔接的水保障体系，2012—2022年，山西大力开展节水型社会建设、河库水系连通网络构建、水生态文明建设、民生水利基础夯实、防灾减灾体系健全、水利改革创新深化等重点工作,率先在全国颁布《山西省节约用水条例》(2012)、《国家节水行动山西实施方案》(2019),从农业节水增效、工业节水减排、城镇节水降损等多方面谋划节水型社会。重启晋祠、兰村等泉域复流工程,全面推动以汾河生态修复为主的河流治理工程。

表 5-13 "两纵十横、六河连通"大水网建设

水网结构名称	具体内容
两纵	两纵指纵贯南北的黄河北干流线和汾河—涑水河线。第一纵是从北部偏关县老牛湾至南部运城风陵渡连接而成的天然纵向黄河北干线,全长 763 千米。第二纵是以汾河为主干,通过万家寨引黄南干线、黄河古贤水利枢纽将黄河与汾河以及汾河与涑水河连通,形成近千公里纵贯我省南北的汾河—涑水河线。
十横	十横是指横跨东西的太原市和朔同盆地、忻定盆地、运城涑水河等组成的十大供水体系。一横是围绕万家寨引黄南、北干线工程,建设太原、朔州、大同盆地供水体系;二横是围绕万家寨引黄南干线滹沱河连通工程、坪上应急引水工程,建设忻定盆地供水体系;三横是围绕中线吕梁引黄工程、柏叶口水库、文峪河水库、黄河碛口水利枢纽,建设吕梁山区供水体系;四横是围绕东山调水工程、松塔水电站、泽城西安水电站,建设晋中盆地供水体系;五横是围绕龙华口水电站、娘子关提水工程,建设阳泉供水体系;六横是围绕辛安泉引水工程、吴家庄水库、漳泽水库,建设长治盆地供水体系;七横是围绕东焦河水电站、张峰水库、围滩水电站、西冶水电站,建设晋城沁丹河供水体系;八横是围绕引沁入汾和川引水枢纽、五马、曲亭、涝河、巨河等四座水库,建设临汾盆地供水体系;九横是围绕黄河古贤水利枢纽、禹门口提黄工程,建设运城万荣、新绛、稷山、河津和临汾南部供水体系;十横是围绕小浪底引黄工程、大浪店引黄工程,建设运城涑水河供水体系
六河连通	六河连通指通过相关调水工程的建设,实现黄河干流和山西境内桑干河、汾河、沁河、漳河、滹沱河等六大主要河流的连通

资料来源:《山西经济年鉴》编委会.山西经济年鉴(2012)[M].太原:山西经济出版社,2012:112.

2017 年,省委先后批复汾河、滹沱河、桑干河、沁河、漳河、涑水河和大清河等七条河流的生态保护与修复实施规划。2018 年 9 月,山西省委、省政府实施《以汾河为重点的"七河"流域生态保护与修复总体方案》,围绕该总体方案确定的目标任务,实施了河流源头保护、地下水超采治理和岩溶大泉保护、河湖水系综合整治、水污染防治、河流生态补水、节约用水等六大工程。2019 年,山西省政府发布《关于坚决打赢汾河流域治理攻坚战的决定》,该决定提出"十三五"末期,劣 V 类国考断面全面消除。2020 年,山西省政府印发《山西省黄河(汾河)流域水污染治理攻坚方案》,高标准谋划部署 70 项省级重点工程和 90 项重点管控措施。湖泊是自然生态系统的重要组成部分,在调蓄洪水、提供水源、调节生态、水产养殖、维护生物多样性等方面发挥着不可替代的作用。2021 年 4 月,山西省人民政府办公厅发布《山西省"五湖"生态保护与修复规划(2021—2035 年)》,推动产业生态化。截至 2020 年,万家寨、龙口、天桥等重大水利工程充分发挥作用,大水网供水框架基本形成,水资源利用水平明显提高。2020 年,万元地区生产总值用水量较 2015 年下降了 19.0%以上,以汾河谷地为中心的地下水位持续回升,节水型社会建设取得明显成效[①]。

---

① 《山西省黄河流域生态保护和高质量发展规划(2022)》。

山西省 58 个国考断面全部退出劣Ⅴ类,优良水质断面比例达到 70.7%,省内重点河流汾河流域实现了"一泓清水入黄河"。2020 年 5 月 12 日,习近平总书记用"沧桑巨变"点赞汾河治理成效①。2021 年,山西省水质全部提升到Ⅳ类水质以上,地表水国控断面水质优良比例达 71.3%以上,提前完成"十四五"目标任务②。2022 年上半年,山西省Ⅲ类及以上断面优质水占比达 52.4%,稳定实现"一泓清水入黄河"③。

二、林业绿色屏障功能显著提升

林草兴则生态兴,党的十八大以来,山西统筹推进山水林田湖草沙系统治理,以"两山七河一流域"为主战场,深入开展大规模国土绿化行动。坚持自然恢复为主、人工修复为辅,以吕梁山、太行山为主战场,紧密对接《山西省生态功能区划》(晋政发〔2008〕26号),大力实施天然林保护、京津风沙源治理、"三北"防护林、退耕还林等国家生态治理工程和环京津生态屏障区建设、通道及两侧荒山绿化等省级生态修复工程,积极构建"以汾河两岸为中轴线,以太行山和吕梁山为重点的四大生态屏障"(见表 5-14),全面推进城乡绿化。经过多年林业生态环境建设投资,山西省森林覆盖率实现了较大提升,从"十一五"末期的 18.3%增加到 2019 年年底的 23.18%,实现了低于全国平均水平 6.24%向超过全国平均水平的巨大转变④。截至 2019 年,黄河流域山西段森林覆盖率达 24.44%,沿黄生态极度脆弱区吕梁市森林覆盖率达 28.6%⑤。2020 年,山西省森林覆盖率达 23.57%,超过全国平均水平⑥。

表 5-14 四大生态屏障

名 称	功 能	建设范围	建设方式与目标
晋北晋西北防风固沙林区	防风固沙	大同市范围:大同新荣区、城区、矿区、南郊区、大同县、浑源县、灵丘县、广灵县、左云县、阳高县、天镇县 朔州市范围:朔州平鲁区、城区、山阴县、应县、怀仁县、右玉县 忻州市范围:保德县、偏关县、神池县、宁武县、静乐县、繁峙县、代县、河曲县、五寨县、岢岚县	大力种植沙棘、柠条等灌木林,基本遏制晋北晋西北的风沙

---

① 山西生态省建设规划纲要(2021—2030)。
② 张丽媛. 书写山西生态文明建设新篇章[N]. 山西日报, 2022-05-21(004).
③ 张丽媛,范珍,国媛. 厚植生态底色 书写绿色发展新篇章——山西推动生态环境高标准保护和经济高质量发展纪实[J]. 华北自然资源, 2022(5):7-10.
④ 张贝丽. 生态文明建设的山西实践研究[J]. 晋中学院学报, 2021, 38(5):14-16+58.
⑤ 《山西省黄河流域生态保护和高质量发展规划(2022)》。
⑥ 山西省人民政府关于印发山西生态省建设规划纲要(2021—2030 年)的通知[EB/OL]. [2022-01-25]. https://www.shanxi.gov.cn/zfxxgk/zfxxgkzl/fdzdgknr/lzyj/szfwj/202205/t20220513_5976569.shtml.

续表

名称	功能	建设范围	建设方式与目标
吕梁山黄土高原水土保持林区	治理水土流失、降低土壤侵蚀	忻州市范围：忻州市忻府区、原平市 吕梁市范围：吕梁离石区、孝义市、汾阳市、柳林县、石楼县、兴县、临县、岚县、交口县、方山县、中阳县、交城县、娄烦县 太原市范围：太原万柏林区、晋源区、尖草坪区、古交市 临汾市范围：蒲县、汾西县、隰县、大宁县、永和县、吉县、乡宁县 运城市范围：新绛县、稷山县、河津市、万荣县	实施"三北"防护林建设、天然林资源保护、退耕还林等国家重点林业工程，有效改善黄河流域山西段水土流失状况，努力形成植被良好、降温保湿、固土凝水、林茂粮丰的可喜局面
太行山土石山水源涵养林区	涵养水源	忻州市范围：五台县 太原市范围：太原迎泽区、杏花岭区、阳曲县 晋中市范围：榆社县、和顺县、左权县、寿阳县、昔阳县、灵石县 阳泉市范围：阳泉城区、矿区、郊区、平定县、盂县 长治市范围：平顺县、黎城县、壶关县、武乡县、沁源县、沁县 临汾市范围：霍州市、安泽县、翼城县、古县、浮山县 晋城市范围：陵川县、沁水县、阳城县 运城市范围：垣曲县、平陆县、芮城县	大力封山育林、植树造林、积极护林，有效涵养太行山土石山区水资源，从根本上逐步改善全省"十年九旱"长期严重缺水的自然生态状况
中南部盆地防护经济林区	防护经济林	忻州市范围：定襄县 太原市范围：太原小店区、清徐县 晋中市范围：榆次区、介休市、平遥县、太谷县、祁县 临汾市范围：临汾尧都区、襄汾县、曲沃县、洪洞县 吕梁市范围：文水县 长治市范围：长治郊区、城区、高平市、潞城市、屯留县、长治县、长子县、襄垣县 晋城市范围：晋城城区、侯马市、泽州县 运城市范围：运城盐湖区、永济市、临猗县、夏县、闻喜县、绛县	大力营造干鲜果经济林，在充分发挥生态功能的基础上，实现经济效益与生态效益双赢

资料来源：山西省人民政府办公厅关于印发山西省林业生态建设总体规划纲要(2011—2020 年)的通知[EB/OL]. [2010-10-09]. https://www.shanxi.gov.cn/zfxxgk/zfxxgkzl/fdzdgknr/lzyj/szfbgtwj/202205/t20220513_5977253.shtml.

三、土壤环境安全保障能力进一步提升

2012—2022 年，山西省更加重视土壤生态环境在经济发展过程中的支撑功能，全面统筹生产与生态高质量发展关系，严格执行《中华人民共和国土壤污染防治法》，全面实施

《土壤污染防治行动计划》，开展耕地土壤环境质量类别划分(划为优先保护类、安全利用类和严格管控类)和受污染耕地安全利用工作。推动种植业绿色增长，大力推广优良品种和绿色高效栽培技术，坚持化肥减量与增效并重，按照"增产施肥、经济施肥、环保施肥"理念，围绕有机旱作农业发展，深入推进科学施肥，推行"四替代两培育"(见表5-15)，加快施肥方式转变，减少不合理化肥投入，努力构建绿色、低碳、循环农业产业体系，实现农业发展与资源环境承载力相匹配，与生产、生活、生态相协调。相关资料显示，2015年以来，山西省连续4年化肥施用量实现负增长，测土配方施肥技术覆盖率达91%。"十三五"末期，山西省种植业农药使用量为8310吨，与近3年平均使用量相比减少了1.51%。2017—2019年，山西省农膜回收率由37%提高到78%[①]。作为全国重要的能源重化工基地，山西省经济生产建设过程造成的水土流失问题尤为突出。党的十八大以来，山西省大力开展水土流失治理，集中连片推进水土保持生态建设，在晋北风沙区、晋西北黄土丘陵沟壑区、吕梁山南部黄土残塬沟壑区等地区实施了京津风沙源治理、首都水资源水土保持、国家水土流失重点治理、黄土高原地区淤地坝建设、农业综合开发水土保持、坝滩联治、国家水土保持重点建设等工程，加大水土保持监督执法力度，全面落实水土保持"三同时"制度，逐步完善水土保持法律法规体系，形成一批水土保持示范区。"十三五"末期，山西省受污染耕地安全利用率高达97%，污染地块安全利用率高达90%，非正规垃圾堆放点整治率达100%[②]。山西省土壤环境质量总体保持稳定，农业和经济建设用地土壤环境安全存在风险得到基本保障和管控。截至2021年年底，山西省水土流失面积为5.8万平方千米，较2011年的7.03万平方千米减少1.23万平方千米，减幅为17.5%，水土保持率达63%[③]。

表5-15 "四替代两培育"重点建设内容

名　　称	建设内容
全面推进配方施肥替代农民习惯施肥	开展采土化验、肥效试验和施肥方案进村上墙等基础工作。分区域、分作物制定配方施肥替代农民习惯施肥技术方案，做好配方发布工作。加强对农民的施肥技术指导，推动测土配方施肥技术进村入户到田，切实做好耕地质量提升与减肥增效示范项目建设，充分发挥项目的示范带动作用
深入推进有机肥替代化肥	充分利用好有机养分资源，大力推广过腹还田、秸秆粉碎还田、快速腐熟还田等技术，科学引导农民应用有机肥和生物有机肥，扩大果园绿肥、果菜有机肥的种植面积，形成可复制、可推广的绿色发展模式
全力推进新型肥料替代传统肥料	大力开展新型肥料试验示范，重点推广中微量元素肥料、缓释肥、生物肥等新型肥料。充分利用山西省大田生物配肥集成技术优势，大力推广小麦生物配肥种肥同沟和玉米生物配肥种肥同穴技术。充分利用我省硫酸铵的资源优势，引导肥料生产企业在硫酸铵中科学添加缓释剂，提高硫酸铵的利用率，推广具有缓释特性的硫酸铵替代尿素进行追肥

[①] 武佳. 山西蓝天碧水净土三大保卫战取得积极成效[N]. 山西晚报，2021-02-02.
[②] 山西省人民政府关于印发山西生态省建设规划纲要(2021—2030年)的通知[EB/OL]. [2022-01-25]. https://www.shanxi.gov.cn/zfxxgk/zfxxgkzl/fdzdgknr/lzyj/szfwj/202205/t20220513_5976569.shtml.
[③] 山西这十年 | 省生态文明建设专场新闻发布会举行(第十五场)[EB/OL]. [2022-09-19]. https://www.shanxi.gov.cn/ywdt/xwfbh/szfxwbxwfbh/202209/t20220921_7142782.shtml.

续表

名　称	建设内容
因地制宜推进机械施肥替代人工施肥	大力开展农业与科研院所、企业等主体合作，指导农民选择适宜的施肥机具，因地制宜推广种肥同播、分层施肥、肥料深施等机械施肥技术和水肥一体化施肥技术。针对玉米、小麦等粮食作物，底肥施用上重点推广种肥同播技术，追肥施用上重点推广化肥机械深施技术；针对果树、蔬菜等经济作物，重点推广水肥一体化技术及化肥、有机肥机械深施技术
大力培育新型农业经营主体和科学施肥社会化服务组织	通过开展技术培训指导，将新型农业经营主体打造成减肥增效的明白人、带头人，培育一批减肥增效示范合作社、示范家庭农场、示范种植大户。大力培育以肥料生产企业为主体的科学施肥社会化服务组织。紧紧围绕减肥增效工作，为广大农户开展"测、配、产、供、施"一体化服务

资料来源：山西省农业厅关于印发山西省化肥使用量零增长行动 2018 年工作方案的通知(晋农土肥发〔2018〕2 号)[EB/OL]. [2018-01-22]. http://nynct.shanxi.gov.cn/sxnytzwgk/sxsnynctxxgk/nynct/gknr/auto1259/auto1261/202108/t20210803_300378.shtml.

四、"两山"转化路径探索与成效

　　山西地处黄土高原东翼，境内重峦叠嶂、沟壑纵横，是国家打赢全面脱贫攻坚战中扶贫开发任务最重的省份之一。在全国 14 个集中连片特困地区中[①]，山西省占有吕梁山区、燕山—太行山区 2 个，远远高于省域平均占有水平，且全省 58 个贫困县集中分布在生态环境脆弱、发展条件恶劣的贫困山区。在 2020 年国家全面建成小康的进程中，山西省既肩负加快荒山绿化、改善人居环境质量的生态治理任务，也承担让贫困人口增收致富、同步达小康的脱贫攻坚任务。"人不负青山，青山定不负人。绿水青山既是自然财富，又是经济财富"[②]。立足贫困集中区域和生态脆弱区域高度重合、互为因果这一特点，省委、省政府作出在"一个战场打赢生态治理与脱贫攻坚两场攻坚战"的决策部署，深入贯彻落实习近平生态文明思想，立足"绿水青山就是金山银山"的发展理念，全面统筹生态生计，协调增绿增收，积极探索"两山"转化路径，推动生态要素变生产要素、生态价值变经济价值、生态优势变发展优势，坚定不移走生态优先、绿色发展的现代化道路，踏出一条"绿水青山"和"金山银山"的高质量发展路径，全面探索实践经济发展与生态环境建设互促双赢的道路。

　　林业生态经济涉及农、林、牧、畜等多个产业，是生态优势向经济优势转化的重要产业平台。脱贫攻坚战打响后，山西省委、省政府坚持产业富民，充分发挥经济林产业在生态扶贫方面的巨大潜力和作用，将生态建设与脱贫攻坚结合不紧密问题作为全省脱贫攻坚五大问题之一，把生态扶贫纳入全省脱贫攻坚"8 大工程 20 个专项行动"中，放在攻坚深度贫困"10 大超常举措"的首要位置。围绕增绿和增收两条主线，山西省委实施土地"绿化彩化财化"行动，为贯彻落实《关于完善集体林权制度改革的意见》《关于加快培育新

---

① 扶贫办关于公布全国连片特困地区分县名单的说明[EB/OL]. [2012-06-14]. www.gov.cn.
② 2020 年 4 月，习近平总书记在陕西考察时的讲话。

型林业经营主体的指导意见》两个文件精神，印发《关于开展集体公益林委托国有林场管理工作的指导意见》《山西省永久性生态公益林保护条例》和《山西省经济林发展条例》《山西省林业精准扶贫工作规范》《关于发展和规范扶贫攻坚造林专业合作社的若干意见》《申领扶贫攻坚造林专业合作社施工专用资质办法》《关于完善和规范扶贫攻坚造林专业合作社运行机制的意见》《山西省特色农业扶贫行动实施方案(2016—2020年)》《关于推进"一村一品一主体"产业扶贫的实施意见》等政策制度，延伸产业链，提升价值链，构建脱贫链，建立稳定的带贫益贫机制，大力实施林业"六大工程"，联动实施经济林提质增效、特色林业产业增收、退耕还林奖补、森林管护就业、造林绿化务工等"五大"生态扶贫项目，创新林草生态建设参与机制，组建扶贫攻坚造林合作社，创造性通过议标方式，将全省脱贫摘帽县的人工造林、退化林生态修复任务安排给造林专业合作社进行建设。在提升生态管护成效的同时，统筹生态成效巩固与促进群众(边缘易致贫户、脱贫不稳定户、因病因灾因意外事故导致基本生活出现严重困难人员、复退军人等人员)增收深度融合发展。立足以核桃、红枣为主的传统经济林产业整体效益较低，以及沙棘、连翘等灌木经济资源利用不充分等问题，全省围绕改良品种、提升品质、打造品牌的思路，大力实施干果经济林提质增效工程，启动实施"小灌木大产业"战略，大力发展林下种植养殖、相关产品采集加工和森林景观利用、森林旅游康养产业等林业产业[1]，初步形成核桃、红枣、柿子、仁用杏、花椒五大干果主产区，晋西北沙棘、安泽连翘等被认定为国家级或省级特色农产品优势区，山西核桃、吕梁红枣成为区域品牌和地理标志产品[2]。依靠建设生态经济实现脱贫减贫，山西省先行探索出一条增绿与增收、生态与生计有机统一、互促共赢的良性发展之路。

生态文明建设成为山西省"绿色银行"。2012—2022年，山西省构建了"东药西薯、南果北杂、中部蔬菜、面上干果牧业乡村游"的脱贫产业格局，培育了杂粮、果业、畜牧、中药材、蔬菜、乡村旅游、农产品加工等七大特色扶贫产业，生态产业扶贫成效显著。截至2017年年底，山西省干果特色经济林总面积达120.667万公顷，总产量达16.95亿公斤，干果特色经济林总产值为150多亿元，农民人均收入为900元左右[3]。2018年，山西省58个贫困县退耕还林183万亩，惠及8.9万贫困户；造林绿化285.5万亩，山西省造林合作社带动5.2万贫困劳动力增收[4]。截至2020年，山西省生态扶贫政策连续3年惠及贫困人口52万人以上，平均每年带动贫困人口增收超过10亿元[5]，形成一批有价值、能复制、可推广的产业扶贫典型，云州区"黄花铺出扶贫黄金道"、平顺县"药草飘香富万民"入选全国产业扶贫范例，2020年5月11日，习近平总书记视察山西时，对云州区黄花产业给予充分肯定，指示"把黄花产业保护好、发展好，做成大产业，做成全国知名品牌，让黄花成为乡亲们的'致富花'"。右玉县、沁源县、蒲县、沁水县、平顺县、芮城县等6县"两山"转化创新做法入选全国"绿水青山就是金山银山"实践创新基地(见表5-16)。

---

① 景慎好, 贾向前. 生态扶贫的"山西路径"[N]. 中国绿色时报, 2020-06-09.
② 山西省多项专项扶贫工作创出山西特色, 走出山西路径[EB/OL]. [2021-05-18]. https://m.thepaper.cn/baijiahao_12729529.
③ 张海龙. 山西省生态扶贫模式及存在问题分析[J]. 山西林业, 2020(Z1): 2-3.
④ 许贵元. 让"生态扶贫"的金光大道越走越宽广[N]. 山西日报, 2019-07-12(006).
⑤ 贾步云. 山西巩固拓展生态脱贫成果的几点思考[J]. 三晋基层治理, 2022(6): 32-35.

表 5-16 "绿水青山就是金山银山"实践创新基地

授予时间	县 域	"两山"转化实践
2017	右玉县 (朔州市)	修复生态，绿色接力。近70年来，几代右玉人矢志不渝、坚持不懈地把植树造林、改善生态当作求生存、求发展的历史选择，昔日的不毛之地变成了今日的塞上绿洲。因绿发展，提质增收。在全县上下共同努力下，通过大力发展特色种植业、生态畜牧业、文化旅游业和光伏、风电等绿色能源产业，右玉县率先完成了7 778户、15 918口人的减贫任务，成为山西省首批拟退出的国家级贫困县之一，坚持生态立县、绿色发展的优势和成果正在日益显现
2020	沁源县 (长治市)	不断巩固提升良好生态本底，着力增绿、增色、增景，保护沁河源头，积极构建"全域旅游+全域度假+全域康养"格局。大力发展休闲农业和乡村旅游，积极打造文化旅游、运动康养融合的战略性支柱产业，连续获得"全国森林康养基地建设试点县"和"全国森林旅游示范县"等荣誉。将绿色发展融入经济社会发展全过程，将生态资源优势转化为沁源可持续发展的竞争优势，形成了具有沁源特色的绿色发展战略规划。积极发展绿色品牌农业，把绿色产业的发展作为推动"两山"转化的主引擎，形成长征村药茶，灵空山康养特色小镇，景凤乡慢生活休闲体验区，郜家峪村、古寨村等"空心村"乡村振兴等一系列发展模式的"两山"转化典型案例。全县整体产业链不断延伸，实现以生态资源转化为核心的"一二三产"深度融合，绿色发展取得初步成效
2021	蒲 县 (临汾市)	以生态立县，坚持绿色发展，认真贯彻落实习近平生态文明思想，全面践行"两山"理念，创新提出"生态固本，业态增效"发展理念，认真落实产业结构优化、能源结构优化、运输结构优化、城乡环境整治、水体环境提标、土壤安全保障、矿山生态治理、治污能力建设"八大工程"，实施大气、水、土壤污染防治三大行动计划，在环境治理与生态文明建设方面取得一系列成绩。坚定不移走生态文明发展之路，不断进行"两山"转化探索。以"研究所+龙头企业+合作社"传统农业向现代农业转化模式，"造林+管控+林下经济"可持续发展转化模式，"2+2+1+X"产业发展体系等，形成垒石坑造林，打造"绿水青山"；"构树+养殖"昔日穷山沟的华丽嬗变；"种下核桃七八亩，农民腰包撑得鼓"白家庄核桃种植开启致富之门；刁口村连翘"小灌木"建成生态"大产业"；生态脱贫，"点绿成金"产煤区转型发展等典型案例
	沁水县 (晋城市)	坚持"绿水青山就是金山银山"理念，充分发挥"千年古县"历史文化底蕴，大力发展生态农业及生态加工业、文化旅游、康养等生态产业，先后实施了"百里画廊""百里沁河风光带""百里沁河经济带""太行一号环线乡村振兴示范带"等一批具有重大影响力的生态经济项目，有力推动了"绿水青山"转换为"金山银山"，以生态产品价值实现为导向的生态产业化发展模式基本成型

续表

授予时间	县 域	"两山"转化实践
2022	平顺县 (长治市)	坚持增绿、治绿两手抓，厚植生态底色，筑牢生态屏障。以山区森林化、城市园林化、乡村林果化、通道林荫化、庭院花园化，推进全域绿化，见缝插绿、拆墙透绿、荒山播绿、水岸涵绿。着力修复生态系统，大力推进人居环境综合整治，绿色常在、碧水长流，坚决打好蓝天、碧水、净土保卫战，严守生态保护红线。立足资源禀赋，放大特色优势，做足生态文章，围绕第一产业、第二产业、第三产业和园区建设，提档做强农业潞党参、花椒、马铃薯、旱地蔬菜"四大品牌"，提振做大工业服装、制药、新能源、新材料"四大板块"，提速做优文旅风光游、红色游、古建游、乡村游"四大业态"，提质做好县域"四大园区"
	芮城县 (运城市)	深入贯彻落实习近平生态文明思想，牢固树立"绿水青山就是金山银山"的理念，坚持"生态固本，业态增效"发展思路，努力构建以绿色能源、生态农业、黄河特色文旅产业为支撑的生态产业体系，积极探索"绿水青山"向"金山银山"双向转化的现实通道，打造形成"西侯度—大禹渡—圣天湖"黄河流域生态示范区、荒山荒坡"农—林—光"互补示范区、南磑"猪—沼—粮—猪"生态循环示范镇及苹果、花椒、屯屯枣等农业产品"特""优"发展模式，逐步实现了从"生态美"向"生态富"、"绿色颜值"向"金色价值"的转变

资料来源：①鄢光哲，胡继业，辛泰. "绿水青山就是金山银山"的右玉实践[N]. 中国青年报，2018-05-24. ②绿色发展示范案例(124)｜"绿水青山就是金山银山"实践创新基地——山西省长治市沁源县[EB/OL]. [2021-07-27]. mee.gov.cn. ③生态文明示范建设(259)｜"绿水青山就是金山银山"实践创新基地——山西省晋城市沁水县[EB/OL]. [2022-05-05]. mee.gov.cn. ④生态文明示范建设(260)｜"绿水青山就是金山银山"实践创新基地——山西省临汾市蒲县[EB/OL]. [2022-05-05]. mee.gov.cn. ⑤杨柳青. 护绿水青山"颜值" 掘金山银山"价值"——平顺县创建"绿水青山就是金山银山"实践创新基地纪实[N]. 中国农民报，2023-01-11. ⑥山西6个县荣获第六批国家生态文明建设示范区和"绿水青山就是金山银山"实践创新基地命名[EB/OL]. [2022-01-20]. https://www.shanxi.gov.cn/ywdt/sxyw/202211/ t20221120_7461803.shtml.

第六章　总结、反思与未来展望

中华人民共和国成立以来，山西经济与生态环境关系经历了多阶段变迁，在此过程中经济与生态关系的内外部环境、表现形式、持续时间、驱动力、生态环境状态等表现出不同特征，需对形成的经验教训进一步总结反思，并深入分析当前全省推动经济与生态关系向更高质量发展的现实约束，以针对性提出破解困局的相关政策建议。

第一节　山西经济与生态关系变迁总结与反思

立足资源型经济绿色转型，本书详细梳理了中华人民共和国成立以来山西经济与生态关系变迁历程，现将变迁过程中表现的规律、折射的道理总结如下。

一、山西经济与生态关系变迁历程总结

中华人民共和国成立70多年来，山西经济与生态关系经历了微平衡、相制约、趋协同、迈向高质量发展四个阶段。在微平衡关系阶段，面对薄弱的经济基础和恶劣的生态环境，山西省将生态环境视为农业经济发展的重要支撑，大力开展植树造林、水土保持、兴修水利，以提升其在农业发展的服务性功能。同时在计划经济体制下，按照国家区域发展布局建设重工业，由于该时期经济体量较小和强化生态建设，地下水位开始下降，局部区域出现污染及水土流失现象进一步显现，经济与生态二者关系整体表现出微平衡状态。在相制约关系阶段，随着党的十一届三中全会的顺利召开，全国经济进入快速发展阶段，为解决各地区激增的能源需求，山西被授予全国能源重化工基地的历史使命，自此全省开启了资源型经济的发展征程，国家、山西省将大量资金集中到能源开采上，在"有水快流、大中小结合，长期和短期兼顾，国家、集体、个人一齐上"方针指导下，全省能源产量实现较大突破。能源产品深埋于地下，与土壤、水资源交织在一起，大量开采能源产品势必对全省生态环境造成极大扰动，虽然全省也制定了经济发展相关环保规划，但破坏速度远远大于治理修复，生态环境的破坏进一步制约经济发展，工农业争水频繁、农产品质量下降、居民身体健康受到威胁成为该阶段经济与环境相制约的主要表现特征，但这种破坏生态环境换取经济发展的代价是巨大的，同时也并未换来"金山银山"，经济与生态环境的相互制约更多是"不要绿水青山，只要金山银山"。在趋协同关系阶段，针对经济发展与生态相制约出现的问题，该时期山西省开始着手调整资源型经济结构。虽然出台多个调整方案，但受"三基四建"和煤炭黄金十年影响，全省经济发展还锁定在能源经济上，经济与生态环境的协同更多是"既要绿水青山，也要金山银山"的外在表达，是二者各自发展的优化，具有独立性、自主性、被迫性等特征，并未探索出经济的绿色发展模式。在迈向高质量发展关键阶段，山西省以"生态文明"发展理念为指导，深入推进供给侧结构性改革，努力探索生态经济发展模式，经济与生态各自的发展空间开始区划，能源领域深入推进"减、

优、绿",新能源产业加快布局,与生态环境友好的战略性新兴产业全面谋划,加快生态环境建设的同时,打通经济与生态相互转化的通道,生态扶贫事业助力全面脱贫建设小康社会的探索实践坚定了全省人民绿色发展的决心。该阶段,经济与生态环境关系相互促进,共同实现发展的高质量模式,是"绿水青山就是金山银山"在资源型地区谋划布局的山西实践样板。

二、山西经济与生态关系变迁历程反思

立足能源富集区经济绿色发展,本书从经济史视角长历史段详细考察了山西经济发展与生态环境互动关系的变迁历程,现对二者变迁历程中表现的规律、折射的道理作出反思。通过考察发现,自中华人民共和国成立以来,能源富集区山西一直在努力探索经济与生态环境关系的良好发展模式。在微平衡关系阶段,经济与生态环境处于对等地位,生态环境被视为经济发展的影响因素,围绕经济恢复与发展,山西省在大力开展水利、森林、土壤等生态环境基本建设的基础上,经济发展取得良好效果,农业过去向国家外调的局面彻底扭转,工业基本建立起完备体系。在相制约关系阶段,经济发展的地位显著凸显,生态环境建设相对滞后。立足能源禀赋优势,山西省提出大力发展能源重化工基地的构想,自此资源型经济全面开启、深化。为更高程度、更快速度采掘煤炭资源,山西省鼓励大中小煤矿并行发展,虽然该时期取得可观的经济发展成就,但粗放式发展模式的背后,更多是对水、土壤、大气、林业等生态环境严重透支。该时期,生态环境的塌方式破坏进一步制约经济发展,工农业争水、土壤全面破坏、河水断流、水土流失加剧等一系列社会矛盾相继出现宣告此阶段对经济与生态关系探索的不成功。为缓解经济与生态的相制约关系,立足国内外形势,山西省开始探索新一轮的经济与生态关系,此阶段经济与生态环境关系独自发展,也就是既要经济发展,也要生态环境质量,但这种生态环境的质量保障来自政府强制下的高治理投入,相当于从经济发展获得的剩余中分拨部分余额来修复改善破坏的生态环境,虽表面上经济与生态环境关系十分和谐,但背后二者发展的制约性仍存在,经济在负重中前行,难以实现可持续发展,迫使山西继续探索新的发展模式。党的十八大以来,以习近平同志为核心的党中央创造性提出"绿水青山就是金山银山"的新时代发展理念,为山西省更好优化经济与生态关系提供了科学指引。该时期,山西省深入践行"两山"理论,将生态环境纳入经济发展的内在要素中,全面布局能源绿色产业,加快谋划战略性新兴产业,同时大力开发生态产品,生态环境开始由资源转变为资产、资本,经济与生态环境在相互促进中实现发展,全省经济地位稳步提升,生态环境质量逐渐向好,经济与生态和谐共生的高质量发展模式正在山西徐徐展开。

可以发现,与一般地区相比,能源富集区在优化经济与生态关系上更加艰难和被动。根据经济发展的一般规律,现代工业演化历程往往会经历劳动力驱动→资本驱动→技术及人力资本驱动的自然变迁进程[①],然而能源富集区往往是能源重工业,这类工业部门的利润形成更多源于煤炭资源天然形成的价值,自身带有很强的市场垄断性,往往无须太多劳动参与,即可轻松进入经济体系中完成价值实现,这种特殊的价值实现机制导致此类地区的

---

① 张波,刘璐. 煤炭开采收益共享:依据、内涵与制度设计[J]. 经济社会体制比较,2017(2):65-76.

产业往往不具备自我演化升级能力。煤炭与土壤、水等生态系统交织在共同的生态空间中[①]，煤炭资源的开采势必会破坏这种共生的环境，加之能源是国家经济发展的必备战略物资，对全省能源保供有一定任务要求[②]。既要做好能源保供的使命任务，又要与国家同步实现生态文明建设，显然对以山西为代表的资源型地区来说难上加难。当前，我国全面深入推进生态文明建设，其他地区发展基础良好，生态环境历史欠账较少，经济绿色发展程度较高。但生态环境极其脆弱与经济仍需发展的山西在优化二者关系上还处于起步摸索阶段。"十五"至"十三五"时期，山西(0.163)、内蒙古(0.143)、甘肃(0.168)、宁夏(0.146)、新疆(0.129)等能源富集区工业高质量发展指数远低于同时期全国平均水平(0.235)，山西工业高质量发展指数居中部六省末位[③]。这些规律和发展基础折射出以山西为代表的能源富集区在优化经济与生态关系高质量发展上的艰难性、复杂性和反复性。

第二节 山西经济与生态关系进一步高质量发展的现实约束

当前，山西经济与生态关系正探索迈向高质量发展阶段，但在进一步优化二者关系的过程中，还存在种种现实阻力，具体表现在以下几个方面。

一、"绿色门槛"约束效应突出

当前，我国进入低碳、绿色、高质量发展的深化期，虽然其会对所有地区产生普遍性约束，但对以资源型经济为主的山西而言显得更加突出。首先，根据山西省主体功能区规划资料可知，全省采煤集聚区生态资源往往较为丰富，毗邻众多国家级或省级生态功能区(见表6-1)。在生态文明深入推进背景下，生态功能区与能源富集区高度重合使能源经济活动范围失去在地理空间上大幅延展的可能，面对有限的土地和割裂的点状分布空间格局，资本很难再像过去一样依靠铺摊子式的规模扩张找到经济发展机会[④]。其次，作为典型的资源型地区，经济发展过程投资取向较为单一，更多情况下集中在对生态环境存在不同程度破坏的矿业和能源加工制造部门。而面对更高要求的绿色发展门槛，必须在经济发展全局范围内尽快增加生态资本投入，这种投入并不是来自资本增值过程中产生的需要，更多是外部环境的强制约束，这会使经济发展结果具有不确定性。如果生态环境的投入未能给能源部门带来更高的垄断租金或生产效率，就会耗散山西省经济发展产生的剩余，进而引发生态环境牵制经济发展的困境。

[①] 温旭新. 资源型经济绿色转型机制研究[D]. 太原山西大学，2019.
[②] 山西与 14 省区市签订煤炭保供合同[EB/OL]. [2021-09-29]. https://finance.sina.com.cn/chanjing/cyxw/2021-09-29/doc-iktzscyx7038668.shtml.
[③] 李标，孙琨. 新时代中国工业高质量发展的理论框架与水平测度研究[J]. 社会科学研究，2022(3)：73-83.
[④] 杨军，温旭新，张波. 能源富集区绿色发展的约束与推力：基于资本循环理论的研究[J]. 学习与探索，2022(12)：124-131.

表 6-1 煤田与生态功能区重叠

煤田名称	覆盖生态功能区
大同煤田	京津风沙源治理生态功能区(省级)、云冈国家森林公园、洪涛山省级森林公园、广武省级风景名胜区等
宁武煤田	黄土高原丘陵沟壑水土保持生态功能区(国家级)、京津风沙源治理生态功能区(省级)、吕梁山水源涵养及水土保持生态功能区(省级)、芦芽山国家级自然保护区、管涔山国家森林公园、宁武冰洞国家地质公园、汾河上游省级自然保护区、云顶山省级自然保护区、朔州紫金山省级自然保护区、凌井沟省级自然保护区、五峰山省级森林公园等
西山煤田	天龙山国家森林公园、庞泉沟国家自然保护区、关帝山国家森林公园、天龙山省级自然保护区、凌井沟省级自然保护区、文峪河国家湿地公园、葡峰省级森林公园、文水县世泰湖省级湿地公园等
河东煤田	黄土高原丘陵沟壑水土保持生态功能区(国家级)、吕梁山水源涵养及水土保持生态功能区(省级)、五鹿山国家级自然保护区、庞泉沟国家级自然保护区、北武当山风景名胜区(国家级)、关帝山国家森林公园、黑茶山国家级自然保护区、尉汾河省级自然保护区、碛口风景名胜区(国家级)、黄河壶口瀑布风景名胜区(国家级)、黄河壶口瀑布国家地质公园、管头山省级自然保护区、永和黄河蛇曲国家地质公园、团圆山省级自然保护区、薛公岭省级自然保护区、贺家山省级自然保护区等
沁水煤田	五台山水源涵养生态功能区(省级)、太行山南部水源涵养与生物多样性保护生态功能区(省级)、太岳山水源涵养与生物多样性保护生态功能区(省级)、蟒河猕猴国家级自然保护区、灵空山省级自然保护区、历山国家级自然保护区、龙泉国家森林公园、孟信垴省级自然保护区、方山国家森林公园、乌金山国家森林公园、八缚岭省级自然保护区、陵川王莽岭国家地质公园、南方红豆杉省级自然保护区、四县垴省级自然保护区、昌源河国家湿地公园、超山省级自然保护区、铁桥山省级自然保护区、崦山省级自然保护区、泽州猕猴省级自然保护区、漳河源头省级自然保护区、千泉湖国家湿地公园、药林寺冠山省级自然保护区、红泥寺省级自然保护区、翼城翅果油树省级自然保护区、大寨省级森林公园、狮脑山省级森林公园、七佛山省级森林公园、太谷县棋盘山省级湿地公园等
霍西煤田	黄土高原丘陵沟壑水土保持生态功能区(国家级)、吕梁山水源涵养及水土保持生态功能区(省级)、太岳山水源涵养与生物多样性保护生态功能区(省级)、人祖山省级自然保护区、太岳山国家森林公园、绵山省级自然保护区、介休汾河国家湿地公园、韩信岭省级自然保护区、霍山省级自然保护区、双龙湖国家湿地公园、汾阳市文湖省级湿地公园、吕梁山省级森林公园等

资料来源:《山西省主体功能区规划》(晋政发〔2014〕9 号)。

二、生态价值的创造动力仍不足

山西因长期从事煤炭矿产开发造成的水资源总量下降、地质土壤环境破坏、大气环境污染等历史欠账较多。2021 年山西省森林覆盖率为 20.5%,位列全国省区第 22,远低于邻近资源型省份陕西省(43.1%)、内蒙古自治区(22.1%)。

"十三五"时期,山西省人均水资源量年均值(327.5 立方米/人)不及全国平均水平(2131.94 立方米/人)16%,同时也远低于邻近资源型省份陕西省、内蒙古自治区年均值(见

图 6-1)。作为全域性煤炭矿产资源开发省份,生态环境恶化问题尤为严重。根据《山西省地质灾害防治"十四五"规划》(晋自然资发〔2021〕21号),山西省接近42%的地理面积因长期从事煤炭资源开采成为高等级地质灾害易发区,这些区域主要分布于大同煤田、宁武煤田、沁水煤田、霍西煤田、西山煤田、黄土丘陵区(河东煤田)等煤矿产区及五台山、中条山铁铜矿区等,存在巨大的崩塌、滑坡、泥石流及地面塌陷隐患(见表6-2)。可以发现,首先,山西省生态环境存量和质量还需经过较长时间的修复和治理。在恢复和强化应有的生态功能前还很难具备商业化开发经营的条件,对于在短期内以逐利为目的、更倾向于在本就生态环境良好的地区进行生态价值开发的资本而言吸引力显然不是很强。其次,山西缺乏能开发生态资源价值的高端劳动力。不同于一般商品的价值形成过程,矿产资源自身天然被赋予一种"价值",带有很强"租"的属性,市场垄断性较强。能源产品价值的实现只需使其从地下搬运到地上,该过程大多是"搬运"环节。在资本增值逻辑下,能源部门加大矿机设备投入的同时,定会排挤劳动,表现为不断增加生产资料方面的投入来取代人工参与程度,目的只是替代以获取更大经济剩余,而不是出于竞争压力提高生产率。这样特殊的资本增值逻辑,易造成地区创新能力长期整体偏弱,难以培育和吸引可进行生态价值生产、制造的高端劳动力。中国科学技术发展战略研究院历年公布的《中国区域创新能力评价报告》显示,山西省综合创新能力虽从2017年的30名提升到2021年的22名,但未进入全国中等水平行列。综上所述,因高端劳动力和技术严重缺乏,山西无力创造更大的生态价值,在经济与生态关系高质量发展上存在明显的先天和后发劣势。

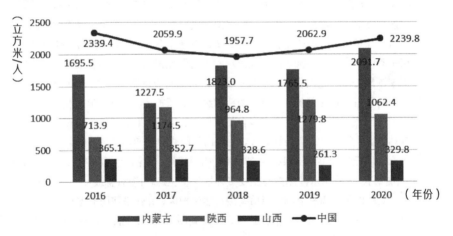

图 6-1　"十三五"时期人均水资源占有量

资料来源:国家统计局网站。

表6-2　山西省地质灾害重点防范区

名称	行政范围	隐患形成原因
晋西黄土高原崩塌、滑坡地质灾害重点防治区	保德、河曲、石楼、柳林、大宁、永和、吉县的全部范围,五寨、偏关、岢岚、离石、兴县、临县、中阳、蒲县、隰县的部分地区	位于黄土高原丘陵沟壑区,与山西河东煤田区域高度重合,在经济活动开展过程中采矿、建房、切坡修路等的影响下,形成了大量的崩塌、滑坡隐患

续表

名　称	行政范围	隐患形成原因
太原西山—汾西—霍州—乡宁—河津矿区崩塌、滑坡地质灾害重点防治区	太原万柏林区、晋源区、古交市、清徐、孝义、汾阳、交城、交口、灵石、介休、乡宁、汾西、霍州、河津的部分地区	位于吕梁山东麓中低山，在经济活动开展过程中采矿、建房、切坡修路等的影响下，形成了大量的崩塌、滑坡隐患
太原东山—阳泉—潞安—晋城—沁水矿区崩塌、滑坡地质灾害重点防治区	太原杏花岭区、阳泉郊区、平定、昔阳、孟县、寿阳、和顺、左权、上党区(长治县)、屯留、武乡、襄垣、潞城、陵川、晋城、高平、沁水、阳城等县(市)的部分地区	位于沁水煤田东、西、北三翼浅埋部分，地貌形态为山间盆地或中低山区，在经济活动开展过程中采矿、建房、切坡修路等的影响下，形成了大量的崩塌、滑坡隐患
静乐—岚县矿区崩塌、滑坡地质灾害重点防治区	静乐、岚县、娄烦的部分地区	该区地貌类型为中低山，在经济活动开展过程中采矿、建房、切坡修路等的影响下，形成了大量的崩塌、滑坡隐患

资料来源：《山西省地质灾害防治"十四五"规划》(晋自然资发〔2021〕21号)。

三、高质量发展的市场基础薄弱

高质量发展对以山西为代表的资源型地区来说是一把"双刃剑"。一方面，高质量发展对能源生产、运输、使用等提出更高要求，在当前"双碳"目标的深入推进中，以煤炭为主的能源消费量增速整体仍呈现不断下降趋势，导致该地区经济发展长期依赖的外部市场不断压缩。另一方面，在国家严格的生态环境政策管控下，山西省势必围绕煤炭、煤电、煤化工等能源清洁的生产制造、风光气等新型能源的开发利用等催生庞大的需求，并寄希望通过构建高质量发展的市场体系找到经济绿色转型的突破口。综上所述，在传统能源需求不断下降、本地迫切高质量发展需求旺盛的市场形势下，为谨防经济发展动能转化断档，山西对高质量发展的市场构建迫切度远高于其他地区。但受限于薄弱的经济发展基础，这种高质量发展的市场在能源富集区山西形成并壮大的难度极高，具体可从以下三个方面来看。首先，山西高端制造业、服务业发展基础薄弱，围绕高质量需求进行产品和服务开发的资本体量有限，全省经济发展的产品和技术服务供应更多来自发达地区[①]，进一步形成新一轮对外依赖关系，难以实现内需的有效扩大。其次，山西金融行业引导和积聚资本流动的功能较为薄弱。银行机构年存款额持续大于贷款额，资金总体呈现向外流失状态。虽然地区也在不断通过产业绿色发展基金、外资吸引、创新金融产品、私募证券投资等方式积极引导资本向绿色产业流动和集聚，但从实践效果来看，更多是基于政府层面的项目，市场接受度不高，规模十分有限。中国人民大学国际货币研究所对外发布的2021年度全国绿色金融发展指数显示，太原市绿色金融得分22.32，位列全国省会城市第30，低于邻近资源

---

① 2021年全国工商联环境商会公布的中国环境企业50强榜单中，山西企业占有量为零，而华东地区、华南地区和京津地区占到全部企业数的86%。

型省份陕西省西安市、内蒙古呼和浩特市绿色金融水平①。最后，山西缺乏支撑高质量发展相应的基础设施建设配套资金。从能源基地德国鲁尔区的绿色转型实践可知，能源富集区要想继续承担好清洁能源供应主体的角色，不仅需要在产业领域进行升级换代，而且需要在能源生产、消费使用等方面率先完成革新，这要求能源富集区在整个区域范围内完成能源系统的智能化构建、用能设施的翻新改造、城市交通的低碳更新等。但山西经济发展动力较为单一，虽然当前新能源、战略性新兴产业开始发挥作用，但经济总量规模还处于全国省份排名靠后位置，政府财力在支撑高质量发展方面还十分有限。据山西省历年统计年鉴统计数据测算可知，2018—2021 年，山西省地区生产总值年均值在全国各省份排名中位列第 20，刚超过全国平均水平，远低于中部六省其他地区，财政收入总和年均值不及全国平均水平的一半②。以这样的财力、经济体量要独立完成能源转型的难度巨大。

第三节 山西经济与生态关系进一步高质量发展政策建议

针对当前山西经济与生态关系面临的现实约束，锚定高质量发展目标，现提出以下政策建议。

一、以重大生态项目为牵引推动绿色产业集聚

当前，能源富集区山西在制定发展战略上应避免多头出击，要以全面生态化转型为基本原则，统筹推进产业发展、能源变革、城乡建设、民生福祉等各项经济社会发展工作。其原因主要在于以下两方面。一方面，当前山西省生态环境历史欠账巨大，这既是制约资本在传统产业领域循环和扩张的最大因素，也是难以吸引资本与生态环境保护方面的劳动相结合，进而从事生态价值开发的重要原因。在山西省制造业、服务业基础比较薄弱，绿色产业尚不具备发展条件和优势的情况下，只有短时间内快速补齐生态短板，强化生态环境的修复与治理，提高能源行业清洁生产能力，降低经济发展对生态环境的破坏程度，才能有效防止资本陷入传统领域进不得、新兴领域不愿进的被动局面，进而避免全省在探索高质量发展过程中出现新旧动能转化断档现象。另一方面，山西肩负能源绿色转型的历史发展使命，在产业培育、绿色项目建设、基础设施提升、城市用能改造等方面需要的投入额将巨大，即使在能源绿色转型做出成功示范的德国鲁尔区也要长期依靠来自欧盟、德国等各类基金的援助③。山西地处内陆，经济基础较薄弱，资本存量规模小，政府财政实力有

---

① 2021 年度全国绿色金融指数报告(中国人民大学国际货币研究所)中西安绿色金融得分为 43.3，呼和浩特绿色金融得分为 27.38。
② 根据国家统计局数据测算可知，2018—2021 年，全国 GDP 年均值平均水平为 32 769 亿元，中部六省地区生产总值年均值分别为：湖北为 45117 亿元、湖南为 40 957 亿元、河南为 40 950 亿元、安徽为 37 969 亿元、江西为 25 696 亿元、山西为 18 336 亿元。2018—2021 年，全国财政收入年均值为 5 985 亿元，山西省财政收入年均值为 2 434 亿元。
③ 惠利，陈锐钒，黄斌. 新结构经济学视角下资源型城市高质量发展研究——以德国鲁尔区的产业转型与战略选择为例[J]. 宏观质量研究，2020，8(5)：100-113.

限，在全面推进能源绿色发展上必然捉襟见肘，力不从心，如果得不到国家层面的更多支持将在高质量发展方面很难有所建树。德国鲁尔区绿色转型发展的经验表明，只有将自身发展战略融入更高层级的战略安排才是获得外部援助的有效途径。强化全省高质量发展过程的生态化转型方向，通过凸显山西在国家能源安全保障和重要生态功能使命两大安全战略的重大地位，以利于其在能源产业绿色转型和生态环境修复领域争取更多公益项目、科技项目、基础设施项目等国家级项目，进而集聚大量资金、企业和优秀人才，使其在更高起点与发达地区开展绿色生态产业培育、生态价值勘测、生态产品服务和运营等高端合作，形成基于生态环境存量不断增长的稳定、绿色、可靠的资本积累机制[1]，从而走出一条经济发展与生态环境双向提升的高质量发展道路。

二、强化能源收益管理和生态资源权益交易机制建设以扩大绿色市场规模

能源富集区山西实现高质量发展离不开市场的力量。当前，山西省一方面因生态环境质量差和技术基础薄弱无法吸引高端劳动力和资本进入生态领域，另一方面因较高的生态环境约束引发的被动升级使生态环境转化成经济价值的能力还很薄弱，在此情况下，山西省的经济发展很难融入"以国内大循环为主体、国内国际双循环相互促进"的新发展格局，强烈需要中央及地方政府通过相应的制度设计来弥补市场机制缺位背后的发展桎梏。具体可从以下两方面着手。一是建立煤炭行业超额收益收缴及管理制度。在我国经济对煤炭等传统能源仍存在刚需的情况下，山西仍具备依托煤炭等矿产资源的开发产生大量经济剩余的条件，这部分剩余构成除有劳动创造的少部分价值外，很大一部分主要来自因煤炭资源价格上涨所带来的超额收益。这部分垄断收益具有被政府收缴并进行统一管理和使用的合理性与必要性，同时也是山西省在政府财政实力有限和对资本吸引力不强的情况下，有望加大生态资本投入，最大限度提升生态资本比重的可行途径。在此背景下，建议由国家或山西省能源行业管理部门履行相关主体职责，对煤炭资源超额收益进行统一征缴和管理，设置煤炭资源交易基准价格，对超出基准价格而形成的煤炭收入进行100%征收，收缴的资金可委托专业的金融公司进行基金化运作与管理，基金的收益专门用于全省生态建设与能源产业绿色转型。二是健全和完善用能权、碳排放权、用水权、用林权等生态资源权益交易的体制机制。因肩负国家新发展格局用能保供任务，山西煤炭资源开采、生产等消耗基数较大，环境破坏程度高和生态环境总体脆弱状态并存，在新发展阶段下，山西省在节能减排、降污碳汇等多个方面仍具有巨大的改进和提升空间，建议在自然资源统一确权登记、生态产品权益价值评估、生态权益交易市场建设、权益指标分配与交易管理等方面完善相应体制机制，引导和激励本地企业和资本更多向生态资本转化，同时吸引地区之外从事生态资源开发和环境保护的资本涌入，全面打造生态价值链，扩大地区绿色发展的市场规模，夯实经济发展新动能[2]。

---

[1] 温旭新，杨怀佳，张波. 生态功能区经济发展的现实约束与优化路径——以山西沿黄地区为例[J]. 经济问题，2022，520(12)：106-111.
[2] 杨军，温旭新，张波. 能源富集区绿色发展的约束与推力：基于资本循环理论的研究[J]. 学习与探索，2022(12)：124-131.

三、积极融入贸易分工新发展格局培育新产业新业态

经济与生态关系取决于产业发展，产业转型的成效取决于开放发展水平，山西要将为产业转型找出路、找资源、找市场、找机会这条主线贯穿始终，立足开放为产业发展方向定位，立足解决产业发展瓶颈明确开放发展重点，加快构建内陆地区对外开放新高地。国家区域战略是畅通国内大循环的空间支撑，山西要深刻把握新发展机遇，发挥承东启西、连南拓北的区位优势，以产业发展协作配套、科技协同创新为重点，积极对接"一带一路"，主动融入以京津冀协同发展、长江经济带发展、粤港澳大湾区建设、长三角一体化发展、黄河流域生态保护和高质量发展、中部地区高质量发展等重大国家战略为引领的区域协调发展新格局中，用好技术咨询、人才交流等资源和市场，强化创新源头供给，突破前沿高端技术难关，强化能源产业清洁绿色智能化、农业农村现代化、城乡融合、生态文明建设、"一流"创新生态建设、战略性新兴产业和未来产业发展、社会治理能力现代化、现代物流服务业、文化旅游康养产业等多个领域对外开放与合作，加快构建产业创新战略联盟，努力培育新型产业发展新业态，逐步实现产业高端化、多元化、低碳化发展，在优化经济发展方式的内涵上实现与环境的高质量互动。

四、提升区域势能推动一体化发展

能源富集区山西市场化程度不高，经济发展长期以政府主导为主。面对当前绿色发展带来的种种机遇与挑战，为尽快推进全省能源产业的改造升级和新产业的接续发展，必然会在项目、资金、技术等方面爆发出强烈的一致性需求，致使各市、县地方政府之间不得不陷入你追我赶、你争我抢的恶性竞争中，极易造成产业布局雷同、同位竞争加剧、企业短视化倾向更加明显等问题，进一步放大全省原有的后发劣势，加剧经济发展的对外依附性，导致能源富集区山西既无时间，也无能力积蓄在绿色发展方面的有生力量。因而，能源富集区山西要想在绿色发展方面率先突破，首要关键是打破当前各自为政、分离发展的割据状态，通过空间上的优化整合，形成区域发展合力，增强内生动力，提高区域分工地位，具体可从以下几方面入手。一是在全省集中连片能源富集区跨行政区划创建能源综合改革绿色发展试验特区，通过国家特殊政策支持，打造中国"鲁尔区"。山西省目前分布有大同煤田、宁武煤田、西山煤田、河东煤田、沁水煤田、霍西煤田六大煤田，2021年原煤产能累计119 316.2万吨，约占全国当年煤炭总量的30%[1]，覆盖晋北、晋中、晋东等全国3个千万千瓦级大型煤电基地[2]，涉及大同、朔州、忻州、太原、吕梁、临汾、阳泉、晋中、长治、晋城等10个地市，既是国家能源发展战略行动的重点开发地带，又是生态相对脆弱地区，城市之间相互距离平均100公里，是最有条件、也最有必要打造中国"鲁尔区"

---

[1] 统计局：2021年全国分省市原煤产量出炉，山西增超10%[EB/OL]. [2022-01-20]. https://finance.sina.com.cn/money/future/roll/2022-01-20/doc-ikyakumy1551177.shtml.

[2] 《能源发展战略行动计划(2014—2020年)》(国办发〔2014〕31号)指出重点建设锡林郭勒、鄂尔多斯、晋北、晋中、晋东、陕北、哈密、准东、宁东等9个千万千瓦级大型煤电基地。

的区域。二是创新区域治理，打破地方本位主义。改变单一依靠政府自上而下推进绿色发展的传统治理模式，成立由政府、企业、商会、行业协会等共同组成的区域发展管理机构，立足区域绿色发展的市场构建多手段组织和调度资源，构建效率更高、灵活性更强、更有活力的网络化治理模式。三是优化区域空间格局，打造能源富集区山西高质量发展新的经济增长极。区域一体化首先是经济一体化，依据马克思主义"中心—外围"经济圈层结构理论，经济一体化实质是处在中心地区的资本出于增值需要向外不断扩散的结果，因而能源富集区山西要实现经济一体化发展，必须打造能够集中资本和源源不断创造经济剩余的区域经济增长极，形成能源富集区域范围内的"中心—外围"圈层结构，加速资本在区域内的循环周转，减少外部依赖，增强内生发展动力[①]。

---

① 杨军，温旭新，张波. 能源富集区绿色发展的约束与推力：基于资本循环理论的研究[J]. 学习与探索，2022(12)：124-131.

参考文献

一、史料

(一)年鉴、地方志史料

[1]山西省地方志编纂委员会办公室. 山西林业志(山西省志丛稿)[M]. 太原：山西新华印刷厂，1988：16-17+154-155.

[2]中国人民政治协商会议山西省河津县委员会文史资料研究委员会. 河津文史资料第5辑[M]. 1989.

[3]中国人民政治协商会议山西省太原市委员会文史资料委员会. 太原文史资料第18辑[M]. 1992：217.

[4]山西省史志研究院，山西省档案馆. 当代山西重要文献选编第1册(1949-1952)[M]. 北京：中央文献出版社，2004：19-21.

[5]山西省地方志办公室. 山西省志：农业统计志(上)[M]. 北京：中华书局 2015:2.

[6]山西省水利厅. 汾河志[M]. 太原：山西人民出版社，2006：187+424-446.

[7]中国社会科学院中央档案馆. 1949—1952中华人民共和国经济档案资料选编：基本建设投资和建筑业卷[M]. 北京：中国城市经济社会出版社，1989：1014.

[8]中共中央文献研究室. 建国以来重要文献选编(第四册)[M]. 北京：中央文献出版社，1993：353.

[9]中共山西省委调查研究室. 山西省经济资料：第二分册(工业，基建，交通，邮电，手工业部分)[M]. 太原：山西人民出版社，1960：548-564+594.

[10]郭展翔，杨五云. 山西农业志(山西省志丛稿)[M]. 太原：山西省地方志编纂委员会办公室，1987：20-55+124-126.

[11]《中国煤炭工业年鉴》编辑部. 中国煤炭工业年鉴(2008增刊)：中国煤炭工业60年[M]. 北京：煤炭工业出版社，2010：274-277.

[12]山西省史志研究院. 山西通史(第十卷)[M]. 太原：山西人民出版社，2001：529-1211.

[13]杨文宪. 山西农业大事记[M]. 太原：山西经济出版社，2003：184.

[14]黄河水利委员会黄河志总编辑室. 黄河大事记(增订本)[M]. 郑州：黄河水利出版社，2001：403.

[15]黄河水利科学研究院. 黄河引黄灌溉大事记[M]. 郑州：黄河水利出版社，2013：307-309+429-258.

[16]山西省农村社会经济调查队. 山西农村统计资料概要(1949—1990)[M]. 太原：山西经济出版社，1992：28-38.

[17]张宗祜，李烈荣. 中国地下水资源(山西卷)[M]. 北京：中国地图出版社，2005：105-130.

[18]程浙. 山西省地表水水质评价及污染状况分析[J]. 科技情报开发与经济，2002(05):163-164+166

[19]山西省地方志办公室. 山西省志·农业学大寨志(上)[M]. 北京：中华书局，2015：141.

[20]《中国煤炭志》编纂委员会. 中国煤炭志·山西卷[M]. 北京：煤炭工业出版社，1995：448-450.

[21]中国人民政治协商会议，山西省大同市委员会文史资料研究委员会编. 大同文史资料[M]. 大同：大同印刷厂，1990：289.

[22]国家统计局能源统计司. 中国能源统计年鉴(2020)[M]. 北京：中国统计出版社，2021：8-59.

[23]山西省统计局. 山西省统计年鉴(1990)[M]. 北京：中国统计出版社，1991：712-732.

[24]《中国环境年鉴》编委会. 中国环境年鉴(1990)[M]. 北京：中国环境科学出版社，1990：281-285.

[25]山西省水利厅水旱灾害编委会. 山西水旱灾害[M]. 郑州：黄河水利出版社，1996：284+438.

[26]山西省统计局. 山西省统计年鉴(1991)[M]. 北京：中国统计出版社，1992：732.

[27]范堆相. 山西省水资源评价[M]. 北京：中国水利水电出版社，2005：83+136-172.

[28]山西省地方志办公室. 山西省志·发展改革志[M]. 北京：中华书局，2013：316-323.

[29]《中国农业年鉴》编辑委员会. 中国农业年鉴(1996)[M]. 北京：中国农业出版社，1996：68.

[30]《中国水利年鉴》编辑委员会. 中国水利年鉴(1997)[M]. 北京：中国水利水电出版社，1997：221-222.

[31]中国自然资源丛书编撰委员会. 中国自然资源丛书：水资源卷[M]. 北京：中国环境科学出版社，1995：324.

[32]大同市地方志办公室. 大同年鉴(1995—1996)[M]. 大同：大同市地方志办公室，1996.

[33]《山西经济年鉴》编辑委员会. 山西经济年鉴(2006)[M]. 太原：山西经济出版社，2006：176.

[34]《中国农业年鉴》编辑委员会. 中国农业年鉴(1997)[M]. 北京：中国农业出版社，1997：34.

[35]《山西经济年鉴》编辑委员会. 山西经济年鉴(2011)[M]. 太原：山西出版集团，2011：282.

[36]《中国水利年鉴》编辑委员会. 中国水利年鉴(1993)[M]. 北京：水利电力出版社，1994：206-207.

[37]山西省史志研究院. 山西通志(第十卷)·水利志[M]北京：中华书局，1999：159-764.

[38]《山西经济年鉴》编委会. 山西经济年鉴(2012)[M]. 太原：山西经济出版社，2012：112.

[39]山西省地方志办公室. 山西年鉴(2016)[M]. 北京：方志出版社，2016：2.

(二)政府文件

[1]《1956年到1967年全国农业发展纲要(草案)》第二十一条规定.

[2]山西省副省长兼计划委员会主任焦国鼎同志在一九五五年九月三日的山西省第一届人民代表大会第三次会议上报告《关于山西省发展国民经济的第一个五年计划的报告》，国家图书馆藏.

[3]国家环境保护局办公室. 环境保护文件选编(1973—1987)[M]. 北京：中国环境科学出版社，1988.

[4]国家环境保护局. 第三次全国环境保护会议文件汇编[M]. 北京：中国环境科学出版社，1989.

[5]山西省第七届人民代表大会审议通过的政府工作报告(1988年1月20日—2月2日).

[6]中共山西省委、山西省人民政府：《关于加强山区建设的报告》(1983年3月9日).

[7]郭裕怀：《坚持改革，发动群众，把小流域治理推向新阶段——在全省户包治理小流域工作会议上的讲话》(1988年9月9日).

[8]山西省委书记胡富国在全省生态环境建设广播电视动员大会上的讲话(1998年9月11日).

[9]于幼军在山西省第十届人民代表大会第五次会议上做的政府工作报告(2007年1月29日).

[10]山西省2011年政府工作报告.

[11]山西省人民政府办公厅关于印发山西省水利发展"十一五"规划的通知(晋政办发〔2006〕90号).

[12]山西省2003年政府工作报告.

[13]山西省第十一届人民代表大会第六次会议资料(2012年1月11日).

[14]山西省人民政府关于印发山西省循环经济发展规划的通知(晋政发〔2006〕51号).

[15]刘振华. 实践"三个代表"，兑现"庄严承诺"，以新的水利建设成就迎接十六大胜利召开[J]. 山西水利，2002(6)：5-7,37.

[16]山西省水利厅. 山西省特大干旱年应急水源规划[M]. 北京：中国水利水电出版社，2009：33-132.

[17]山西省《2004年环境状况公报》.

[18]山西省监察委员会和山西省环境保护局联合出台《山西省环境保护违法违纪行为处分暂行规定》(2006年6月).

[19]山西省人民政府《关于印发山西省领导干部工作实绩考核暂行办法的通知》(2007年2月).

[20]山西省委组织部出台《山西省关于市县(市、区)党政主要领导干部科学考评暂行办法》(2007年7月).

[21]山西省人民政府关于印发山西省煤炭开采生态环境恢复治理规划的通知(晋政发〔2009〕40号).

[22]《山西省循环经济发展"十二五"规划》(晋政办发〔2012〕101号).

[23]2019年中央全面深化改革委员会第八次会议内容.

[24]《山西省"十三五"综合能源发展规划》(晋政发〔2016〕67号).

[25]山西省2023年政府工作报告.

[26]《山西省新兴能源产业发展"十二五"规划》(晋政办发〔2013〕25号).

[27]《阳泉市国家资源型经济转型综合配套改革试验2016年行动计划》(阳政办发〔2016〕91号).

[28]《大同采煤沉陷区国家先进技术光伏示范基地项目管理办法》(同政发〔2015〕53号).

[29]中共中央党史研究室第二研究部. 社会主义时期党史专题文集1949—1978(第3辑)[M]. 北京：中共党史出版社，2008：25.

[30]《山西省氢能产业发展中长期规划(2022—2035年)》(晋发改高新发〔2022〕308号).

[31]《山西省"十三五"战略性新兴产业发展规划》(晋政发〔2016〕41号).

[32]《山西省"十四五"14个战略性新兴产业规划》(晋政发〔2021〕17号).

[33]《山西省2016年政府工作报告》.

[34]《山西省化肥使用量零增长行动2018年工作方案》(晋农土肥发〔2018〕2号).

[35]山西省第十三届人民代表大会第四次会议.

[36]山西省2023年政府工作报告.

[37]《山西水利"十二五"发展规划》.

[38]《山西省黄河流域生态保护和高质量发展规划(2022)》.

[39]《山西生态省建设规划纲要(2021—2030年)》(晋政发〔2021〕50号).

[40]《山西省地质灾害防治"十四五"规划》(晋自然资发〔2021〕21号).

[41]《能源发展战略行动计划(2014—2020年)》(国办发〔2014〕31号).

二、期刊文献

[1][美]道·诺斯. 制度变迁理论纲要[J]. 改革，1995(3)：52-56.

[2]张波，刘璐. 煤炭开采收益共享:依据、内涵与制度设计[J]. 经济社会体制比较，2017(2)：65-76.

[3]许涤新. 社会生产与人类生活中的生态环境问题[J]. 学习与思考，1984(4)：1-8.

[4]石山. 我国生态经济的现状和存在问题[J]. 水土保持通报，1985(5)：42-48.

[5]吕晓，刘新平，李振波. 塔里木河流域生态经济系统耦合态势分析[J]. 中国沙漠，2010，30(3)：620-624.

[6]刘泾，刘振泽. 我国区域生态经济发展战略模式及体系建构[J]. 发展研究，2011(1)：31-36.

[7]翟凡，李善同. 结构变化与污染排放——前景及政策影响分析[J]. 数量经济技术经济研究，1998(8)：8-14.

[8]《生态环境约束下西北地区产业结构调整与优化对策》课题组. 工业化进程与西北地区生态环境的变迁[J]. 开发研究，2003(2)：31-33.

[9]朱蓓，肖军. 技术异化与环境变迁:概念、关系及对策[J]. 科技管理研究，2007(12)：258-260.

[10]伍新木，于振英. 制度变迁框架下的耕地生态环境变化研究[J]. 中国人口·资源与环境，2007(1)：109-113.

[11]黄勤，刘波. 四川产业结构变迁及其生态环境效应研究[J]. 西南民族大学学报(人文社科版)，2009，30(6)：183-187.

[12]韩峰,王琢卓. 产业结构变迁对生态环境质量的影响研究——以湖南省为例[J]. 科技与经济,2010, 23(4):12-15.

[13]封玲,汪希成. 人口变动对干旱区生态环境的影响及作用机制——以新疆玛纳斯河流域为例[J]. 西北人口,2010,31(2):102-105.

[14]李芳,龚新蜀,张磊. 生态脆弱区产业结构变迁的生态环境效应研究——以新疆为例[J]. 统计与信息论坛,2011,26(12):63-69.

[15]刘建伟. 人类经济发展模式的演进与生态环境的历史变迁[J]. 西北农林科技大学学报(社会科学版), 2012,12(3):129-137.

[16]林海涛,罗椿咏. 近代以来云南人口变迁及其对生态环境的影响[J]. 广西大学学报(哲学社会科学版), 2017,39(6):83-88.

[17]包智明,曾文强. 生计转型与生态环境变迁——基于云南省Y村的个案研究[J]. 云南社会科学, 2021(2):158-164+189.

[18]刘舫,郑洁,李红勋. 城市化、结构变迁与生态环境[J]. 河海大学学报(哲学社会科学版),2021,23(5): 37-47+110.

[19]王振波,方创琳,王婧. 1991年以来长三角快速城市化地区生态经济系统协调度评价及其空间演化模式[J]. 地理学报,2011,66(12):1657-1668.

[20]李茜,胡昊,李名升,等. 中国生态文明综合评价及环境、经济与社会协调发展研究[J]. 资源科学, 2015,37(7):1444-1454.

[21]张荣天,焦华富. 泛长江三角洲地区经济发展与生态环境耦合协调关系分析[J]. 长江流域资源与环境, 2015,24(5):719-727.

[22]王琦,汤放华. 洞庭湖区生态—经济—社会系统耦合协调发展的时空分异[J]. 经济地理,2015,35(12): 161-167+202.

[23]曹诗颂,赵文吉,段福洲. 秦巴特困连片区生态资产与经济贫困的耦合关系[J]. 地理研究,2015,34(7): 1295-1309.

[24]魏伟,石培基,魏晓旭,等. 中国陆地经济与生态环境协调发展的空间演变[J]. 生态学报,2018,38(8): 2636-2648.

[25]邓宗兵,何若帆,陈钲,等. 中国八大综合经济区生态文明发展的区域差异及收敛性研究[J]. 数量经济技术经济研究,2020,37(6):3-25.

[26]杨永芳,王秦. 我国生态环境保护与区域经济高质量发展协调性评价[J]. 工业技术经济,2020,39(11): 69-74.

[27]段新,戴胜利,廖凯诚. 区域科技创新、经济发展与生态环境的协调发展研究——基于省级面板数据的实证分析[J]. 科技管理研究,2020,40(1):89-100.

[28]李治兵,沈涛,肖怡然,等. 西北地区农业生态和经济系统协调发展研究[J]. 中国农业资源与区划, 2020,41(12):237-244.

[29]邢霞,修长百,刘玉春. 黄河流域水资源利用效率与经济发展的耦合协调关系研究[J]. 软科学,2020, 34(8):44-50.

[30]韩增林,赵玉青,闫晓露,等. 生态系统生产总值与区域经济耦合协调机制及协同发展——以大连市为例[J]. 经济地理,2020,40(10):1-10.

[31]曹跃群,赵世宽,杨玉玲,等.重庆市生态系统服务价值与区域经济增长的时空动态关系研究[J].长江流域资源与环境,2020,29(11):2354-2365.

[32]魏振香,史相国.生态可持续与经济高质量发展耦合关系分析——基于省际面板数据实证[J].华东经济管理,2021,35(4):11-19.

[33]任保平,杜宇翔.黄河流域经济增长—产业发展—生态环境的耦合协同关系[J].中国人口·资源与环境,2021,31(2):119-129.

[34]刘琳轲,梁流涛,高攀,等.黄河流域生态保护与高质量发展的耦合关系及交互响应[J].自然资源学报,2021,36(1):176-195.

[35]张建威,黄茂兴.黄河流域经济高质量发展与生态环境耦合协调发展研究[J].统计与决策,2021,37(16):142-145.

[36]蒋正云,周杰文,赵月.乡村振兴背景下中部地区农业经济—社会—生态现代化时空耦合协调关系研究[J].中国农业资源与区划,2021,42(6):99-108.

[37]张仲伍,畅田颖,高鑫.黄河流域生态经济协调发展研究[J].地域研究与开发,2021,40(3):25-30+36.

[38]杨清可,段学军,王磊,等.长三角地区城市土地利用与生态环境效应的交互作用机制研究[J].地理科学进展,2021,40(2):220-231.

[39]任祁荣,于恩逸.甘肃省生态环境与社会经济系统协调发展的耦合分析[J].生态学报,2021,41(8):2944-2953.

[40]苏胜亮.宁夏回族自治区生态环境与经济发展耦合协调研究[J].水土保持研究,2021,28(2):367-374.

[41]孙久文,崔雅琪,张皓.黄河流域城市群生态保护与经济发展耦合的时空格局与机制分析[J].自然资源学报,2022,37(7):1673-1690.

[42]李福柱,苗青.黄河流域城市生态保护与经济高质量发展耦合的空间网络特征[J].统计与决策,2022,38(5):80-84.

[43]杨慧芳,张合林.黄河流域生态保护与经济高质量发展耦合协调关系评价[J].统计与决策,2022,38(11):114-119.

[44]张金屯,梁嘉骅.山西生态环境损失分析及对策[J].中国软科学,2001(5):90-95.

[45]刘兆征.煤炭资源型地区环境友好型社会建设研究——以山西省为例[J].环境保护,2008(14):46-49.

[46]魏茹生,王宏英.关于水资源可持续开发利用的思考——以山西为例[J].经济问题,2008(7):40-42.

[47]孟万忠,王尚义.略论河流健康与经济可持续发展——以山西为例[J].经济问题,2009,(1):58-61.

[48]景普秋,孙毅,张丽华.资源型经济的区域效应与转型政策研究——以山西为例[J].兰州商学院学报,2011,27(6):40-47.

[49]王卫红.煤炭大省如何实现转型跨越发展[J].环境保护,2011,(8):60-61.

[50]侯博,李伟,卢辰宇.低碳经济与山西"碳压力"[J].中国人口·资源与环境,2012,22(S2):62-65.

[51]陈新风,赵平利.山西资源型地区循环经济指标体系评估研究[J].经济问题,2012(10):119-122.

[52]于贵芳,赵国浩.煤炭资源利用效率与生态帕累托之间的关系研究——以山西省为例[J].工业技术经济,2012,31(4):55-58.

[53]宋东风.太原市转型时期发展模式研究[J].城市发展研究,2012,19(1):66-70.

[54]唐孝辉.山西采煤沉陷区现状、危害及治理[J].生态经济,2016,32(2):6-9.

[55]王丽萍,夏文静.基于生态足迹理论的中部六省可持续发展评价研究[J].环境保护,2018,46(10):38-43.

[56]刘海龙,谢亚林,贾文毓,等.山西省生态安全综合评价及时空演化[J].经济地理,2018,38(5):161-169.

[57]焦士兴,王安周,陈林芳,等. 中国省域三维水生态足迹及其驱动研究[J]. 世界地理研究,2022,31(5): 988-997.

[58]李玲娥. 现代化经济体系构建与资源型经济高质量发展[J]. 政治经济学评论,2022,13(5):59-86.

[59]李德山,赵颖文,李琳瑛. 煤炭资源型城市环境效率及其环境生产率变动分析——基于山西省 11 个地级市面板数据[J]. 自然资源学报,2021,36(3):618-633.

[60]张维邦. 对山西经济可持续发展问题的思考[J]. 山西大学学报(哲学社会科学版),2001(2):70-75.

[61]白鸿莉. 水资源可持续利用:山西经济发展的基础[J]. 经济问题,2003(12):72-73.

[62]李素清,张金屯. 山西生态环境破坏对可持续发展的影响及对策研究[J]. 干旱区资源与环境,2005(2): 56-61.

[63]袁纯清. 以转型发展为主线再造一个新山西[J]. 求是,2010(19):9-12.

[64]王效梅. 山西省综改区建设中的生态补偿模式研究[J]. 经济问题,2013,(12):125-128.

[65]杨建慧. 山西汾河流域太原段修复治理的思考[J]. 经济问题,2013,(12):121-124.

[66]袁纯清. 建设美丽山西靠什么[J]. 求是,2013(3):15-16.

[67]李静萍. 学大寨运动期间山西农田水利建设考论[J]. 当代中国史研究,2017,24(3):71-82+126-127.

[68]张昭文. 山西汾酒集团供水水源地现状分析及对策[J]. 陕西水利,2018(5):238-239.

[69]《山西水利》编辑部. 扎实做好脱贫攻坚水利扶贫任务[J]. 山西水利,2020(10):3.

[70]吴伟伟,冯锦萍,孟佩. 山西农谷降水变化与旱涝特征分析及水利应对策略[J]. 水利建设与管理,2022, 42(4):35-42.

[71]常建忠. 系统谋划整体推进在高质量发展中展现水利担当[J]. 山西水利,2022,(1):18.

[72]梁四宝. 经济增长与环境质量——基于山西省环境库兹涅茨曲线的实证检验[J]. 经济管理,2008(Z3): 50-54.

[73]丁任重,刘攀. 中国省际生态占用与承载力分析:1978～2007[J]. 经济学动态,2009(11):54-60.

[74]柯文岚,沙景华,闫晶晶. 山西省环境库兹涅茨曲线特征及其影响因素分析[J]. 中国人口·资源与环境,2011,21(S2):389-392.

[75]朱炜歆,马小红,王洁玉. 基于 EKC 假说的山西省经济增长与环境特征分析[J]. 环境生态学,2020, 2(8):55-60.

[76]云小鹏. 黄河流域城镇化与生态环境耦合协调测度及交互关系研究[J]. 经济问题,2022(8):86-95.

[77]段永蕙,景建邦,张乃明. 山西省人口、资源环境与经济协调发展分析[J]. 生态经济,2017,33(4): 64-68+79.

[78]山西省农村投资发展战略研究组. 山西农村投资发展战略的探索[J]. 农业经济问题,1986(4):29-32.

[79]王子云. 山西三线建设的研究[J]. 山西青年管理干部学院学报,2004(4):55-58.

[80]马生怀. 山西三线建设的回顾与评析[J]. 沧桑,2003(2):41-44.

[81]曲格平. 中国环境保护事业发展历程提要(续)[J]. 环境保护,1988(4):19-24.

[82]叶汝求. 改革开放 30 年环保事业发展历程——解读历次国务院关于环境保护工作的决定[J]. 环境保护,2008,407(21):4-8.

[83]曲格平. "七五"基本估价和"八五"任务[J]. 环境保护,1991(2):2-4.

[84]王铭,李洪建. 山西能源基地水资源整治问题初步研究[J]. 山西大学学报(哲学社会科学版),1989(2): 105-108.

[85]王向东. 水土流失是山西自然灾害的根源[J]. 水土保持通报,1989(1):28-32.

[86] 闫国平, 陈仁禹. 引黄工程对沿线地方经济和社会发展的影响[J]. 水利技术监督, 2003, 11(5): 3.

[87] 任泽信, 马志正. 论山西能源基地建设过程中的水资源问题及对策[J]. 生产力研究, 1998(1): 54-57.

[88] 王龙. 山西能源工业的生态环境问题及对策研究[J]. 山西能源与节能, 2004(2): 7-8.

[89] 牛建明, 房世全, 李元德. 建设大型煤矿, 推动山西煤炭产业结构优化升级[J]. 中国煤炭, 2009, 35(12): 10-13.

[90] 董玉秀. 山西省节水农业现状与发展对策[J]. 山西水利科技, 2006(3): 94-96.

[91] 马福平. 山西产业结构的现实考察与战略转变[J]. 经济问题, 1999(8): 51-54.

[92] 王晓霞, 王汉斌. 山西煤炭开采的问题与对策研究[J]. 山西煤炭, 2006(4): 9-11.

[93] 王翠芳. 山西经济结构战略性调整问题的几点思考[J]. 中共山西省直机关党校学报, 2011(6): 34-37.

[94] 谢胜波, 阎永康. 山西水资源可持续利用分析[J]. 山西农业科学, 2008(5): 3-6.

[95] 朱学工. 利用振冲桩提高软弱地基承载力及地基抗液化能力[J]. 山西水利科技, 1996(4): 76-77.

[96] 潘军峰. 实施兴水战略 打造民生水利 为山西转型跨越发展提供有力保障[J]. 山西水利, 2011(1): 2-3.

[97] 仇文俊, 张建国, 陈卫东. 山西水环境问题及对策探讨[J]. 山西水利, 2004(2): 33-34.

[98] 董沛文. 山西能源经济可持续发展之路[J]. 中共山西省委党校学报, 2009, 32(1): 124-125.

[99] 张波, 温旭新. 我国工业绿色低碳发展水平的省际测度及比较[J]. 经济问题, 2018(5): 68-74.

[100] 汪家铭. 山西全力打造三大现代煤化工产业基地[J]. 大氮肥, 2013, 36(6): 432.

[101] 张丽媛, 范珍, 国媛. 厚植生态底色书写绿色发展新篇章—山西推动生态环境高标准保护和经济高质量发展纪实[J]. 华北自然资源, 2022(5): 7-10.

[102] 张贝丽. 生态文明建设的山西实践研究[J]. 晋中学院学报, 2021, 38(5): 14-16+58.

[103] 张海龙. 山西省生态扶贫模式及存在问题分析[J]. 山西林业, 2020(S1): 2-3.

[104] 贾步云. 山西巩固拓展生态脱贫成果的几点思考[J]. 三晋基层治理, 2022(6): 32-35.

[105] 李标, 孙琨. 新时代中国工业高质量发展的理论框架与水平测度研究[J]. 社会科学研究, 2022(3): 73-83.

[106] 杨军, 温旭新, 张波. 能源富集区绿色发展的约束与推力: 基于资本循环理论的研究[J]. 学习与探索, 2022(12): 124-131.

[107] 温旭新, 杨怀佳, 张波. 生态功能区经济发展的现实约束与优化路径——以山西沿黄地区为例[J]. 经济问题, 2022(12): 106-111.

[108] 惠利, 陈锐钒, 黄斌. 新结构经济学视角下资源型城市高质量发展研究——以德国鲁尔区的产业转型与战略选择为例[J]. 宏观质量研究, 2020, 8(5): 100-113.

[109] GrossmanGM, ABKrueger. Economic Growth and the Environment[J]. The Quarterly Journal of Economics, 1995, 110(2): 353-377.

[110] Rapport DJ, CostanzaR, McMichaelAJ. Assessing Ecosystem Health[J]. Trends in Ecology, 1998, 13(10): 397~402.

三、学位论文

[1] 谢磊. 中部地区"经济—社会—生态"城市化时空格局测度[D]. 长沙: 湖南师范大学, 2014.

[2] 尚泽峰. 山西省水资源利用分析[D]. 太原: 山西师范大学, 2012.

[3] 方书义. 山西省煤炭基地水资源优化配置与承载力研究[D]. 郑州: 郑州大学, 2016.

[4] 李泽平. 山西经济发展过程中的水资源开发与利用研究(1949-2009)[D]. 太原: 山西大学, 2011.

[5]刘敏敏. 多元主体协同视域下山西生态环境治理研究[D]. 太原：山西财经大学，2021.

[6]郭玥. 资源型地区绿色发展效率评价研究[D]. 太原：山西大学，2020.

[7]王夏瑜. 山西省产业绿色转型升级水平评价研究[D]. 太原：山西财经大学，2022.

[8]李春娟. 改革开放以来中国环境政策及其实践走向[D]. 呼和浩特：内蒙古大学，2010.

[9]万田杰. 建国后山西产业结构的历史演进研究[D]. 太原：山西财经大学，2014.

[10]温旭新. 资源型经济绿色转型机制研究[D]. 太原：山西大学，2019.

四、著作

[1]谭崇台. 发展经济学概论[M]. 武汉：武汉大学出版社，2001：334.

[2]中共中央马克思恩格斯列宁斯大林著作编译局. 马克思恩格斯全集:第 24 卷[M]. 北京:人民出版社，1972：398－399.

[3]中共中央马克思恩格斯列宁斯大林著作编译局. 马克思恩格斯文集：第 1 卷[M]. 北京：人民出版社，2009：158.

[4]中共中央马克思恩格斯列宁斯大林著作编译局. 马克思恩格斯文集：第 8 卷[M]. 北京：人民出版社，2009：356.

[5]中共中央马克思恩格斯列宁斯大林著作编译局. 马克思恩格斯全集：第 25 卷[M]. 北京：人民出版社，1979:922.

[6][德]马克思. 资本论：第 1 卷[M]. 北京：人民出版社，2004：587.

[7][美]R·卡逊. 寂静的春天[M]. 吕瑞兰，译. 北京：科学出版社，1979.

[8]中共中央马克思恩格斯列宁斯大林著作编译局. 马克思恩格斯全集：第 46 卷(上)[M]. 北京：人民出版社，1979：104.

[9][美]朱利安·林肯·西蒙. 没有极限的增长[M]. 黄江南，朱嘉明，编译. 成都：四川人民出版社，1985：44-66.

[10][美]赫尔曼·E. 戴利. 超越增长:可持续发展的经济学[M]. 诸大建，胡圣，等，译. 上海：上海译文出版社，2006：57-59.

[11]刘思华. 生态马克思主义经济学原理[M]. 北京：人民出版社，2006：358.

[12]中共中央宣传部. 习近平总书记系列重要讲话读本[M]. 北京：学习出版社、人民出版社，2014.

[13]习近平. 习近平谈治国理政[M]. 北京：外文出版社，2014.

[14]秦文峰，苗长青. 山西改革开放史[M]. 太原：山西教育出版社，2009：377+488-489.

[15]纪馨芳. 三晋经济论衡[M]. 北京：中国商业出版社，1993：500.

[16]张维邦. 地理科学与国土整治及区域发展研究[M]. 北京：中国社会出版社，2009：337.

[17]庞松. 中华人民共和国发展史(第 1 卷)[M]. 青岛：青岛出版社，2009：264-265.

[18]郑建英，陈文桂. 新编中共党史简明辞典[M]. 哈尔滨：哈尔滨出版社，1991：182.

[19]郑轩. 简明党史知识一本通[M]. 上海：东方出版社，2016：160.

[20]忽培元. 历史的跨越:从"一五"到"十三五"[M]. 北京：光明日报出版社，2015：18.

[21]武力. 中华人民共和国经济史[M]. 增订版，上下卷. 北京：中国时代经济出版社，2010：119-120.

[22]吴秋菊. 农田水利的治理困境与出路[M]. 武汉：华中科技大学出版社，2017：35.

[23]水利部农村水利司. 中华人民共和国农田水利史略(1949—1998)[M]. 北京：中国水利水电出版社，1999：8-9+274-275.

[24]毛泽东,中共中央文献研究室. 毛泽东文集 第5卷[M]. 北京：人民出版社，1996：130.

[25]许汝贞，魏鹏. 环境变迁与经济发展关系研究[M]. 济南：山东人民出版社，2013：133.

[26]黄河志编纂委员会. 黄河志卷七：黄河防洪志[M]. 郑州：河南人民出版社，2017：37-39.

[27]黄东升. 山西经济与文化概论[M]. 北京：中国经济出版社，2003：198.

[28]许一友. 太原经济百年史[M]. 太原：山西人民出版社，1994：159.

[29]戎爱萍，张爱英. 城乡生态化建设：当代社会发展的必然趋势[M]. 太原：山西经济出版社，2017：181.

[30]赵命柱，牛银虎. 山西农业问题初探[M]. 太原：山西人民出版社，1985：12.

[31]《山西森林》编辑委员会. 山西森林[M]. 北京：中国林业出版社，1992：87.

[32]《山西建设经济》编辑委员会. 山西建设经济[M]. 太原：山西经济出版社，1991：145-189+261+866.

[33]李旺明，苗长青. 当代山西经济史纲[M]. 太原：山西经济出版社，2007：28-218+439+464.

[34]曹洪涛，储传亨. 当代中国的城市建设[M]. 北京：中国社会科学出版社，1990：37-43.

[35]中共山西省委党史研究院. 奠基山西工业"一五"时期山西十五项苏联援建工程(下册)[M]. 北京：中央文献出版社，2018：759-837.

[36]高建民. 走出能源基地和老工业基地创新发展的路子[M]. 太原：山西人民出版社，2008：19.

[37]李旺明. 山西经济发展50年[M]. 太原：山西经济出版社，1999：25-26.

[38]《山西经济》编委会. 山西经济[M]. 太原：山西人民出版社，1985：93-133.

[39]王德斋，等. 山西省12年农业发展规划图解[M]. 太原：山西人民出版社，1956：1-40.

[40]王谦. 力争农业生产大跃进[M]. 太原：山西人民出版社，1958：4-11.

[41]董洁芳. 基于产业结构视角的能源富集区碳排放效应研究——以山西省为例[M]. 北京：新华出版社，2018：54.

[42]郭忠. 山西省现代工业六十年[M]. 太原：山西人民出版社，1959：38.

[43]中共山西省委办公厅. 力争工业农业思想三胜利[M]. 太原：山西人民出版社，1959：4.

[44]王沅，孙承咏. 黑色绿色的岔口[M]. 太原：山西经济出版社，1996：100.

[45]牛冲槐，陈官虎，王汉斌. 山西产业结构问题研究[M]. 北京：煤炭工业出版社，2002：193.

[46]雅坤，秀玉. 实用缩略语知识词典[M]. 北京：新世界出版社，1992：668.

[47]山西省地方志研究室. 辉煌山西70年[M]. 北京：中华书局，2019：215-218.

[48]梁志祥，李茂盛. 当代山西概览[M]. 北京：当代中国出版社，2003：61-82.

[49]李敏新. 投资金融纵横谈[M]. 北京：中国计划出版社，2014：448.

[50]四川省中共党史学会，中共四川省委党史研究室. 三线建设纵横谈[M]. 成都：四川人民出版社，2015：131.

[51]罗平汉. 中共党史知识问答[M]. 北京：人民出版社，2021：159.

[52]原崇信. 山西财政五十年[M]. 北京：中国财政经济出版社，1999：196.

[53]杨茂林，高春平. 建国60年山西若干重大成就与思考[M]. 太原：山西人民出版社，2009：67+202.

[54]许一友，胡春耕，陈江峰. 神秘的黄土地——太原物产源[M]. 太原：山西人民出版社，2009：80-93.

[55]苏泽龙. 晋祠稻米：农业技术与乡村社会变迁研究(田野·社会丛书)[M]. 北京：商务印书馆，2018：114.

[56]周永昌，郭晓峰，赵小平. 山西地下水资源与开发利用研究[M]. 太原：山西科学技术出版社，2013：53-91+645-673.

[57]吴达才. 求索·呼喊——煤化工、能源及综合发展论文集锦[M]. 北京：中国科学技术出版社，2009：140.

[58]王仰东. 山西历史文化丛书(第28辑)：山西林业史话[M]. 太原：山西春秋电子音像出版社，2007：31.

[59]刘清泉. 森林树木与生态环境[M]. 太原：山西科学教育出版社，1985：17.

[60]《管涔林区发展》编纂委员会. 管涔林区发展史[M]. 太原：山西人民出版社，2012：103-104.

[61]邹年根，罗伟祥. 黄土高原造林学[M]. 北京：中国林业出版社，1997：165-166.

[62]曲格平. 中国的环境管理[M]. 北京：中国环境科学出版社，1989.

[63]张坤民. 关于中国可持续发展的政策与行动[M]. 北京：中国环境科学出版社，2005.

[64]张维邦. 山西省经济地理[M]. 北京：新华出版社，1987：276.

[65]李立功. 往事回顾[M]. 北京：中央党史出版社，2008：426.

[66]张志仁，巨文辉. 山西改革开放口述史[M]. 北京：中共党史出版社，2019：48-67+182-185.

[67]高建民. 在加快转型跨越中实现山西崛起[M]. 太原：山西人民出版社，2008：15-31.

[68]李立功. 当代中国的山西(上)[M]. 北京：中国社会科学出版社，1991：215-216.

[69]景世明，张文丽. 山西经济结构变革与发展[M]. 太原：山西人民出版社，2019：4+51-135.

[70]曲青山，黄书元；《中国改革开放全景录·山西卷》编委会. 中国改革开放全景录(山西卷)[M]. 太原：山西人民出版社，2019：135+167-168.

[71]景世明，张文丽. 山西经济：改革开放四十年[M]. 北京：社会科学文献出版社，2019：50-52.

[72]李枝荣. 采煤沉陷区土地复垦与生态修复[M]. 北京：中国科学技术出版社，2007：25-26.

[73]郭钦安，吴德春. 山西乡镇煤矿辑萃[M]. 太原：山西经济出版社，1991：65.

[74]王文德，王德玉. 山西西部防护林体系建设历程[M]. 太原：山西人民出版社，1997：2.

[75]苗佩芳，郝永和. 山西水资源现状与战略研究[M]. 太原：山西经济出版社，1993：6-19.

[76]李振吾. 自然物流的一角[M]. 太原：山西经济出版社，1996：141-166.

[77]徐文德，曹万金. 中国水资源研究论文集[M]. 北京：中国科学技术出版社，1992：106.

[78]孟万忠. 河湖变迁与健康评价：以汾河中游为例[M]. 北京：中国环境科学出版社，2012：50-82.

[79]侯秀娟. 2008山西发展研究报告[M]. 太原：山西人民出版社，2008：306.

[80]韩行瑞，鲁荣安，李庆松，等. 岩溶水系统：山西岩溶大泉研究[M]. 北京：地质出版社，1993：135-136.

[81]山西省科学技术协会. 山西省高产优质高效农业论文集[M]. 北京：中国科学技术出版社，1995：507-509-510.

[82]行龙. 山西何以失去曾经的重要地位[M]. 太原：山西教育出版社，2011：24.

[83]孙建中等. 黄土学(下篇)：(黄土环境学)[M]. 西安：西安地图出版社，2011：61-62.

[84]中国林业区划研究会第一次学术讨论会. 论文集[M]. 北京：中国林业区划研究会，1983：63.

[85]山西省生态经济学会；王龙，赵森新，张可兴，等. 绿色文明录(第二册)—山西省首届生态经济建设论文集[M]. 太原：山西高校联合出版社，1994：230.

[86]《环评热点聚焦》编委会. 环评热点聚焦[M]. 北京：中国环境出版社，2014：106.

[87]王昕. 2010年：山西煤炭工业发展报告[M]. 太原：山西经济出版社，2009：25.

[88]郑建国. 环境与山西社会经济发展[M]. 北京：经济科学出版社，2007：3.

[89]王昕. 2009年:山西煤炭工业发展报告[M]. 太原：山西经济出版社，2008：211.

[90]牛仁亮. 区域节水研究——案例：从"缺水山西"到"节水山西"[M]. 北京：中国科学技术出版社，2004：108.

[91]杨茂林主编. 高春平，冯素梅，等. 山西若干重大成就回顾与展望[M]. 太原：山西人民出版社，2019：130.

[92]郑延涛. 山西省情与发展概要[M]. 北京：中国商业出版社，2009：129.

[93]陈新凤. 经济转型期山西省可持续发展研究[M]. 太原：山西人民出版社，2010：52+71-72.

[94]刘颖秋. 干旱灾害对我国社会经济影响研究[M]. 北京：中国水利水电出版社，2005：28.

[95]刘家宏,王浩,秦大庸,等. 山西省水生态系统保护与修复研究[M]. 北京：科学出版社, 2014：7.

[96]李元平. 山西地域文化[M]. 太原：三晋出版社, 2014：137.

[97]山西省县域村镇体系规划编制研究课题组. 县域村镇体系规划——山西省浮山县规划案例与理论研究[M]. 北京：中国城市出版社, 2009：153.

[98]阎文斌,姚建民,常廉方,等. 山西食物发展战略研究[M]. 太原：山西经济出版社, 1992：282.

[99]张根虎,雷仲敏,宋焕才. 清洁能源示范区规划建设研究[M]. 北京：中国环境科学出版社, 2006：139.

[100]郭彩,高斌旗. 科学发展与全面小康：山西省全面建设小康社会研究[M]. 北京：中国社会出版社, 2007：11.

[101]李景平. 山西环保新政观察研究[M]. 太原：山西省环境保护宣传教育中心, 2009：65-72.

[102]王茂林. 山西新型能源基地发展研究[M]. 北京：中国科学技术出版社, 2005：83.

[103]景世民,张文丽. 改革开放40年山西产业结构调整的实践与探索[M]. 北京：社会科学文献出版社, 2019：70.

[104]刘瑾. 山西省地质灾害防治研究[M]. 太原：山西科学技术出版社, 2015：95-100.

[105]薛荣. 山西能源革命百问百答[M]. 太原：山西教育出版社有限责任公司, 2020：19-21+105-109.

[106]BOULDING K E.The economics of the coming spaceship earth[M]. Baltimore: Johns Hopkins University Press, 1966.

五、报刊资料

[1]山西省统计局. 我省工业建设飞跃发展[N]. 山西日报, 1957年7月29日.

[2]高峰. 我省在执行第一个五年计划中工农业建设成就光辉灿烂[N]. 山西日报, 1958年1月1日.

[3]赵峻青：迎接党的十七大特别报道(二)：三大战役带来六大变化-我省煤炭工业走出可持续发展道路[N]. 山西日报, 2007年9月27日.

[4]成鹏登. "十五"期间山西经济结构调整成效明显[N]. 中国信息报, 2006年7月31日.

[5]太原能源低碳发展论坛组委会. 推动能源产业"五个一体化"融合发展[N]. 人民日报, 2022年9月1日.

[6]刘瑞强. 山西：坚定走"减优绿"之路做足"煤炭"文章[N]. 山西日报, 2019年10月21日.

[7]山西阳泉市采煤沉陷区光伏示范基地开工建设[N]. 阳泉日报, 2017年1月4日.

[8]省委经济工作会议在太原召开[N]. 山西日报, 2019年12月25日.

[9]沿着习近平总书记指引的金光大道奋勇前进中共山西省委十一届十次全体会议在太原召开[N]. 山西日报, 2020-06-30.

[10][奋进新征程建功新时代——全方位推动高质量发展]战略性新兴产业不断发展壮大[N]. 山西日报, 2022-10-24.

[11]赵东辉,晏国政,梁晓飞,等. 山西：新兴产业集聚新动能[N]. 经济参考报, 2022-09-19.

[12]张丽媛. 书写山西生态文明建设新篇章[N]. 山西日报, 2022-05-21.

[13]武佳. 山西蓝天碧水净土三大保卫战取得积极成效[N]. 山西晚报, 2021-02-02.

[14]张云龙. 在一个战场打赢生态治理与脱贫攻坚两场战役[N]. 山西科技报, 2020-06-09.

[15]景慎好,贾向前. 生态扶贫的"山西路径"[N]. 中国绿色时报, 2020-06-09.

[16]许贵元. 让"生态扶贫"的金光大道越走越宽广[N]. 山西日报, 2019-07-12.

[17]鄢光哲,胡继业,辛泰. "绿水青山就是金山银山"的右玉实践[N]. 中国青年报, 2018-05-24.

[18]杨柳青. 护绿水青山"颜值" 掘金山银山"价值"——平顺县创建"绿水青山就是金山银山"实践创新基地纪实[N]. 中国农民报, 2023-01-11.

六、研究报告

[1]丹尼斯·L·米都斯，李宝恒译. 增长的极限——罗马俱乐部关于人类困境的报告[R]. 长春：吉林人民出版社，1997：56.

[2]山西省统计局.山西工业踏上高质量发展新征程——中华人民共和国成立70年山西经济社会发展成就系列报告之三[EBOL]. [2019-09-05]. http://fgw.yq.gov.cn/fzgh/jjyx/201909/t20190905_918063.html.

七、网络文章

[1]环境健康安全网(EHS.CN)https：//m.ehs.cn/index.php?c=news&a=Detail&aid=15020.

[2]吴达才：我所经历的山西改革开放的几件事[EB/OL]. [2019-01-30]. https://baijiahao.baidu.com/s?id=1622518639743102873.

[3]缺水山西持之以恒谋求水问题治本之策[EB/OL]. [2012-02-21]. https://news.ifeng.com/c/7fbU℃jYxAq.

[4]2020年11月12日至13日，习近平在江苏考察时强调语录.

[5]山西大同采煤沉陷区国家先进技术光伏示范基地建设启动[EB/OL]. [2015-07-23]. https://news.solarbe.com/201507/23/75714.html.

[6]山西采煤沉陷区光伏项目——"领跑者"计划首个获批基地[EB/OL]. [2015-07-01]. https://news.solarbe.com/201507/01/188388.html.

[7]山西氢能产业规划全新出炉美锦能源助力山西转型发展[EB/OL]. [2015-09-20]. https://tech.chinadaily.com.cn/a/202209/20/WS632970c7a310817f312eef05.html.

[8]能源山西"氢"启未来[EB/OL]. [2022-11-30]. https://new.qq.com/rain/a/20221130A01D8500.

[9]关于完整准确全面贯彻新发展理念切实做好碳达峰碳中和工作的实施意见[EB/OL]. [2023-01-16]. https://www.shanxi.gov.cn/zfxxgk/Zfxxgkzl/fdzdgknr/lzyj/swygwj/swygwj1/202301/t20230116_7810650.shtml.

[10]山西省人民政府办公厅关于印发2022年度省级重点工程项目名单的通知(晋政办发〔2022〕15号)[EB/OL]. [2022-03-12]. https://www.shanxi.gov.cn/zfxxgk/zfcbw/zfgb2/2022nzfgb_76593/d3q_76596/szfbgtwj_77838/202208/t20220816_6949818.shtml.

[11]山西省人民政府关于印发山西生态省建设规划纲要(2021—2030年)的通知[EB/OL]. [2022-01-25]. https://www.shanxi.gov.cn/zfxxgk/zfxxgkzl/fdzdgknr/lzyj/szfwj/202205/t20220513_5976569.shtml.

[12]山西省人民政府办公厅关于印发山西省林业生态建设总体规划纲要(2011—2020年)的通知[EB/OL]. [2010-10-09]. https://www.shanxi.gov.cn/zfxxgk/zfxxgkzl/fdzdgknr/lzyj/szfbgtwj/202205/t20220513_5977253.shtml.

[13]山西这十年｜省生态文明建设专场新闻发布会举行(第十五场)[EB/OL]. [2022-09-19]. https://www.shanxi.gov.cn/ywdt/xwfbh/szfxwbxwfbh/202209/t20220921_7142782.shtml.

[14]扶贫办关于公布全国连片特困地区分县名单的说明[EB/OL]. [2012-06-14]. www.gov.cn.

[15]山西省多项专项扶贫工作创出山西特色，走出山西路径[EB/OL]. [2021-05-18]. https://m.thepaper.cn/baijiahao_12729529.

[16]绿色发展示范案例(124)｜"绿水青山就是金山银山"实践创新基地——山西省长治市沁源县[EB/OL]. [2021-07-27]. mee.gov.cn.

[17]生态文明示范建设(259)｜"绿水青山就是金山银山"实践创新基地——山西省晋城市沁水县[EB/OL]. [2022-05-05]. mee.gov.cn.

[18]生态文明示范建设(260)｜"绿水青山就是金山银山"实践创新基地——山西省临汾市蒲县[EB/OL]. [2022-05-05]. mee.gov.cn.

[19]山西 6 个县荣获第六批国家生态文明建设示范区和"绿水青山就是金山银山"实践创新基地命名[EB/OL]. [2021-11-20]. https://www.shanxi.gov.cn/ywdt/sxyw/202211/t20221120_7461803.shtml.

[21]山西与 14 省区市签订煤炭保供合同[EB/OL]. [2021-09-29]. https://finance.sina.com.cn/chanjing/cyxw/2021-09-29/d℃-iktzscyx7038668.shtml.

[22]统计局：2021 年全国分省市原煤产量出炉，山西增超 10%[EB/OL]. [2022-01-20]. https://finance.sina.com.cn/money/future/roll/2022-01-20/d℃-ikyakumy1551177.shtml.